思想觀念的帶動者

文化現象的觀察者

本土經驗的整理者

生命故事的關懷者

Holistic

探索身體，追求智性，呼喊靈性

攀向更高遠的意義與價值

是幸福，是恩典，更是內在心靈的基本需求

企求穿越回歸眞我的旅程

失靈的大地

生態心理學的反思與實踐

Vital Signs: Psychological Responses to Ecological Crisis

瑪莉—珍・羅斯特
Mary-Jayne Rust
尼可・托頓
Nick Totton ——主編

陳俊霖——審閱

黃小萍——譯

SOW THE SOCIETY OF WILDERNESS 荒野保護協會
社團法人中華民國荒野保護協會 合作出版

【導讀】

重要的徵兆

陳俊霖

《失靈的大地：生態心理學的反思與實踐》原文書名為“*Vital Signs: Psychological Responses to Ecological Crisis*”，如原文副標題所示，內容談的是對於生態危機的心理反應，而原文主書名的“Vital Signs”既代表「重要的徵兆」，又代表醫學專有名詞「生命徵象」——亦即心跳、呼吸、血壓、體溫，這四種醫護人員監測生命時最重要的指標。原文書由英國在心理學領域極重要的卡爾那克出版社（Karnac Books）於二〇一二年發行。二〇一五年即能在台灣發行中譯本，殊為難得。

本書得以於台灣翻譯出版的近因，乃是於二〇一三年底，本書主編之一瑪麗－珍・羅斯特（Mary-Jayne Rust）應荒野保護協會之邀前來台灣。由於她具有榮格分析師的背景，加上在生態心理學領域的投入，此行她除了代表荒野保護協會，在心理治療與心理衛生聯合年會中介紹生態心理學，亦在林益仁所長和王浩威醫師的協力下，在台北醫學大學及台灣榮格發展小組進行演講；並透過輔仁大學宗教所蔡怡佳主任的幫忙，運用輔大美麗的校園舉辦了兩天的生態心理工作坊，透過體驗活動，讓學員感受生態心理團體的工作模式。在半個月的行程中，瑪麗－珍為台灣的生態心理運動，灌注了許多能量。為了讓這樣的能量不致消散，親身參與了工作坊的心靈工坊王桂花總編輯，不久便劍及履及地簽下本書的中文翻譯版權，因而有今日此書中譯本的迅速問世。

往前回溯，瑪麗－珍之所以來台，則是源於二〇一〇年荒野保護協會翻譯了生態心理學這個領域的經典書籍《生態心理學：復育地球，療癒心靈》（*Ecopsychology: Restoring the Earth, Healing the Mind*, Roszak ed., Sierra Club, 1995），以及在二〇一一年邀請了另一位生態心理界的前輩，澳洲的環運人士約翰．席德（John Seed）來台。為了持續推動生態心理學，在他的推薦下，我們連繫上在英國的瑪麗－珍。

再進一步往前回溯，這些淵源就要歸於一九九〇年代在美國舉起「生態心理學」（ecopsychology）旗誌、號召生態學界與心理學界對話與合作的西奧多．羅斯札克（Theodore Roszak）。他在一九九五年主編的《生態心理學》一書之於後續生態心理學的發展，或可形容為猶如佛洛伊德（Freud）《歇斯底里症研究》之於精神分析，或是瑞秋．卡森（Rachel Carson）《寂靜的春天》之於環境運動；一本書的出版，揭開了整個新領域發展的一連串蝴蝶效應。

羅斯札克所描繪出來的生態心理學，是一個讓生態學界與心理學界兩個原本相去甚遠的學門，產生有意義的連結和合作的新取徑。他在生前主持的網站中，為生態心理學所立下的定義是：

1. 生態學與心理學的逐漸融合；
2. 在心理治療的實作中技術性地運用生態學的識見；
3. 研究人類對地球的情感聯結；

4. 尋求一個以環境為基礎的心理健康標準；
5. 在顧及整個世界的條件下重新定義「精神健全」（sanity）的意義。

他本身是歷史學家，由他主編的《生態心理學》一書，彙集了二十幾位心理學家、心理治療師、精神科醫師、作家、荒野活動引導員、哲學家、薩滿工作者……，各以其專長寫出結合生態與心理的工作心得。因為彼此專長不同，二十幾篇文章中，涵蓋了用心理學觀點分析環境危機的理論論述，也包括像荒野治療如此具體的實務報告；有傳統榮格學派的大師為之撰文、寫序，也介紹了薩滿式諮商和荒野治療如此前衛的治療模式；有對當代消費文化能否真正創造心靈滿足感的檢視，也有從人類的大歷史來對這一路走到環境困境的心理暗雷所做出的思考。

二十年下來，生態心理學在歐美的發展不曾少歇，越來越多學者投入這個新領域，也不斷有新的觀點和作品問世，更已有生態心理學的專門期刊在定期發行。瑪莉－珍即是在這股生態心理運動中投入的心理治療師。當時的背景是安德魯．沙繆斯（Andrew Samuels，亦是本書中一篇文章的共同作者）等人發起英國的「社會責任之心理治療師與諮商師」（PCSR，Psychotherapist and Counsellors for Social Responsibility），號召更多心理治療從業人員不要自限於治療室內，也要共同關心社會現況，在企業紛紛承擔起社會責任的這個時代，心理治療師也該有類似的擔當。在PCSR下設有對應不同社會議題的小組，而瑪莉－珍參與了環境生態小組，也才有其後她和尼可．托頓（Nick Totton）出面召編本書的機緣，主要的作者群固以英倫地區為主，但也含括一部份歐陸的作品。

若以此書相較於一九九五年的《生態心理學》，承襲著此學門一貫的精神，許多文章仍繼續探討著人與自然的關係，尤其嘗試讓人們從心中產生與自然更深的情感連結，而非僅考量現實利益的環保動機，一直是此學門的核心焦點。基於對心理健康價值的重視，而對當代偏重物質消費的文明型態提出檢視和提醒，並進而分析導致環境危機的心理癥結，也是生態心理學必然關注的主題。有了心理治療學的加入，嘗試運用同理心來理解未能力行環保的廣大民眾的心理，以做為改良倡議手法的參考，也是這群作家相同的關懷。

在《生態心理學》與《失靈的大地》這兩代生態心理學大作之間，當然也有不同。隨著環境運動最為燃眉的主題，多已聚焦於全球暖化、氣候變遷上，本書亦可看出心理學界在關懷環境議題時，也符合同樣的趨勢。連結了學術圈新的發展方向，則有後現代、混沌、複雜等學理加入對話，讓生態心理學界思考的深度和廣度不斷擴大；在實務性的療癒工作上，前書引用的主要是荒野治療與薩滿式諮商等治療模式，本書中的「自然改變計畫」和「碳對話」則是環保團體規劃給倡議對象的體驗方案和心理式的團體，值得成為環運組織推廣理念時效法的新模式。而或許因為主編背景之故，也可能是因為學理上互通的潛力，本書中引用榮格學派的典故，較前書更為豐富。還有一篇討論「邊界人格」的文章，讓我們對於具有不同心靈功能的人，產生了演化大圖的新想像。

讀者若對生態心理學產生興趣，目前台灣也逐漸浮現相關資源，雖然尚屬小眾，自有花中天堂的美妙。廣義而言，心理界出現一些試圖結合自然元素或在思想上串接生態思維的工作，而生態界也同樣有一部分綠人強調自然的心理效應，以及更為著墨環保在心靈層面上的意義。陸陸續續有學者在校園中開課講授與生態心理學有關的內容，研究生選擇兼跨此二領域的主題者，也已有論文產出。由自然元素輔助之心靈療癒逐年萌芽，日常式綠活和慢活文化的提倡，園藝治療、荒野治療、冒險治療等模式的建構，以及心靈風自然體驗活動的增多，也可視為是生態心理學的實務與實踐。荒野保護協會，則發展出以生態心理學為核心理念的志工群組。受生態心理學直接影響或間接與之呼應的成果，已可在身邊觸及。若希望進一步向國外尋找資源，以ecopsychology一字為起點上網尋找，外在的資源更是豐富。

撰文此時，一對榮格學派重要的老師湯瑪士．克許及珍．克許（Thomas & Jean Kirsch）正造訪台灣。湯瑪士．克許在榮格心理學圈的地位甚高，國際經驗豐富，原本對台灣的印象並未讓他太有興趣來訪，卻在二〇〇七年第一次訪台行程後，對台灣在心靈文化上的潛能給予很高的評價，繼而支持了台灣在國際榮格心理學界的發展。的確，即便社會情勢在某種程度上帶來不少騷動，我仍相信台灣是華人文化圈中，在精神心靈領域上有幸累積深厚資源的一區，再加上福爾摩莎島本身具有的自然生態優勢，讓生態心理學在台灣滋長、深化，以及與本土文化融合出不同於西方的生態心理觀點，應該是值得大家耕耘的方向。

過度重視物慾的消費主義生活，以及在此驅力下築起的經濟發展大業，已然對生態和對心靈產生長年的衝擊。生態和心理這兩位比經濟立足於世更為恆久的受害者，如何攜手合作，進而整合經濟這個彷彿與生態或心理對立，卻也同樣難以割捨的需求，是每個文明都要面對的個體化歷程。或許，生態心理學可以成為這個鍊金爐中的哲人之石，讓生態健全、心理健康、經濟穩定三者共同鎔鑄出智慧的黃金。

二〇一五年十月三十一日

（本文作者為本書中文版審閱者、精神科醫師、台灣榮格發展小組成員、台灣心理治療學會理事、荒野保護協會常務理事）

【推薦序】

為地球把脈，也成為地球的脈動

蔡怡佳（輔仁大學宗教學系主任）

在二〇一〇年，荒野保護協會出版了《生態心理學：復育地球，療癒心靈》的中譯本，首度將西方心理學與生態運動人士相遇後所開啟的反思與實踐之道介紹給台灣的讀者。這次在荒野保護協會與心靈工坊的合作下，促成了《失靈的大地：生態心理學的反思與實踐 》一書中譯本的出版，又是前述交會的延續，呈現了以英國為主的心理工作者對於生態危機廣泛而多樣的回應。

本書作者大部分是臨床心理工作者，從佛洛伊德的精神分析、榮格之分析心理學、超個人心理學、拉岡的精神分析，以及德勒茲與瓜塔希的理論等背景踏入生態心理學，也投入與生態保護相關的組織與活動。作者群還包括人文地理學者、生態運動倡議者、跨物種研究科學家，以及野外活動的工作者。作者的多元背景說明了生態心理學跨領域的特色，這也是生態心理學建立的起點。

「生態心理學」起源於心理學與生態學的相遇。環境保護運動的倡議者與教育者發現：提出環境破壞的種種客觀數據、喚起人們的恐懼與罪惡感等方式，似乎無法有效地改變人們破壞環境的生活方式。現代社會這種濫用地球所予、不顧慮人以外之土地與眾生的生活方式，其心理根源是否能從心理學的知識獲得答案呢？另一方面，心理實務工作者在思索心靈的種種病狀時，開始意識到自然環境的崩壞對於人類心靈帶來的影響；關注地球的健康，與關注人類身心的健康，會不會是一體兩面的事情？心理學與生態學，於是在「人與自然的關係」這個課題上找到可以協作探索的交會點。

心理學知識能為環境保護的教育提供什麼洞見呢？ 澳洲著名的環保運動家約翰．席德（John Seed）曾說：「如果人類的意識沒有更深沉的改革，所有的森林很快就會消失。」指出了環境崩壞與人類意識的關係。人類將大自然視為滿足自己需求的資源，自然的價值只在於滿足人的需要，以一種人類中心的方式看待自己與自然的關係。生態哲學與生態運動人士指出了這種視野的狹隘，生態心理學則更進一步地指出，這是一種人與自然關係的失調。

人類破壞環境的生活方式，如果被理解為是一種人與自然關係的失調，這種失調要如何被認識，進而改變呢？生態心理學者企圖從心理病理學的診斷語言來尋求比擬的認識，例如從上癮、自戀、否認、解離、自閉等角度，來分析人與環境之間關係失衡的狀態。生態心理學者也以傳統心理學對於「自我」與「意識」的理解為基礎，提出「生態自我」與「生態無意識」的概念，希望透過這些概念，能重新提出一個與自然互相涵納的自我觀。「生態自我」將自我視為一個「連結萬物的歷程」，透過恢復被壓抑的「生態無意識」，也就是人與自然的源初互惠，讓自我由人類中心主義的框架離開， 轉向能對地球所承受之痛苦有所共感的相互關係之中。

將生態的視野納入心理學，又可以為心理學與心理治療帶來什麼啟發呢？前述之「生態自我」的概念，提醒了傳統心理學對人與環境之關係的忽略，對傳統心理學的自我觀提出重要的補充，也對其認識論的二元論（dualism）基礎提出反省。生態心理學並反思傳統心理學對於「心理健康」的定義，認為在界定「心理健康」與尋求人類心靈之福祉時，也要一起考慮地球眾生的健康與福祉，才是一個足夠周全的「健康」。此外，生態心理學也注意到大自然對於人的心靈所提供的轉化力量，而開始將生態視野與體驗納入心理治療的實踐之中。

《失靈的大地 》分為六個部，前三部勾勒覺察的脈絡，並提出關鍵概念的討論、後三部則呈現透過覺察所開展的種種實踐。

第一部的「脈絡」由四篇風格迥異的文章組成，猶如全書的土壤與根系。前兩章以氣候變遷為題，由第一人稱、豐富的身體感書寫（第一章）以及經驗敘事（第二章）作為全書的開場白，讓全書接下來所進行的討論與分析，植根於「情感的土壤」之中。第三章與第四章提出地球作為生態心智系統，以及人類物種這個「生態同工群」在此生態系統中，如何以覺醒者或協調者的角色來參與整體的演化過程。

第二部與第三部進入關鍵概念的討論，包括生態心理學的兩個重要概念：「非人類與超越人類」以及「生態主體」。此部分的討論可比擬為全書的概念枝幹，以這些關鍵概念為生態心理學的理論提供骨架。第二部共有四章，討論荒野、動物、植物、地方等「非人類與超越人類」如何涵容人類自我，作為人類自我的「神聖鏡映」與回音，引導人類重新向存在的浩瀚敞開。

第三部討論「生態主體」如何促進生態自我的發展。「生態主體」是透過主體與自然所形成之複合群集而組成的流動空間，它的起點不是神祕的純淨自然，而是「複雜的現在」。如果生態心理學強調萬物之間的連結，那麼人類也要正視「複雜現在」中的「垃圾場、實驗室創造出來的混種生物，以及使我們與自然世界彼此疏離的科技」。在這樣的視野下，生態心理學的議題就不是一種懷舊之浪漫情懷的回歸，或是未來生態災難的預警，而是與當下之複雜自然的共生。

那麼，我們在「複雜的現在」之中可以做些什麼呢？本書的後半部猶如樹木向天空開敞的樹冠，提出種種實踐策略以及實踐經驗的討論。

第四部尋找轉變的可能性，尤其是如何帶來集體規模的改變，包括對人類中心主義以及消費主義的反思，以及重建人類與「非人類」及「超越人類」領域的親密關係。作者群提出了將生態危機與靈性危機連結的觀點，以原型層次的轉化來回應這些危機，也提出「邊界意識」作為新意識狀態的一種可能性。

第五部的作者群企圖從心理學的觀點，提出對於環境倡議運動者的工作建議。與前一部分將生態危機視為靈性危機的觀點相呼應，有作者發現：愈重視內在目標與自我超越，對人類以外的大自然就展現更多正向的態度；主張尋求超越與重建連結是彼此呼應的過程。這一部的內容並呈現了透過「碳對話」工作坊來改變人與物品之關係的實驗方案，以及透過荒野體驗來影響有力人士的「自然改變方案」。

最後一部是對臨床實務的反思，從生態心理學對於內在與外在關聯的反思，來重新概念化臨床場域中的「治療二人組」，並以新的空間隱喻，例如「重力場」與「複雜系統」等想像，來提出具備生態思維之治療關係的可能性。全書的最末章，將臨床故事與地球故事連結，指出脆弱與崩解如何開啟全新的意識狀態。

本書原文書名直譯為「生命徵象」（Vital Signs），有為地球把脈、諦聽地球生命躍動之音、尋找希望徵兆的意涵。生態心理學提出地球與人相依相繫，以及人類智能與地球智能互相創造與演進的觀點。因此，為地球把脈，最終也意味著成為地球脈動的歷程。英文版主編指出：「生態心理學是對生態危機發展覺察力之大型運動的一部分，認知到人只是全球生態系統的元素之一，生態系統的成敗將由人類、非人類與超越人類的一切共同承擔。」而此種覺察力，正是「生命徵象」所指稱之希望與療癒跡象的基礎。

中文版書名，則採用大地失「靈」的雙關意象，除了指出大地所承受的破壞與苦痛，也說明了把「靈」視為人類專屬之特質的狹隘。失靈的大地，更意味著人類靈魂的乾枯；因此，重建感受大地苦痛的能力、反思以人類為中心之文明的限度、建立具有生態覺察力的生活方式與經濟智慧，於是也成了重建靈魂的工作。

《生態心理學：復育地球，療癒心靈》與《失靈的大地：生態心理學的反思與實踐 》在西方出版的時間相距十七年，透過這兩本生態心理學重要著作在中文世界的出版，本地的讀者得以對生態心理學的起始與發展得到豐富的理解。這兩本專著都是跨領域的成果，無論是關注生態議題的工作者、對於反思心理學知識典範有興趣的思考者、有志於建立具有生態意識之心理治療的臨床工作者，或是關注生態與靈性之關聯的實踐者，都可以從這兩本姊妹作得到不同的啟發。

推薦語

我們是生態的一部分，在碰到矛盾的時刻，只要回到生命的原點來正視，總能找出方法來平衡。

——陳曼麗（主婦聯盟環境保護基金會常務監事）

我極為樂意推薦這本好書，這才是真正的全境生態學！

——陳玉峯（國立成功大學台灣文學系教授、山林書院創辦人）

目錄

關於編輯與作者群

亞斯翠・阿森（Astri Aasen）是一位經驗豐富的幼稚園教師，具有兒童早期教育的學位，其後並在泰勒馬克大學學院（Telemark University College）進修學前兒童在自然環境中的遊戲。目前受雇於挪威諾托登自治區（Notodden municipality）的米克斯蒙幼稚園（Meaksmoen kindergarten）。

傑洛米・伯恩斯坦（Jerome Bernstein），M.A.P.C，NCPsyA，接受的是臨床心理師的訓練，目前則是在新墨西哥州聖塔菲（Santa Fe）私人執業的榮格分析師（Jungian Analyst）。他是大華府榮格學院（Jung Institute of Greater Washington, D.C.）的創院院長，新墨西哥榮格學院（Jung Institute of New Mexico）前任院長，並在學院中擔任教職。他著有《生活在邊境》（*Living in the Borderland*）、《權力與政治》（*Power and Politics*）等書，也是《榮格與蘇族傳統》（*C. G. Jung and Sioux Traditions*）的共同編者，以及多篇關於國際衝突、陰影動力學以及有關各種臨床主題的論文作者。他和納瓦荷族（Navajo）及霍皮族（Hopi）印第安文化有四十年的淵源，而在過去十六年，他跟納瓦荷族巫醫（medicine man）共事，進行一種合作式的臨床工作模式。

英格爾・柏克蘭（Inger Birkeland）擁有奧斯陸大學（University of Oslo）人文地理學的博士學位，是挪威泰勒馬克大學學院（Telemark University College）副教授，教授地理學。她具有地方（place）在人類發展與永續社區發展中所扮演的角色的研究經驗。她的著作之一是《打造地方，創造自我：旅行、主體性與性別差異》（*Making Place, Making Self: Travel, Subjectivity and Sexual difference*）（Ashgate, 2005）。研究長才在於自然－社會關係、地方的社會及文化價值、地景與自然、文化與發展、以地方為基礎的學習以及地方教育學。

蘇姍・巴德納爾（Susan Bodnar），博士，在紐約市從事臨床執業工作。她在哥倫比亞大學（Columbia University）師範學院以及米契爾關係研究中心（Mitchell Relational Center）任教，也擔任《精神分析對話》（*Psychoanalytic Dialogues*）期刊的副主編，以及《當代精神分析》（*Contemporary Psychoanalysis*）期刊的編輯委員。

G.A. 布萊德蕭（G. A. Bradshaw），博士，凱如洛斯中心（Kerulos Center, www.kerulos.org）的創立者與執行長，以及《危難邊緣的大象：動物教導我們的人性》（*Elephants on the Edge: What Animals Teach Us About Humanity*, Yale University Press: 2009）、《成為避難所：與動物同胞慈悲共存生活指引》（*Being Sanctuary: a Guide to Compassionate Living* with Animal Kin, 2011）的作者。她發現在野外生活的象群出現創傷後壓力症候群（Post-Traumatic Stress Disorder, PTSD），奠立了跨物種（trans-species）科學與心理學領域的發展。

彼得・查特洛斯（Peter Chatalos），科學碩士，是諮詢師、整全治療師（holistic therapist）、團體引導員（group facilitator）以及英聯邦人類生態理事會（Commonwealth Human Ecology Council）工作委員會中的人類生態學家主要在倫敦一帶工作。他投身於針對人類生態挑戰發展整合、永續與合作式的工作方式，曾參與在環境、人道與跨信仰等工作計畫，包括都市糧食生產和國際發展計畫等方案。

米克・柯林斯（Mick Collins）是英國挪利其（Norwich）東安格利亞大學（University of East Anglia）醫療及健康學院（Faculty of Medicine and Health Sciences）綜合職業健康系（School of Allied Health Professions）的講師。他曾廣泛發展有關人類職業的靈性與超個人面向等主題。米克目前致力發表論文準備取得博士學位，研究聚焦於在靈性危機中的轉化旅程裡所為（doing）與所是（being）之間的交會界面。

湯姆・克朗普頓（Tom Crompton）從事環境運動已十五年。前十年他致力於環境政策，但因為缺乏針對環境挑戰所做的政治承擔而越來越覺得挫折。後五年裡，他和社會科學家合作，探討在支持大眾表達對社會與環境的關切中文化價值觀的重要性。

他著有〈風標與路標：處在十字路口的環境運動〉（*Weathercocks and Signposts: The Environment Movement at a Crossroads*）及〈面對環境挑戰：人類認同的角色〉（*Meeting Environment Challenges: The Role of Human Identity*）（與提姆・凱瑟〔Tim Kasser〕合作），兩篇文章可

在www.wwf.org.uk/change取得。他最新的報告《共同原因：與我們的文化價值觀共事》（*Common Cause: The Case* for Working with Our Cultural Values）引發了英國第三部門間廣泛的議論，而其中的建議，目前已被許多英國非政府組織納入策略中。

約瑟夫・塔茲（Joseph Dodds），布拉格（Prague）的紐約大學（University of New York）CPsychol，MPhil，碩士，學士等學位，是一位私人執業的心理治療師，並在數所大學中不同的精神分析與心理學課程中擔任講師。塔茲的研究興趣包含精神分析和神經科學的對話，以及在社會、藝術與自然領域運用心理學及精神分析的識見。目前他主要的焦點在於氣候變遷，而他在《失靈的大地》書中的文章主要源自他最新的著作《混沌邊緣的精神分析與生態學：氣候危機下的複雜理論、德勒茲|瓜塔希、與精神分析》（*Psychoanalysis and Ecology at the Edge of Chaos: Complexity theory, Deleuze|Guattari, and psychoanalysis for a climate in crisis*, Dodds, 2011）

凱文・霍爾（Kelvin Hall）從事整合心理治療師（integrative psychotherapist）的工作已二十五年；也是一位專業說書人、督導與訓練師。他曾教導過許多說書及治療工作的課程，以及許多青年荒野旅行團體，包括前往西奈沙漠（Sinai Desert）與克里米亞（Crimea）。他在不列顛（Britain）舉辦過數場長距離騎馬旅行。他熱衷騎馬，對於騎術真正藝術的追尋引導他探索物種間的溝通，以及人類與自然的連結。他在巴斯心理治療與諮商中心（Bath

Centre for Psychotherapy and Counselling）（並曾任此中心的董事）教導生態自我（Ecological Self）的課程，現並在他的執業工作中採行馬術治療（equine-assisted therapy）。他是《森林之外：帕西法爾與聖杯》（*Beyond the Forest: the Story of Parsifal and the Grail*, Hawthorn Press, 2000）一書，以及多篇關於故事、治療和自然論文的作者。他以格勞斯特郡（Gloucestershire）為根，已婚，育有三名子女和兩位孫兒。

威廉・休斯（William Hughes）是英國皇家精神醫學院（Royal College of Psychiatrists）院士，以及私人執業的榮格分析師；他是東安格利亞大學的榮譽資深講師，以及歐洲創傷與解離學會（European Society for Trauma and Dissociation）的創始會員。他亦在靈性與分析心理學公會（The Guild of Analytical Psychology and Spirituality）擔任訓練和督導工作。

馬丁・喬丹（Martin Jordan）領有諮商心理師的執照，UKCP登錄的心理治療師與諮商師。他也是布萊頓大學（University of Brighton）諮商與心理治療的資深講師。美國和歐洲的生態心理學期刊都請他擔任編輯委員。

瑪格麗特・柯爾（Margaret Kerr）從事整合心理治療師的工作。她工作的核心理念是將人類的心靈視作是更廣大世界——生態的、歷史的、以及社會－政治的世界——的一部分。她和大衛・基合作引導自然改變計畫（Natural Change Project），並發展生態心理學的寫作與研究。在成為心理治療師之前，瑪格麗特是一位醫師。她具有心理學榮譽學士學位（BA〔Hons〕），心理學研究方法的碩士學位，以及超個人心理學的學士後進修學位（postgraduate diploma）。她一直住在蘇格蘭，並熱愛探訪山與海。

大衛．基（David Key）是一位符合國際認證的戶外引導員（outdoor leader），對於在野地帶領團體以引導改變的工作具有超過十五年以上的經驗。他曾有七年是蘇格蘭斯克萊德大學（University of Strathclyde）人類生態中心（Centre for Human Ecology）的一員，並共同帶領生態心理學的學士後進修模組課程。他現在和瑪格麗特．柯爾一同引領自然改變計變，並和瑪麗－珍．羅斯特（Mary-Jayne Rust）在德文郡（Devon）的舒馬赫學院（Schumacher College）教授生態心理學，接受心理治療師的訓練。大衛和他的伴侶及女兒住在康瓦爾郡（Cornwall）。

保羅．馬特尼（Paul Maiteny）是一位生態學家、人類學家，以及私人執業的超個人心理治療師。他曾從事生態教育和研究長達三十年，取得牛津（Oxford）及公開大學（Open University）的研究獎金，並從1996年起在倫敦南岸大學（London South Bank University）教導永續教育學。他是倫敦諮商與心理治療教育中心（Centre for Counselling and Psychotherapy Education）的職員。關於生態、永續性、學習和行為的心理靈性及文化面向，他曾廣泛著述及演講。他整合科學式的與神祕－宗教式的理解方式，以尋求對人類，包括個人及整個人種，身處生態系統中角色演變的了解。聯絡信箱：Paul@PsychEcology.Net。

希拉蕊・普林特斯（Hilary Prentice）是一位整合心理治療師，很幸運地在過去十一年裡住在德文郡的達特莫爾（Dartmoor）並在此工作。她在2006年參與建立轉型城鎮托特尼斯（Transition Town Totnes, TTT）第一批工作團體中的一團，「心與靈」團體（"Heart and Soul" Group），並且是TTT核心團體的一員。在早些年，她非常活躍於英國早期的生態心理學運動，並籌組許多活動，教導生態心理學，在活動中演講，引導多場工作坊，並曾發表許多的文章。她具有社會人類學、醫療社會學，以及心理治療的學位，並參與婦女運動和和平運動。喜歡園藝、參加唱詩班，聆聽鳥的鳴唱，視生命是一場整合政治、生態、心理與靈性的領悟與實踐，包括療癒層面以及走向轉化，也包括個人層次與地球的層次。

蘿絲瑪麗・藍黛爾（Rosemary Randall）是一位精神分析學派的心理治療師，也是慈善團體劍橋碳足跡（Cambridge Carbon Footprint）的共同發起人。她主要的工作關注在帶動一種對氣候變遷更深層的心理觀點，包括在社區、在事業，或者在政策層面上。她發展出以團體為基礎的碳對話（Carbon Conversations）計畫（www.carbonconversations.org），能引導個人減碳工作的心理識見。她廣泛撰寫及講演有關氣候變遷、減少排碳、氣候變遷溝通等議題的心理層面。她的部落格是：www.rorandall.org。

克里斯・羅伯森（Chris Robertson）從1978年起開始從事心理治療師及訓練的工作。他是《情緒與需求》（*Emotions and Needs, Oxford University Press*）一書的共同作者，以及Re˙Vision（www.re-vision.org.uk）的共同創辦人。他曾是多項有關他文中主題多場研討會的召集人，包括神聖的邊緣（Sacred Margins, 2009），以及邊界與不確定性的智慧（Borderlands and the Wisdom of Uncertainty）工作坊的共同設計者，此工作坊在1989年成為英國廣播公司（BBC）記錄片的主題。他在倫敦工作，在Re˙Vision提供生態心理學的訓練，並在瑞典及荷蘭舉辦「浮現的空間」（Emergent Space）工作坊。

瑪麗－珍・羅斯特（Mary-Jayne Rust）是一位藝術治療師與榮格分析師。除了私人執業之外，她也從事生態心理學領域的寫作、講課，以及帶領工作坊。1980年代，她在女性治療中心（Women's Therapy Center）從事飲食障礙（eating problems）女性的治療工作；這引發她對消費主義的根源，身體與心靈、土地、靈魂的連結產生更廣大的興趣。1990年代早期兩次造訪印度拉達克（Ladakh）的經驗提醒她環境危機的嚴重性，也讓她對幾近完整的傳統文化得以驚鴻一瞥。回英國後她加入了PCSR的生態心理學小組。這個由十位治療師組成的小組，每個月聚會一次，進行了五年，討論生態心理學的理論並探索如何實踐。她生長在海邊，並熱衷游泳，目前住在北倫敦一處古老森林旁，並在此執業。

薇奧拉・山普森（Viola Sampson）具有環境工作與人權工作的背景，是一位顱薦椎治療師（carniosacral therapist），並持續投身於社會及環境變遷的關懷。除了對多種生物，包括對人類、馬和樹，進行顱薦椎治療之外，她也參與在草根性的氣候變遷運動中，加入社運者創傷支持網絡（Activist Trauma Support Network），並且是一個全球性環境組織中的倡議行動溝通專家。對她後來這些工作造成影響的，包括童年時的一棵蘋果樹、塔斯馬尼亞（Tasmania）的雨林、石灰岩、馬以及許多的人類導師，包括在世及已經過世的，她都致以深深的感謝。

安德魯・沙繆斯（Andrew Samuels）是艾塞克斯大學（University of Essex）的分析心理學（Analytical Psychology）教授，也具有倫敦、羅翰普頓（Roehampton）、紐約等大學客座講座教授的身份。他是英國分析心理學學會的分析訓練師，在倫敦執業，在多國從事政治顧問的工作。安德魯是社會責任之心理治療師與諮商師（PCSR，Psychotherapist and Counsellors for Social Responsibility）的共同發起人，也是英國心理治療學會（United Kingdom Council for Psychotherapy）的主席。他的著作曾被翻譯成十九國語言，包括《複數心靈》（*The Plural Psyche*）、《政治心靈》（*The Political Psyche*），以及《診療椅上的政治學》（*Politics on the Couch*）。www.andrewsamuels.com。

尼可・托頓（Nick Totton）是一位具有近三十年經驗的治療師與訓練師。因為原本是里奇派身體治療師（Reichian body therapy），他的工作取向甚為寬廣，並對自然發生的及不預期出現的事保持開放。尼克具有精神分析研究的碩士學位，曾從事過程導向心理學（Process-Oriented Psychology）工作，並接受訓練成為顱薦椎治療師。他有位二十五歲的女兒。他的著作包括《身體心理治療：導論》（*Body Psychotherapy: An Introduction*）；《心理治療與政治》（*Psychotherapy and Politics*）；《燈亮時請按鈕：詩作新選》（*Press When Illuminated: New and Selected Poems*）；以及最近的著作，由PCCS出版社發行的《狂野的治療》（*Wild Therapy*）。參考網頁：www.erthworks.co.uk。他和伴侶住在柯爾德（Calderdale）並自己種菜。

珊德拉・懷特（Sandra White）生態心理學家，並從事儀式規劃的工作。她具有在政府及企業中從事文化變遷工作的背景，尤其是在種族平權及工作場所人性化的領域上。她所有的工作都是根植於榮格的分析心理學。身為轉型城鎮哈特福德（Transition Hertford）的發起人之一，她出版的論文及篇章包括在綠靈期刊（GreenSpirit Journal）的〈從地球放逐〉（Exile from Earth）、綠色和平會務（Greenpeach Business）中的〈否認、故事與願景〉（denial, stories and visions）、以及在由阿什里奇商學院（Ashridge Business School）出版的《永續思想》（*Thoughts on Sustainability*）第二卷中的〈白色百合：我們文明時代中的犧牲、轉化與重生〉（White lilies: Sacrifice, transformation and renewal in our civilized age）。

引言

真正的前景非常黑暗，所以任何嚴肅的思考都應該從這個事實出發。

——喬治・歐威爾（George Orwell）

我們不知道也無法得知：我們來此是要擔任這世界的臨終看護者，還是地球生命新篇章的接生婆。

——喬安娜・梅西（Joanna Macy）

心理實務工作者反映出我們所生活的社會的樣貌——包括它的各種面向。在我們的能力發揮到極致時，我們也對社會產生反思，發現它的種種問題，並提供各種向前邁進的可能性；甚至反省我們與它的關係。所有這些運作過程都可見於本文集，因為這本書的目的是要呈現整個心理世界——包括諮商、心理治療、榮格分析、精神分析和其他較鮮為人知的心理學——對於社會正面臨的眾多生態危機，所做出的廣泛與多樣回應。已在英國進行的相關工作是本書的重心，但也納入幾篇美國及歐陸作者的文章，因為這些作者提供了重要的觀點。某些篇章的學術風格濃厚，某些則迥然相異，多數文章是介於兩者之間。

當然，「生命徵象」（Vital Signs，本書原文書名）是醫護人員用來評估病人情況的嚴重性時，所使用的基本生理機能測量值。這本文集的主要焦點不是在物質世界中、當許多地球系統受到嚴重壓迫並開始崩潰時，人們所面臨的困境；這類資訊在其他許多地方都可以取得（Lovelock, 2010）。反之，我們關心的是人們在心理上所面臨的困境，隨著生態情勢的新聞逐漸穿透我們的防線，每個人和社會整體都使勁地想要找到一個適當的回應。我們所謂的「生命徵象」，指的就是這樣的回應已經開始成形：希望的跡象、療癒的跡象。

西方世界普遍地花了幾十年，才開始認真面對各種環環相扣的危機，回想起來這些問題至少在一九五〇年代就已明顯可見，而心理實務界的人士也一樣。英國最早的倡議行動或許是在一九八〇年代中期，當保羅・芬克（Paul Fink）和其他人受到喬安娜・梅西的「絕望與賦權」（Joanna Macy, 1983）工作的啟發，創立了一個英國的互助網絡（Interhelp Network , Senders, 1994）；當時主要的焦點是在核子彈上，但環境議題始終是主題的一部分。還有其他人，諸如保羅・馬特尼（Paul Maiteny）、葛拉漢・甘姆（Graham Game）及珍妮・古魯特（Jenny Grut），也在這段時間開始，將生態學與心理學連結在一起。稍後，部分受到美國發展的啟發1，希拉蕊・普林特斯（Hilary Prentice）和塔妮亞・都利（Tania Dolley）於一九九五年成立了一個生態心理學團體，也是是新成立的組織「心理治療師及諮商師之社會責任」（PCSR）[2] 的一部分；瑪莉一珍・羅斯特（Mary-Jayne Rust）也成為該團體的一員。兩年後，希拉蕊和塔妮亞創立了英國生態心理學網絡（UK Ecopsychology Network），它的後裔就是現今的生態心理學英國線上網絡（Ecopsychology UK Online Network）[3]，擁有超過六百位成員。尼可・托頓（Nick Totton）受到伙伴海倫・弗雀爾（Hélène Fletcher）

[1] Roszak, 1992; Roszak et al., 1995

[2] Psychotherapists and Counsellors for Social Responsibility

[3] www.ecopsychologyuk.ning.com

的影響，在二〇〇三年主動與生態心理學連結；尼可、海倫、瑪莉－珍以及希拉蕊，於二〇〇四年在鄧弗里斯（Dumfries）附近的羅里斯敦霍爾（Laurieston Hall）共同組織了一個生態心理學聚會。這些不過是正在逐漸加速發展與連結過程中的片段而已。

然而，環境議題進入主流心理治療的速度相當遲緩，一如它進入主流文化的速度也相當遲緩。撰寫本書之際[4]，英國的心理治療師與心理治療組織，似乎正在組成一個跨模式的聯盟，目標是要將心理治療界中，嘗試面對目前情境的不同團體與個人聚集在一起。PCSR在其中仍然扮演了重要的角色。過去幾年，已有許多以生態心理學為主題的研討會及活動登場。經過這一切活動，卡爾那克出版社（Karnac Books）的奧勒弗・拉斯朋（Oliver Rathbone）邀請我們製作這本文集，並且承諾要快速出版。

奧勒弗賦予我們對文集的自由決定權。我們思考過各種可能性，例如歐洲地區的、專注於臨床應用的、來自世界各地特別令人激賞的文章等，然而收集這些文章的程序看起來非常複雜，或者能夠提供的資料不是過多就是太少。由於這個領域的許多文章源自美國，我們最後決定為英國的作者集結文集，但並不嚴格自限；我們的目的是要呈現出現有的廣泛多樣的作品，而不是只選擇同好的作品。書中有多位作者並無出版品，或者出版經驗較少，不過他們在生態心理學的領域都相當活躍。我們認為，英國的生態心理學具有特殊的觀點和獨特的貢獻。

我們希望能夠在這領域中促進討論與對話，以期能引發更多成熟的理論與實作。要將生態心理學建構成一門學科、清楚表達出各種作法之間的相容性或不相容性的關係，這一切都還在早期發展階

[4] 本書之原文版發行於2012年

段。這個領域還需要一段時間才能發展成熟，在術語用詞上達成協議（或在使用不同術語上達成協議），並且發展出有組織的形態。這是任何新觀點都要經歷的常見過程。

雖然認知到這段成熟過程的緩慢，我們當然也同樣清楚外在環境所面臨的緊急狀態，這是生態心理學家要實現的使命之一。在理論方面，縱使沒有環境崩潰的議題需要面對，生態心理學仍然非常重要，這個領域探索著人類與人類以外的一切之間的複雜關係，以及兩者共存時所產生的治療價值；在現實方面，災難帶來的失落、生命複雜性遭到不可逆轉的破壞、以及維持地球生命的系統即將面臨的威脅等，則完全引導著生態心理學的發展。

從這個角度看來，生態心理學也是為氣候變遷及其他正在發生的生態危機（污染、資源的過度消耗、棲地的破壞等）發展覺察力的更大運動的一部分。然而除了聚焦於心理學之外，生態心理學與這場大運動中其他參與者不同的幾個觀點，在於廣泛地知覺人類只是全球生態系統的元素之一；並且在道德上與實務上形成共識，認為人性無法把其他物種拋出救生船而拯救自己。生態系統的成敗將由人類、人類之外（other-than human）、超越人類（more-than human）的一切共同承擔；無法認清這一點，是我們的文化從廣大整體中解離出來的症狀，也是導致我們陷入目前情況的原因之一。

在這個領域努力了許久的人士之間，流傳著越來越令人憂心的問題：萬一我們失敗了怎麼辦？萬一人類社會無法過渡到無碳經濟模式（carbon-free economy）——其他需要同時發生的文化與實務上的轉變，也無法發生怎麼辦？在每個可能的模式中，剩下的時間都非常緊迫；全球生態系統的重大破壞已經確鑿無疑，科學家預測「引爆點」效應（“tipping point” effect）即將失控。儘管人們對這個危機的覺察度已經比十年前高，但大眾的態度並沒有重大的改變跡象。確實，在英國和其他地區，人們對於生態議題的關注被近來的經濟危機所遮掩，似乎一點也沒有察覺到生態、社會和經濟危機是完全相互交織在一起的。我們既無法肯定地預測未來，也沒有多少值得樂觀的具體基礎。接下來又該怎麼辦？

或許生態心理學在未來的角色，是幫助人們面對伴隨「世界末日」而來的痛苦與絕望，並且保存某種希望。就我們所能預見的，世界並不會就此結束；但現今的人類社會、我們所生存的世界，將不復存在：數萬億的人類及非人類生物將會死亡，正在發生中的物種大滅絕即將加速，地球的很大一部分將無法住人。不過，在任何情況下都將有某種倖存者，極小部分的人類很可能是那「某種倖存者」的一部分，必須取得所需的一切協助，才能心智健全地活下去，帶著健全的文化種子前進、建立生態意識。生態心理學目前存在的形態，或許是這種未來所需的理論或實務的起始點。

不過，儘管世界其他地區正因為我們富裕的生活風格而成為受害者，承受著苦難，我們也尚未走到末日的田地，而生態心理學也還無法承接那樣的重責大任。這本文集所提供的，是關於生態心理學當前發展的樣本，以及它可能發展的方向。我們希望這些文章能讓以下社群產生興趣，並為之所用：已經涉入生態心理學領域，且想要發展與精煉想法的人；開始有所覺察，想要了解更多現況及該從何處加入的人；關心人類與其所屬生態系統的關係、想尋找能夠探索這些關係的方法，及是什麼使這段關係產生問題的任何人。

我們將本書分為六部，一如往常，這種分類總是有些武斷，因為許多章節可以被合理地分類到不只一部之中，且許多章節的材料包含了不只一部的主題。特別是在某種程度上，幾乎每一章都談及在當前的嚴重情況下可以做些什麼。不過，感覺上有分類的幫助更大，以下是我們所選擇的分類。

第一部〈脈絡〉包含了四章，聚焦於為我們所處的現況提供各種觀點，即生態危機及其心理影響和肇因。在開場的第一章，薇奧拉・山普森（Viola Sampson）為氣候變遷帶來了具體的而非智性上的探索，試圖將理性的回應深植於情感的土壤之中，在大環境中找到地區性的地位，並且使物質世界與愛連結，因為這是唯一有效的行動基礎。蘇姍・巴德納爾（Susan Bodnar）為我們的各種理論提供了不同的紮根方式，利用一份可被稱為精神分析式之微觀人類學（psychoanalytical micro-anthropology）的研究中，詳細記載某些紐約居民對於氣候變遷的反應。彼得・查特洛斯（Pcter Chatalos）在本文集中最早問世的文章裡，以愛滋病來比喻地球對我們的「文化自閉症」（cultural autism）所產生的全球免疫反應。保羅・馬特尼以非常有效的方式，跨越多數早期文獻的紋理，思考人類在地球上的角色有何獨特之處，這獨特之處可以如何有創意地運用，而不是破壞。

接續薇奧拉的文章，第二部專注於〈非人類及超越人類〉，越來越多人使用這個片語來描述地球上的其他物種及現象，使它們與人類至少有平等的立足之地。瑪格麗特・柯爾（Margaret Kerr）及大衛・基（David Key）寫到與地方的關係，及在野外獨處能開啟我們的無意識及超個人經驗。凱文・霍爾（Kevin Hall）及布萊德蕭（G. A. Bradshaw）兩人以截然不同的風格提出假設，認為人類鑲嵌於與其他物種關係中的優越感，對於我們在世界上的存在方式多麼具有破壞性，而如果這些關係能建立在平等的基礎上，又將帶來多少益處。在第二部最後一章，英格爾・柏克蘭（Inger

Birkeland）及亞斯翠・阿森（Astri Aasen）精采地描述了挪威一群孩子，以孩子有機會時就能發揮的本能，與當地一片超越人類的小地方所建立的一段充滿想像力的關係。這四個篇章及其他書籍中要描述的強烈訊息是在這場危機中，人類必須在超越自身物種利害關係以外的地方尋找解決之道。

相較之下，以〈後現代主義觀點〉為主題的第三部是以智性而非感性的方式來表達作者對生態的看法，對他們所見到的單純而浪漫的「自然」紀錄提出評論（我們這篇引言中努力避開使用「自然」一詞，但有很好的理由）。馬丁・喬丹（Martin Jordan）及約瑟夫・塔茲（Joseph Dodds）運用多種評論理論，主要是德勒茲（Deleuze）和瓜塔希（Guattari）的理論，分別探索了生態心理學的可能性，嚴厲地質疑生態心理學的假設及特權概念。這個取向在風格和內容上都與我們熟悉的方法大相逕庭，但我們認為它為這個領域添加了重要的自我質疑元素。

最後三部從各種面向探索了關鍵的問題：我們能做什麼？首先是〈如何是好：可能的未來〉，其中包括了四篇文獻回顧，主題在於如何使人類文化深入到心的改變中，也就是喬安娜・梅西所謂「大轉變」（The Great Turning）的變化版。瑪麗－珍・羅斯特的焦點在於重新找回與非人類及超越人類領域的親密關係，及喪失這段親密關係所造成的傷痛。米克・柯林斯（Mick Collins）及共同作者運用了史丹・葛羅夫（Stan Grof）「靈性浮現」（spiritual emergence）的概念為中心意象，表現出以下的改變：根據葛羅夫和其他人的理念，許多個別情感危機，及傳統上被稱為「崩潰」（breakdowns）的情緒，也是一種「突破／崩越」（break-throughs），是創造轉變的機會，作者並且認為這種情況也以全球性的規模發生中。希拉蕊・普林特斯提供的是目前英國在生態學與心理學關係上的部分歷史，並且透過英國第一個轉型城鎮托特尼斯（Transition Town Totnes）的「心與靈團體」（Heart and Soul Group），記錄了這段歷史近期的繁華發展，她也分享了她對「生態與心理」的反思。傑洛米・伯恩斯坦（Jerome Bernstein）的文章溫暖而親和地總結了他對於邊界意識（Borderland consciouness）的概念，「為自我（ego）之外的力量所形塑，打開自己以接受所有生命系統彼此相連且互相依賴的事實」，他透過不同的文字，描寫出與柯林斯等人所描述的靈性浮現現象一致的景象。

〈如何是好：影響態度〉提出四篇根據心理學的取向，如何改變與環境議題相關的人類行為。湯姆・克朗普頓（Tom Crompton）運用他參與環境運動的廣泛經驗以及諸多研究發現，主張「個人越是認同自我內在的目標及自我超越的價值，也就越能對非人類的自然表現出正面的態度及行為」，因此若僅只倡議改變人們的作為，這種運動本身的價值就很有限。珊德拉・懷特（Sandra White）提供了一種對於何以人們具有環境意識卻未能進一步行動的理解方式，她將焦點放在否認（denial），以及犧牲的意義上。這一部的最後兩篇文章分別探討了特定的倡議行動實務。蘿絲瑪麗・藍黛爾（Rosemary Randall）敘述了劍橋的「碳對話」（Carbon Conversations）計畫，與小團體共同促進低消費的生活風格。大衛・基和瑪格麗特・柯爾於本書的第二篇文章描述了他們「自然改變計畫」（Natural Change Project）的故事，這個由世界自然基金會蘇格蘭分會（WWF Scotland）所成立的計畫，試圖在荒野地區將生態心理學運用於實務工作，參與者是由受邀的個人所組成的小團體，這些人在各種領域中有其影響力，但過去不曾主動參與環境議題。

本書大多數（而非全部）作者是心理治療師、諮商師或分析師；有趣的是，目前為止所提到的篇章中，對於治療本身的討論極少。這是本書最後一部的主題，〈如何是好；臨床實務〉。尼可·托頓的文章探討了生態思維與情感或許真的能改變心理治療的實務，而不只是被用來當作「補強」工具。克里斯·羅伯斯頓（Chris Roberston）以優美的文字，來回穿梭於臨床小品文和普通生態理論之間，說明兩者可以如何啟發彼此，以及個案的「病症和弱點本身」如何「成為原料，在他與超越人類的存在之間，幫忙建構連結感及隨之而來的受呵護感。」

在如此豐富和多樣的文集中，最突出的主題為何呢？基於資料來源，我們可以想像本書收集的文章，會強調在基於情況所需做出實務上的改變之前，必須先在心理上有深層的改變。如稍早提及的，情況的緊急程度與為此必須付出的情緒轉變程度之間，存在著緊繃的張力。我們希望很多事情能更早發生，但卻沒有，因此也無疑地不可能達成了。如同在科技領域，目前在心理學領域至關緊要的，也是以一種可行的速度、穩定地努力下去，而非因為恐慌而喪失了我們的精熟技能。

此外，文集中所有作者除了對情況的嚴重性意見一致，其餘幾乎完全沒有共識。最明顯的主題，其實是彼此之間的差異：每位作者都表達了與其他多數人不同的觀點，也對情勢的某些面向提出了自己的診斷及（或）補救辦法。我們甚至很難看出大家投入的是相同的任務，或屬於同一領域的一份子。讀者甚至會想問：到底一個可識別的「生態心理學」領域是否真的存在？然而，這對我們來說似乎是個健康的跡象，一個生命徵象！而不是缺陷。在心理層次及實務層次上，我們正目睹各種創造性的想法和局部的解決之道開花結果，目前為止，沒有人知道哪個或哪些作法最有效。（不過我們很肯定的是，在本書中不斷出現的主題，即化解人類與其他物種間的隔閡、個人與世界的隔閡及「內在」與「外在」的隔閡，對情勢的發展十分重要。）

如薇奧拉・山普森在她的文章中，引用了某些常見的環境保護主題所說的，或許我們只是像在鐵達尼號上把躺椅搬來搬去一樣，在面對龐大到無法理解、遑論能對它發揮影響力的事件時，做著無謂的事情好讓我們的頭腦保持忙碌。就某種程度上，情況確實如此。然而，社會運動的基本原則，是沒有人能夠隻手改變世界；這永遠是一項過度龐大的任務，而我們只能盡量以自己的方式，做到自己能力所及的事。如我們在前面提出的理由，對我們而言，目前的任務面向之一，也是一個在許多層次上都具有價值的面向，就是去思索生態危機中的心理面向；而本書所收集的文章對這項工作做出了重大的貢獻。

第一部

脈絡

第一章

日漸黑暗的角落：具體探索變遷中的全球氣候

薇奧拉 · 山普森（Viola Sampson）

家

我住在山丘頂上，面向城市的北方，能享受到更新鮮的風和更廣闊的視野。這座山丘扛起了多年前在倫敦都市擴展中遭到吞噬的很多老村落。它有許多小徑穿越古老的森林，林中有橡樹和鵝耳櫪、松鴉和藍山雀，小徑很快就要被落葉鋪成一片柔軟，鼻孔吹出濕潤的氣息，告訴我現在是秋天。

秋天。我的一天會與公車站旁腳下被壓爛的黃李子、被雨水浸潤包覆在霉菌中的黑莓共度。成熟的綠色無花果遠遠掛在鄰居家的樹上，散發著濃郁的香甜氣息，蜜汁滴落到車庫的屋頂上，果實在滑落地面、完成一整年的開花結果與滋養的工作前，還鬆弛地掛在樹上。每年，一群椋鳥會在吵雜聲中降落，前來大啖饗宴，又嗖的一聲快速離去。我正在等待牠們。對我而言，在這氣候的化學變化遭到人類擾動、一切越來越難確定的時代，牠們標示了季節的轉換。

這是個怎樣的家？這房子座落在倫敦的一座山丘上。這座城市是大不列顛對外展開土地、生物和文化殖民的歷史中心，一個棲居在綠色小島底部的城市。這座島躺在這個藍綠色星球的北面，而這飛越天際的行星，以指向遙遠北極星的中線為軸心旋轉著。此刻，這顆行星的北面正傾向冬季的天空，位在陽光所及的背面。

我們追求工業成長的社會，正急著一頭栽進一個越來越黑暗的時代，喧囂著要把燈打開、按下加速鈕，彷彿一隻誤把炙熱街燈當作月亮的飛蛾。在對於進步與成長的英雄式直線追尋下，工業文明表現得彷彿我們可以切斷與生命之網的連結，忽視地球系統的循環本質。而氣候變遷，只在是這樣的迷失方向之中所產生的諸多急迫症狀之一。

這是個緊急的時代：新的調查與認知模式湧現，為我們的決定與優先順序提供訊息，討論回饋與平衡的系統理論（system theory）為地球上的智能撰寫著新故事，還有關於我們演化中的意識的其他生命徵象。

身為生態心理學者，我想探索的是地球這個智能系統，可能透過氣候變遷將什麼召喚到我們的覺知之中。這個問題每天都在我的工作和思緒中迴盪。

身為顱薦椎治療師（craniosacral therapist），我感興趣的是該如何將氣候變遷的討論特色，即將空泛又智識性的事實與數據的交換，拉回現實，進行具體化的探索。我所找尋的，是那在天空高飛的老鷹的智能，與在地面爬行的蛇所代表的本能感受與熱情之間的攜手合作（Peters，1987）。

身為氣候變遷運動人士，我發現自己到處拜託人們要對空氣感興趣。我們談論著成噸的二氧化碳，利用科學術語讓自己顯得有份量。然而，這樣的測量數據如何能描述那片顯然毫無重量，且充斥在我們體內每個細胞中的無形海洋？它怎能描繪這道從我們的鼻孔吹出，由我們與綠草和地球上所有生物所共同創造的颶風？我們浸淫在一個共同的場域中，和這個活生生的行星——土壤中的微生物、大象、森林及海草，分享著每一口氣。空氣？此刻，我們受到召喚，要與地球變遷中的大氣層建立一段有意識的關係，而大氣層（atmosphere）這個字的英文字根來自古老的梵文atman，意思是靈魂（Abram, 2010a），以及atma，意即智能（intelligence）、理性（mind）和心（heart）。經拉丁文與希臘文等語言的演化，空氣與心理、心靈和靈魂等名詞連結在一起（Abram, 1996）。或許，對於我們所面對的挑戰，這些用詞的意義會比公制測量單位更為深層，且能為我們手上的任務帶來啟示。

與洋流及氣流循環並肩運作，使全球氣候保持穩定的中心，還包括了龐大的碳循環及水循環。當這些循環穿越我們的身體、空氣和全球的地景時，它們為我們呈現的是，相較於地球的生命永續能力，人類相當渺小。或許當我們把屋子蓋得越高、越深入野地時，我們正與之搏鬥的，就是自己的渺小感，以及對這超越人類所能控制的龐大循環的依賴。然而，這些循環非常敏感，當氣候出現崩潰跡象時，我們才明白自己對它有強大的破壞力。

過去五年，我們度過了英國有紀錄（從兩世紀前）以來最熱的夏天、最乾燥的春天和最冷的冬天之一。在世界的這個角落，季節是我們可以具體領悟氣候變遷之處（Knebusch, 2008, pp. 242-262）。透過觀察季節，我對地球行走于天界中，與生命能量來源——太陽——的關係，有更深入的具體了解。

春秋二分點 (equinox)：平衡

秋分到了。隨著太陽在其古老的循環舞蹈中越沉越低，白晝也逐漸縮短到與黑夜等長。地球與太陽的關係是神話與故事的基礎，滋養了古老文化的想像力，卻不再使我們感到敬畏。

對我們而言，季節變化代表我們要抱怨不受歡迎的冰冷雨水，還要為衣櫥換裝。但鄰近森林中的山毛櫸仍然向這場舞蹈鞠躬；春天的茂盛和夏天的豐足已經暗示了冬天時空蕩枝條的脆裂，我的臉頰抵著的金屬灰樹皮是冰冷的。

從黑夜到白天的過渡期也被忽視了。人類集體的才智之光，以橘黃色街燈照亮了夜空，汽車嗡嗡的低鳴掛滿星星的深層寂靜而不敢迫近。白天裡，我們想要忘記夜裡消瘦的狐狸、警車和令人毛骨悚然的風，只想忙著過自己的日常生活。

這個秋分，收穫月（Harvest Moon）正逢月虧，我滿懷感激，因為這柔和的明燈所散發的，與正在地球另一側照耀大地的是同樣的光芒。夜，這顆行星球體的巨大陰影，使我們與地球的天體變得親密熟悉（Abram, 2010），使我們的身體也隨之伸展、鼓脹與消長。

學校的物理學告訴我，那股將這些天體束縛在一起、合跳著銀河思念之舞的力量，也是賦予我們體重、將我們嵌在地球充滿空氣和水的表面的同一股力量。我們學到：少了重力和地球的地表，太空人得笨拙地漂浮，他們的肌肉會退化，而且擠出的牙膏會往上流。重力以每秒九・八一公尺的速度把我們與地球拉在一起。然而在持續不斷的著落在地球上時，我們感受到的卻是腳和土地、蹄和草地、屁股和椅子、頭和枕頭的安靜交會；一個停息之處。

如今，我們知道重力將地球拉到太陽的軌道中，將月亮拉到地球的軌道中。然而關於戰馬車與黑夜中海上旅程的故事，描繪出了早期人類與燃燒的太陽及溫和的月亮之間的關係。

在大約五百年前，天文學家哥白尼（Copernicus）才計算出是地球繞著太陽，而一艘西班牙船隻航入未知海域，完成首度的環球航行。然而鯨魚和鳥兒、海洋和風早就知道地球是圓的，但這在人類意識中卻是個極端的改變：在一個世代內，地球不再是平的，也不再是過去以為的那樣，認為地球是宇宙堅實而有重量的固定中心。曾經是眾神與黑暗奧祕國度的宇宙，也在人類的理性中降伏為數學上的美感。

要了解以太陽為中心的日心論，人類必須將心思投射到太空中，由上往下看地球，並且選擇將太陽當成中間的指揮固定點。客觀的推論，推翻了「地球是固定不動的、太陽是移動的」的主觀具體感受。如今這個世界觀如此貼近我們的感知，以致於我們幾乎注意不到，它如何塑造了我們與大於人類的世界之間的關係。

哥白尼的日心論激發了科學革命。客觀的推論創造出一種根本的分離經驗，即體驗到人類自身（主體）和組成世界的客觀事實之間的分離。對現代科學的思考方式而言，現實世界必須是純客觀的，亦即必須不帶主觀性，所以也不含與生俱來的意義或有意識的智能（conscious intelligence）（Tarnas, 2006, pp1-26）。

在這種思路下，除了經由人類心智所建構者，世間沒有任何模式或意義存在。世界是被動的、無生氣的、無言的、非參與的。這種世界觀加強了當今優勢文化的觀點，認為意識與智能是由大腦迴路所創造，而非由大腦所接收的一種根本且無所不在的宇宙力量。從人類的內在世界到周遭（且滲透在一切之中）的世界主體性（subjectivity），其間的連續性並不存在。有回應能力且具創造性的智能，以及意識、靈體（spirit）或靈魂（soul），被認為是僅限於人類世界的特質。任何對周遭世界具有屬於人類特質的覺察，都被認為是一種投射與擬人化而加以摒斥。

當世界變得客觀化並且被除魅（disenchanted），森林就可以被當作資源，而其天然的限制也遭到忽視。人類在主觀上的獨特性被放大，使人們覺得自己對整個世界擁有更多自由與權力。在今日的社會中，量（一種客觀性的測量）取代了質，而質是主觀性的功能，對於以具體且有關聯性的方式理解世界不可或缺。當客觀性過於強勢時，主觀經驗的價值很容易遭到否決，也否決了我們基於生態危機的經驗而採取行動時所需的賦權。

哥白尼理論的洪流如何闖入文明的故事使我倍感好奇。雖然許多作者已將科學革命前後，對當今主要的生態心理學架構有所貢獻的重要時刻都標示出來，這個故事呈現的卻是一步就讓人類對於宇宙秩序地位的經驗產生了驚人的改變。它賦予我們強大的推論思維能力，方便我們解答許多謎題及科技上的挑戰，但也給了我們一個脫離沼池般生死之網的自由幻象，它消蝕了我們鑲嵌在具體關係經驗中的價值，使宇宙不再令人魅惑。

我在這個深入西方文明的故事中，看見日心論的出現就像在知識之樹的果實上咬了一口那樣，改變了我們的自我意識。夏娃在伊甸園咬了一口果實後，整全與一體的狀態就掉落到明顯對立的兩面——善與惡、男與女、生與死、主觀與客觀、疾病與健康、心靈與肉身。

這些二元論至今仍存在於我們的文化中，而我在這秋分的白晝與黑夜佔據著即將由秋入冬的灰色時期之際，思索著這種黑白想法。這段寒涼的黃昏薄暮過渡期，正平衡地掌握著光明與黑暗。

＊＊＊

我以科學家的身分展開成年生活，研究分子生物學及基因工程，享受著客觀調查及科學推論的果實，深深著迷於生命過程中的無形魔法。後來，我將知識應用於環境保護運動及草根運動中。但在七年前，同樣是這個季節，我發現一個結合了客觀與主觀認知方式的工作，開始接受顱薦椎治療的訓練。

一股我無法抗拒的力量把我引到這個訓練課程中。我想要學習新的語言，屬於身體、形態與健康的語言。我透過親身體驗，得知生命如何利用深呼吸來穿梭於體內，而身體的液體又是如何受到潮汐的浪退所吸引。我還更深層地發現一道閃耀如南極光的風，在一陣漫長緩慢的吹送中掃越身體。我學到有某種智能滲透於人類身體及其他生物之中，不斷地尋求健康與整全。我得知每個關節的肌肉與肌腱做出智慧決定的速度，遠比我的腦袋所能領會的更迅速。我學會該怎麼坐著，靜止不動，使身體的每一片刻自然成形。

在顱薦椎技術的核心中，我學會從覺知平衡的狀態中傾聽，以我對外在世界的覺察，包括對個案身體的覺察，來平衡我的內在知覺（Sumner & Haines, 2010, pp. 19-22）。透過一種空間上的、關係性的觸摸，這種傾聽是深層的聯覺（synaesthetic）[1]；影像、質感、味道、感覺基調乃至於聲音，全都能告知施做者關於個案身體系統的健康狀態。這是以平靜與臨在為基礎的。顱薦椎治療是一種知覺的操作，需要對客觀的覺知及主觀的經驗、對合一與分離，以及對於關係，都保有平衡的注意力。

類似這種覺知操作能滋養我們的自我感（sense of self），那也

[1] 譯註：聯覺（synaesthesia）：複合視聽嗅觸等感官中多種感覺而綜合形成的知覺。

是一種世界知覺。當我們深入自己的感覺時，我們身為體驗的主體及被知覺的客體之間的分離感會自然消失（Sewall, 1999）。知覺者與被知覺者相互依存，是同一生活領域中的不同面向。顱薦椎治療師知道深入的傾聽，對於被深入傾聽者來說就是療癒，我們明白療癒是互惠對等的；個案與治療師在共享的療程結束後，都將發生改變。

夏末薩恩節（Samhain）：黑暗

黑暗促使我們以不同的方式來感知事物。它去除了我們的視力，要我們深沉地進入各種感知體之中，聆聽使我們意外把小腿撞得瘀青的茶几邊緣。

地球的陰影隱約逼近人們的清醒時段，黑暗漸漸滲入白晝。但只要輕快地一按，電燈就炸開了陰暗，粗魯地宣布人類對黑暗的掌控。在這座城市裡，感覺上生活的步調正在加速，我們沒有時間可以停留在暮色、在模糊的過渡空間（liminal space），或「不知曉」（not knowing）中。

面對氣候變遷時最大的困難似乎是不知曉。對於電腦模型、事實、目標和百萬分之幾濃度的強調，給我的感覺就像是在設法重獲掌控權時的孤注一擲，彷彿透過量化，我們可以將這龐大的議題縮小到能夠放進腦袋裡的小盒子，使之屈服於人類的推理。我們要求有史以來最精準的預測，卻沒有任何電腦模型能將所有變數計算在內；而對於全球各種循環至關緊要的複雜性，如海洋與北極凍原，科學家的理解還在嬰兒期。已經太遲了嗎？這一堆光彩奪目的科技和綠色工作，只來得及讓我們躲過最糟的情況嗎？我們就像是在將沉的鐵達尼號上挪動躺椅那樣，只是在做無謂的事情嗎？我們該對災情漠視不管嗎？或許。我們不知道，也無法知道。

氣候變遷使我們面臨黑暗，面臨龐大的不確定性，面臨喪失石化動力生活風格所帶來的電動刺激的恐懼。在不知曉的不安中，假裝一切無恙能使人感到舒服許多，但同時，我們也更容易明知災難性的氣候變遷已不可避免，卻假裝像癌症一樣的人類對地球的療癒無能為力。我們能否令自已處在讓某一方成真的可能性上，或者處在兩個極端之間的某處，甚至是完全不同的結果？如我們所知，地球是個智慧體系，我們無法預測一個智慧體系會如何回應，或者採取怎樣的介入手段，不論好壞。

在關於氣候變遷的警告上，客觀的地球氣候系統科學分析一直非常重要。然而，或許也該有不同性質的認知方式出現，為我們提供一條穿越氣候危機的道路。客觀認知是一種冷靜不受限制的思考，從各種角度參透單一的真相。主觀的認知是以自身的具體經驗為基礎，明白我們所看見的只是真相的一部分，只是爭論的一邊，岩石的一面。對我們而言，岩石總有一面是隱藏不可見的。我們若繞著它走，它將揭露自己的更多面向，但在這永無止息的揭露與隱私之舞中，它仍然會藏起另一面。處在不知曉的不安中，能幫助我們向奧祕開啟自我，允許自己在遠遠超越自身的龐大經驗中停歇。

＊＊＊

每年到了這個時節，我的內心世界就開始成長。我花更多時間躲在室內或雨衣的遮蔽下，毛衣越穿越厚，雙腳踩著靴子，感覺不再那麼外放，不太愛交談。隨著黑夜越來越長，冬季的天氣報到，我的世界也變小了。我把外套裹緊，加快腳步，目光向下看，因為我的臉要避開寒冷的雨水。到家後，客廳裡的一派燈光將我緊緊抱住，打在玻璃窗上的雨水融化了外面的街道，街燈灑下橘黃光點，軟化夜裡尖峰時間的車流噪音。

冬季的天氣使我與自己的肌膚更親近，更需要溫暖與食物。我們變得很脆弱。網站、手機應用程式及電視頻道，一天二十四小時不斷預測著天氣。然而隨著氣候變遷及天氣模式越來越難預測且極端化，我們的脆弱感也更加深切。天氣破壞我們的計畫、甚至破壞我們的家和社區。天氣不受控制！天氣是狂野的。氣候變遷讓我知道了人類力量的微不足道和脆弱，讓我們面對死亡，尤其是許多物種和人類自己的滅絕。

數百年前在世界的這個角落，有種信仰從我們與土地的關係中浮現，榮耀著季節的循環。當我開始與自己的根連結，這一切開始對我產生意義。順著生與死的循環基調，以薩恩節[2]標示著一年的時間之輪中的此時：夏季的結束。更通俗的說法是萬聖節；是發著光的恐怖南瓜、死亡、女巫、鬼魂和其他夜行人物的時間。

薩恩節前一週，金黃而沉重的滿月低空升入柔和的藍天之中。它被稱為血月（Blood Moon），反射著太陽漸弱的光芒，隨著我們進入夜晚，進入這個地日年（earth-sun year）的月夜之際。隨著細亮的弦月盈滿成柔和的圓，又回歸到沉寂的黑暗之中，月亮教導著循環；自黑暗的超自然力量中，銀色光芒再度顯現。月亮透過這些被描繪為少女、母親和老嫗的階段，教導我們有形與無形、潛能與圓滿。她的光芒，依賴著她與燦爛但隱身的太陽的關係，然而這份

[2] 譯註：薩恩節（Samhain）：凱爾特人（Celts）在夏季結束，即10月31日萬聖節之際，過新年的日子。進行豐收祭典，也同時祭拜死亡之神Samhain。既是季節更迭，亦象徵生死交替。

依賴很容易遭到遺忘，因為月亮的光芒有著屬於她的特質。月亮親身提供月光，引導我們走過集體無意識（collective unconscious）的夜夢世界，如飛蛾尋蜜一般。當我們躺下來看著她的臉龐時，她以一種古老夥伴的凝視回望著我們，提供行星層次的觀點，幫我們為自我感定錨。

這年的薩恩節，我們坐下來靜觀夜的來臨。黃昏暮光：陰影向外蔓延，融入房裡，軟化對比，使家具與空氣、形態與流動得到和解，並且沉思著從陽光到月光的過渡轉變。黑暗經常被認為是種缺席，但這一晚，我們找到了完整性與蔓延感，它具有深度與溫和感，我的眼睛感受到了。

死亡往往僅被認為是生命的缺席，但它也是一種蔓延，向內也向外擴展。因此，雖然對於被遺留在生活之中的我們來說，死亡是一種缺席，但它也無所不在。我們看待死亡，就像看待自己在柏油路面的影子，是平面的，也是結局。但我們忘了，影子擁有深度與強度，對於面臨死亡的人和活著的人而言，死亡本身就是一段深刻的旅程。將我們埋葬到地球黑暗處的，是愛我們的人。

在黑暗中的睡眠，使我們轉而向內，卻又可以向外溜到夢的領域，進入集體無意識中。這是在品嚐死亡的擴展嗎？或許正是這個社會對於死亡與黑暗的恐懼，使我們盲目地奔向滅絕，還帶著與我們共享地球、空氣與水的許多生物陪葬。

在庭園裡，我們看見死亡與腐敗是生命的一部分，所有的生長也是一種死亡。在堆肥桶中，沒吃完的梨子失去原來的形狀，把梨樹從太陽吸收的溫暖釋出，使護根層（mulch）能發熱腐爛。梨子的潛能向外擴展了；品嚐美味的機會錯失了，徒留悲傷。薩恩節既是喜慶循環的結束，也是起點，提醒我們所有的死亡都是新生，所有的新生也是一種結局。

在這地球一片黑暗的時刻，有太多的死亡與悲傷。我們要上哪兒去為那些在洪水、乾旱和棲地的消失中，被從這世界拔除的同行生靈哀悼呢？當悲傷、失權、社會條件或創傷，使我們因人間生活的絕望而封閉心靈時，我們變得麻木不仁，無法以健康或有創意的方式來做出回應。我們需要找到能延續自身敏感度的方式，深化自己的復原力。

多年前有一回，我坐在擁擠的倫敦巴士上層，讀著一份在尖峰時段免費贈閱的報紙。我看見深藏於末頁版面的一則小新聞在介紹海蝴蝶（sea butterfly），這是一種微型軟體動物，因為於深海飛翔的模樣而得名。我從文章中得知，二氧化碳濃度上升導致海洋酸化，使這些小生物無法結合鈣來製造牠們那形似蝸牛的外殼。海蝴蝶是多數海洋生物直接或間接的食物來源。

因為這則新聞的重要意義，我開始哭泣，而且淚水越流越多，若有人注意到我在哭並上前詢問，我想他們會對我的悲傷困惑不已。至今，主流新聞對海蝴蝶的故事隻字未提，但某個部分的我潛入了悲傷之海，因為我見證了這個龐大的故事——世界上最小的生物之一，無法承受我們的生活選擇所帶來的重擔。

我認為見證、哀悼和正面地面對我們的集體責任所帶來的心痛，是此刻的生態心理學最重要的任務。尊敬痛苦將帶給我們成長的機會，形塑我們與世界的關係，就像生長在懸崖峭壁上的樹會被風形塑、我們的肌肉骨骼會在與周遭世界的互動之下成形。哀傷是我們進入一段新關係的過程，從粉碎舊有的確定知識中獲得智慧。以相互連結、有感受、能回應的有情眾生身分而存在，我們可以先不要試圖「拯救地球」，而轉向地球要拯救祂自己——亦即我們共同的大我（Self）[3]——的行動與表現前進。

許多文化中的神話故事，都描述了每晚太陽沉落海底，世界陷入一片黑暗，直到太陽從大海的子宮中重生。在某些古老的故事中，太陽是搭著船穿越地底世界，來到下一個黎明。黑夜裡的航海旅程，描述的是在無意識中的下降與浸沒；它們經常是與悲傷或憂鬱相關的原型（archetypal）思想。當我們允許自身的光芒融化於悲傷之海時，我們榮耀了太陽與地球每天上演的死亡與重生的循環，慢慢地使我們與日漸疏遠的宇宙秩序重新校準。

我也開始看見，一年中的黑暗季節是一段擴展到黑暗中的豐盛旅程；是一個在面對內在與外在的黑暗時保持臨在，而不要從寒冷或世界的悲傷中退縮的機會；是一個使自己能夠棲居於更大的地球黑暗面的機會，允許地球的陰影將我吸收，帶著我向內、向下——進入自己的根。

冬夏二至點 (solstice)：火花

在石頭與火焰亙古的合作下，太陽給我們光明，地球給我們黑暗。太陽給我們火焰，地球給我們燃料。地球以鏽紅色的油和黑色的炭，埋藏了數千萬年的陽光。而人類在幾百年內釋放了這股能量，轉變了世界和我們自己。

因為日心論，人類將不斷移動的星海中的一顆恆星，即太陽，固定在人類世界的中心，反映出社會對線性進步與成長的固執，永遠要向前、向上、向光亮處，並且遠離黑暗、土地和腐敗。我們也

---

[3] 譯註：原文以首字母大寫的 Self 來表達更大的整體，另可參考榮格（Jung）對集體更深層的自我亦是用首字母大寫的 Self 來表示，常譯為「本我」或「真我」。

將固著於土地的具體現實取代掉，轉而屈從於太陽的權威力量，以及賦予它穩固性的數學模式。如今，我們與英雄太陽的關係正在改變。天上的生命之源已變成死亡威脅。不過，是我們自己要接掌太陽神的力量，我們狂妄的野心懸掛在環繞著地球的二氧化碳煙霧中，困住太陽的溫暖，顛覆了我們稱之為氣候的濕與乾、熱與冷、動與靜之間精妙的交換平衡。

在最長的夜裡，地球將北方的臉龐轉向太陽系最黑暗的深處時，我注意到一道光明，不是太陽在夏至時的豐盈光亮，而是寒冷的滿月和雪的光亮。

此時是冬至時節，是被基督教會改為耶誕節的節慶時日。它透過枝椏末端的冬芽，以祈禱的姿態安靜地等待春日的鼓脹，訴說著光明的重返和生命的來臨。這一年，我們在最長的夜走到戶外，在雪地上點亮一根蠟燭，生命的火花被緊緊懷抱在黑暗與冰凍的大地之中。

當工業文明努力往更高、更明亮處走去，有些人正往下，在更深、更廣處面對陰影，開啟另一種知的方式。也許生態中心意識（ecocentric consciousness）的火花能由此開始根植，使人類成為地球智能活生生的表現，而地球的人性也能如花盛開，伴隨著蟒蛇、蚊子和玫瑰。

在這段光亮的黑暗期，保有顯然互相牴觸的兩種事實，這樣的一種矛盾悖論（paradox），能使我們擴展超越目前文化中常見的二元思維模式。悖論能引發被原始的、非二元狀態所激起好奇心的有意識覺知。在矛盾之中存在著強烈的創造張力。若我們能掌握住相對兩端的張力，像是握住弓上蓄勢待發的弦，新事物將於焉誕生。對立的兩端，將成為新整體的兩極。

回到促使人類對宇宙進行最新探索的偉大科學神話中，我們就可以找到這個故事的新層次。我們從伽利略的耐心觀察中得知，在物理上，地球確實繞著太陽旋轉。我們可以假設太陽為這個不斷移動的宇宙的靜止中心；然而，從我所在之處，在地球這個具體的宇宙中心，日升日落，太陽也確實繞著地球，繞著我。將這兩個事實放在一起，將使我們得以歸鄉——在這裡，我們是宇宙的中心，也位在宇宙更大的循環之中。

掌握到這兩個真相時，我找到了悖論的創造潛能，和一股靜止的力量。在這個快速的文化中，靜止被認為是一種欠缺，即欠缺動態。然而顱薦椎治療法告訴我，靜止是一個有強大潛力的狀態，是新的事物生成之處。它能擁有豐足與力度，有時候豐富到如同清晰的鐘響。

當我們接受了地球環繞著太陽，而太陽也在充滿著運行星體的天界中移動時，就有可能在宇宙中感受到，那股與太陽這個外在、指揮的靜止點不同的靜止狀態。坐在靜坐墊上、或森林裡長滿青苔的倒木上、或在正午下炙熱火紅的沙漠中時，最容易的品嚐到這種靜止狀態。這份靜止對我們的存在具有紮根作用，是一種動態的靜止，富含著透過我們來呼吸的智能。在此我們可以體驗到，自己正是無所不在的宇宙智能場域持續不斷的具體顯現。內在核心的靜止涵納了外在太空最深處的黑暗潛能，是大爆炸的轟隆巨響，為我們在每一個片刻的存在加油添柴。

回家

全球性自我（global self）的體驗隨著電腦科技和網際網路問

世：這是一種以人類為中心的全球溝通網，一種人類意識。我們捨棄了與無所不納的地球建立有智慧的參與式關係，沈醉於將人性反映給自己的溝通，就像一面鏡子那樣，而對於生態崩解的警告跡象不理不睬。

氣候變遷呼喚我們與不同的全球性自我建立關係，與整個地球系統、以生態為中心的全球模式與平衡網絡建立關係，這是一種地球意識。要了解氣候變遷，我們就要開始了解自己是這敏感的全球系統的一部分，我們並不比地球上的其他生命更重要或更不重要。這或許是個機會，使我們能在宇宙秩序中找到自己的地位，既是流經我們的宇宙智能的參與者，也是接收者。

社運行動（activism）乃發自於愛。當地球這個漂浮在太空中的藍綠寶石，成為環境保護運動恆久標誌的同時，正在探索月亮黑暗面的男人也愛上了地球，或許就不那麼出人意料了。或許這些著名的太空人，在日心論問世幾百年後密集的科學探險中，看見了我們絞盡腦汁想要感受的全球性認同感（global identity），當他們漂浮在情人以詩來描述的相互吸引力，也就是月亮與地球之間的萬有引力之中時，他們正浸淫在從這股宇宙之愛所誕生的環境保護運動的具體展現中。

人類對地球生命的愛，是一種豐盛的混合體，其中包含了渴望、憎恨、投射及理想化、對依賴的恐懼、對融合的恐懼、對分離的恐懼，這些情感與其他所有的情感，會在所有親密關係中侵襲我們。這些情感，已表達在從太空中清晰可見的油砂礦場、農業廢棄用地、雨林破壞後焦黑的傷疤及用圍籬隔開的保護區中。我們所渴望的愛，無法以裝在香水瓶中、放在超現實的電影銀幕上或夾在巧克力包裝紙中，販賣給我們。或許這份愛是主體與客體想要成為一體的亙古渴望，一種只有在分離的經驗之後，才可能產生的與氣候合一的表現。

我們能夠透過潛心於具體體現——終至普世實現——而完成這項科學革命上的智性大躍進嗎？我們能透過朝向內在、面對集體無意識的深度與廣度，以及開放向外、面對宇宙智能，來調和這趟人類意識的旅程嗎？

帶著客觀知曉的豐碩果實回到感官身體之中，我們或許能在這個擁抱著我們的地球上覺得自在，對於身處這個漂浮在我們稱為太空、深不可測的黑暗與光耀的潛能深處的行星上，感到如在家般的自在。一如胎兒漂浮在母親子宮的熱鍋黑暗中，隨著雙手在龐大的、跳動著的心臟旁成型時，手指也開始分化。此刻，這些具有感覺的手握著一本書，或許這個骨感、探詢的姿勢，要輪到翅膀、蹄子、鰭狀肢和鰭來做出迴響，因為在這危機與機會並存的時刻，我們握在手中的，正是在這不斷旋轉的渾圓地球上，所有生命的命運。

第二章
「雪變少了」：人與環境間轉化關係的敘事記錄

蘇姍・巴德納爾（Susan Bodnar）

過去幾年來，我一直在研究人類與生態系統間的轉化關係，我假設人類與物理環境（physical envrionment）的關係是另一種客體關係（object relationship）（Bodnar, 2008）。我也陳述對於環境有不良影響的社會力量，同樣會對人們產生負面衝擊。本章將呈現的田野資料，是從紐約市東北的都市社區所採集累積的。受訪者敘述了他們在同一套社會常規下所受到的影響，這套社會常規改變了人類與生態系統的關係。

心理學者已從各種理論角度著手，來處理心理學與環境議題之間的界面（Du Nann Winter & Koger, 2004）。柯魯普尼克和裘利（Krupnik & Jolly, 2002）提出他們在北極的田野研究資料。這些對原住民的觀察，證明了物理環境的改變正延續到認知與意義的轉變上。氣候無法預測、捕魚工作變得困難，而冰層也在改變。其他研究者，例如康恩（Kahn, 1999）研究人類的發展與自然世界的關係，透過哪些方式連接在一起。他在德州一處資源貧乏的黑人社區、巴西亞馬遜地區的某個小村落、威廉王子灣（〔Prince William Sound〕研究受艾克森石油〔Exxon〕的瓦德茲號〔Valdez〕油輪漏油影響的兒童），以及對葡萄牙里斯本兒童的研究等等，都顯示人類有親近生命的強烈需求（「親生命性」〔biophilia〕：Wilson,

1984）。阿爾布雷契特（Albrecht, 2005; Albrecht et al., 2007）則描述了「鄉痛」（solastalgia），一種因環境改變所引發的心理悲痛。

雖然曾有一群人類學家認為，生態系統是社會行為的決定因素（Rappaport, 1984/1948），然而喜歡精神分析的人類地理學家，則在一九七〇年代早期開始思考地景（landscape）與人類心智的雙向影響（Bodnar, 2008, pp491-493）。這些地理學家相信，關係與物理環境創造出了一個互動系統的效價（valences），既限制又擴展了心智、想法與行為的收受能力。它們互為彼此的一部分。土地創生（generativity）的潛能，始終是人類故事中的要素。

哲學家阿勒瓦・諾以（Alva Noë, 2009）也認同物理環境是心智架構的要件。社會學家涂爾幹（Durkheim, 1858-1917）在他偏向神經科學的詳細闡述中，論述了心智的設計不只是用於直接與關係性的（relational）環境溝通，也與物理性的環境溝通。心智存在於與所有生命形態的動態關係中。諾以認為，人類行為表達了影響著我們的環境世界。他寫道：

> 當我們嘗試要了解自己是什麼、又是如何運作時，偏見就像束縛衣一樣限制著我們。我們畢生都在和旁人以及所處的環境一同體現生活。我們並非只是外在影響的接收者，也是為了接收自己所展現的影響而創造的生物；我們是世界的動態伴侶，而非與之分離。
>
> （Noë, 2009, p.181）

不過，什麼是自然、什麼是文明，兩者間的分界是會改變的。此外，個體為自己劃界的能力也有所轉變。確實，在二十世紀和當今的二十一世紀，控制信念（locus of control）[1]已 從由地區性和自主性的與自然的關係，變得被比較機構性（或支配霸權性）地決定。人與他們的地景間的親密關係的喪失，一種客體關聯性（object relatedness）的轉變，使人們得以物化（objectify）並貶低土地的地位。

身為關係心理分析師（relational psychoanalyst, Mitchell, 1988），我假設人類與其生態系統存在於一個多重成因的關係中。大自然從未完全處於未遭破壞和純淨的狀態，也有惡劣危險的時候。文明保護人們免於大自然善變的威脅，展現出人們的最佳天賦，同時奴役了人類的性靈。考古學家、體質人類學家（physical anthropologist）乃至演化生物學家都了解，人類從來不曾免於環境的控制，而環境也不曾獨立於處在環境中的人類。文明是相互演化與依賴的各種生命形態的防護衣，心智則是這些生命形態之系統能量的內化總和（Bateson, 1980）。

人們對於自己與物理環境的關係所賦予的意義，是衍生自地理脈絡中固有的地區性小團體歷程（Durkeim, 1925/1961; Geertz, 1973, 1983）。即使在大腦組織的層次也一樣，嬰兒早期與人際環境間的互動，直接影響了自我或意識的神經發展基礎（Schore, 1999; Bronfenbrenner, 1979; Burner, 1985; Lewin, 1976; Vygotsky, 1978, 1986）。雖然對觀察的科學家來說，像家人、同儕、教育機構等規模大的概念，或許建構了社會的道德價值及倫理選擇，但個

[1] 譯註：「控制信念」（locus of control），或譯「控制點」，為Julian Rotter於1954年所提出，指一個人認為自己能控制發生在自己身上的事情的程度。例如內控型（internal locus of control）相信自己能控制自己的行為和運途；而外控型（external locus of control）則認為是種種外在力量影響自己的遭遇和行為。

體的運作方式其實較趨近於**博藝雜匠**（bricoleur）[2]，能內化並利用在小團體互動中處理過的片段資訊，同時平衡了需求、限制、優先順序及可能性。因此，和所有的關係一樣，個體與物理環境連結的方式隨即變得非常個人化，且取決於文化。

哲學家海德格（Heidegger, 1977）預示了科技在這場降級過程中扮演的角色。他特別討論到人類發明的科技將如何快速地重新塑造人類。當人們為了社會需求而改變地球時，他們也改變了自己的意識。他提出警告，假使人們對於天然資源的認識，僅止於它們對人類消耗需求的用途，那麼人類體驗中的自然將只是個商品，土地也只是人類消費的工具。假使科技變成支配我們與生態系統之間關係的感知範型，不論那是都市、鄉間或野地，人們都將進一步根據該項科技原則來組織環境。

田野研究調查

以下案例研究，是摘錄自二〇〇九及二〇一〇年於紐約市進行的人物採訪。他們的敘述顯示，漫不經心地損害地球生態系統的消費主義歷程，同樣也成為他們人格的一部分。當中也出現了一個有趣的模式。人們思及自己與生態系統之間的關係時，其想法的複雜度與他們和物理地景的關係經驗很相似。在某些案例中，例如對於將生態系統概念化為風景的人，環境就具有某種自體一客體（self-

[2] 譯註：應係引自李維－史陀（Claude Lévi-Strauss）發展出的「博藝不精者」（Bricoleur）的概念，指一種人並非專精地從事多種工藝，但也因廣泛熟悉多種工作，因而能拼湊手邊的工具和材料、將就著使用，不同於專精該事的工匠所採用的正統方式，而仍能完成事務。相較於專業工匠或工程師會縝密計畫的「科學心智」，李維史陀主張博藝不精者則較近似於「原始人的心智」。

object）功能。在其他案例中，環境比較像是象徵性的移情客體（transference object）。最後，在環境中具有複雜經驗的人，對於環境及氣候變遷往往具有特定且細微的想法。這一切都表露了，在這個被氣候變遷的威脅感所架構，而科技日漸提昇的世界中，他們試圖讓自己的存在變得可以理解。

地球如風景

KL是一位二十六歲的單身女性，兩年前畢業於長春藤學院，現在是某大型百貨公司的採購人員。她目前居住在曼哈頓上城東區，出身於美國中北部中產階級社區，父母都有工作，她還有個弟弟，姊弟倆一直都是優秀的學生和運動員。

她雖然有豐富的文化資源，卻都把時間花在「和朋友廝混，我們一起玩，聚一聚，上酒吧。大多是在酒吧廝混。」

被問到她是否喜歡看電影、看戲、觀賞舞蹈等時，她一臉困惑。「我不知道該怎麼回答這個，因為我真的沒想過這些，真的。我知道那些東西存在，如果所有人都在做那些事的話，我可能也會去，不過主要理由只是為了好玩罷了。」

她如此說明自己的社交行為和性行為：「因為好玩，才會跟某人回家。除非到了隔天早上覺得古怪，否則我通常不會多想，而這是很罕見的情況，因為把這種事看得太認真的人是笨蛋。」

然而她似乎一直無法定義「好玩」的概念。「好玩就是好玩啊。」她解釋道。KJ喜歡喝酒和調情，認為自己很擅長這些事情，享受這種佔優勢的感覺。她重申：「如果我和人上了床，那就是很棒的一晚，因為我可以說我做了愛，玩得很開心。」

在她紐約市的公寓中，她擁有手提電腦、iPhone、光碟和影碟機，平面電視、一輛車，以及「廚房該有的我都有，但我沒做過飯。」

她再度提醒：「一切都是為了好玩、覺得舒服、要有風格，要能玩得開心。」

顯然，KJ的社交團體主導了好玩及好時光對她而言的意義。她對個人動力沒什麼概念，缺乏溝通技巧。然而，當她被問及未來時，她停頓了一下，瞬間彷彿變得悲傷。

很難想到未來，因為我做的事不允許我對未來多想。我和最最要好的朋友們之間有種什麼。有時候我知道這感覺起來像是我錯失了什麼，不過那時我的心又在別處了。我很好奇結了婚會怎樣，當我們大家都結婚以後，這群人會變得如何。有時候我知道這樣過日子不是最好的方法，但我只會這樣過。

KJ描述了她與自然的關係：

我們以前住的地方有非常美麗的山景，我真的很想念那景色。我可能住在世界上最美麗的地方，人們會到那裡去旅行、欣賞那景色，但對我來說它就是風景而已。當時，我花在購物中心的時間就比在戶外多，而且大家都在玩樂，沒有去踏青的必要。現在，我喜歡沙灘，通常會和大夥兒在沙灘共度夏日，不過有時候，我們白天都在睡覺，晚上都在玩樂，沙灘只是漂亮、舒心、讓我感到舒服而已，但我們對它不太注意。我想，我們當然認為它很美，但我不認為我們會因為沙灘而做些什麼

——焦點是在社交活動上，因為我們知道沙灘會在那裡。

KL說：

我想全球暖化令人害怕的地方，是發現地球有可能會消失。某種程度上，這個想法存在於我腦海的某處，但我不把焦點放在那上面——雖然在某個程度上，我挺擔心的。但我發現我擁有需要或想要的一切。我猜，我是覺得某些科學家遲早會想出辦法來解決問題——不過這樣好像很天真。這大概就是我面對它的方法。我注意到雪變少了、冬天變暖了，有時候如果這樣想：「天啊，這種天氣好多了。」心裡會舒服些。但想滑雪的話就討厭了。如果有人告訴我該怎麼做，我想我會去做的，但我不知道我能做多少或改變多少。現在我的生活似乎很穩定。我只是跟著走而已。

另一位受訪者是三十二歲的拉丁美洲裔男性JT，他在布朗克斯區（Bronx）的勞動階級社群中長大。新婚，沒有小孩，和妻子住在布魯克林區。他大部分時間是在曼哈頓區某棟大樓擔任門房工作，以及「看電視、買東西和辦雜事」上，他很驕傲地補充：「還有在我新泳池的池畔休息。偶爾去看大都會棒球隊的球賽。」

他已經不再到酒吧廝混或勾搭女人，不過他「年輕時」會這樣。他喜歡小酌、做做愛，「雖然大部分所謂最好的朋友，只要酒喝完就閃人了。」

JT在遇到一位決心要嫁給他的女人之後就改變了，她成功地掌控了兩人的生活。

「我配合到底。」他說：「因為她想這麼做，我知道我以前的生活方式不好，現在她打理一切，我工作，就順著配合……這種生活很好，我喜歡這樣的安全和安定感。」

JT描述他與環境的關係：

> 我在布朗克斯長大時，我的整個世界都在那裡，無憂無慮，可以步行到任何地方，去看球賽、找朋友、打棒球、到夏令營。所需的一切應有盡有，是個長大成人的好地方。社區決定了一切。我不太喜歡露營，和自然環境沒什麼關係——我喜歡到戶外走走，看看大自然，但並不著迷。我和老婆到雪倫多亞河谷（Shenandoah Valley）去玩了一趟，很喜歡那裡。你可以開好幾公里的路，欣賞河谷，它很美。我覺得大自然很棒，我喜歡觀賞它，但我承認有時候我並不在乎它。它就在那裡，就這樣而已。是該把某些還沒被開發的地方保留下來，但我說不出這對我有什麼意義。
>
> 我對氣候變遷和全球暖化所知不多，但有些事情正在發生是肯定的。我讀到關於北極冰帽的事，我知道冰層變得越來越小。有些事情正在發生，我不喜歡這樣——有些動物會因為棲地被入侵而絕種——譬如山地大猩猩（mountain gorillas）必須在越來越小的區域內尋找食物。我小時候，冬天雪下得很多。如今，冬天會來一場大風雪，然後就只是零星下雪。冬天變了很多，我很高興，高興雪沒有那麼多了。下雪很麻煩，只有對小孩來說是好玩的。

他若有所思地補充道：

不過，情況是不同了。天氣該暖的時候不暖，在不該熱的時候變得太熱。冬天很暖，夏天熱得太久，我知道世界上還有其他更慘的地方。有旱災、飢荒、焦灼的土地、沒有雨水。我們這裡很幸運，什麼都有一些，不需要去想什麼。我支持替代燃料，但不是那種還要花二十年才能用的。我們需要現在就能用的——這都是政府的錯。我為現在正在長大的小孩感到擔憂，三十年後他們長大成人時，處在環境、燃料、恐怖主義問題中的日子會很難熬，除非他們有好運降臨，誰知道會發生什麼。說到環境啊……我無能為力。

地球是我的象徵

另一群人對其身處的生態系統，呈現出較為象徵性或移情性的關聯。他們將地球當作充滿意義的平台，幫助他們理出衝突矛盾。他們的思考方式偏向不會與自己的消費行為相抵觸的廣泛性政治陳述。

CB是一位二十九歲的表演藝術家兼作家。她在父母的照顧下在康乃狄克州的中低階級社群中長大。父母在她小時候離婚，但她與雙親都保持密切的聯繫。她在十九歲左右進入紐約一所非常重視藝術的大學讀書。她把時間投入於創意工作、看電影、聽樂團演奏，有時候到附近的休閒地區露營或游泳。她從未追隨所屬世代的社會流行趨勢，但很清楚身邊事物的現況。

她說：

我發現那些喜歡到處勾搭、用力玩樂的人沒有連結能力。那是一種與自己和社會的失連，和人類本質的失連。社會變得非常空泛、疏離，人們只想填補空虛。有太多科技、太多追尋、太多壓力，酒精令人麻木，性愛也一樣。至於我，我寧願感受痛苦，也不願去喝酒，或和沒有深入情感的人上床。

她擁有一般的科技配備——手機、MP3、手提電腦、立體音響、電視、影碟、微波爐、咖啡機——但是沒有車。她認為一切都太過火了，又說：

人們累積了大量用不到的廢物，非常浪費——因為我們生活在媒體充斥的文化中，我們需要對這一切加以思考。資本主義社會把人們洗腦了，要大家買、買、買，一直花錢。有大量的同儕壓力與期待，有社會所期望的形象，我想那都是真的。社會確實對他們有所期望。但一個勇敢的人能予以拒絕。我沒有勇敢到能夠一直拒絕它，但我嚮往那樣的人。

CB去過國家公園，也露營過很多次。她去黃石公園（Yellowstone）、大堤頓公園（Grand Tetons）渡假，她登山、游泳，在尼加拉瓜住過，曾開車橫越美國，她曾在歐洲、美國的白山山脈（White Mountains）、英國的伯克夏爾郡（Berkshires）背包旅行。她還在一座農場的對街住過，「總是過街去和動物們相處。但那位農夫不喜歡這樣，所以我還挺挫折的。我和對動物的深層覺察以及牠們在世界上扮演的角色，只有一街之隔，但那只是某種我可以觀看或拜訪，而非了解或能體現出來的東西。」

雖然她現在住在紐約市，但她自認是個相對偏左派的環境運動份子。CB認為地球是受害者。她說：

> 大自然受到人類可怕的虐待，人類表現得像神一樣，覺得自己可以摧毀生命，有權主宰地球上所有生命。人類是二元、二分的——我們是最暴力的生命形態之一，還認為大自然是暴力且不文明的。我們與動物疏離，但我們其實是動物家族的一份子，我們只是其中一員。

CB了解生命之間存在著一種系統整體性（systemic unity），但不曾對此有所體驗。她對自然的價值有深刻的智性認知，但她將自然與文明視為兩種系統，而非整合的單一整體。她對自然的結論反映了這種不舒服的拉扯張力。在她心中，大自然永遠是好的，人類則是壞的。在生活中，她能輕易地與自己對地球的侵略行為切割開來。

CB知道氣候變遷的威脅正在發生，但對自己的選擇似乎也有矛盾的情緒。她解釋：「雪變少了。我想念大風雪，水池結冰變得結實，你知道可以溜冰了……可是我住在紐約市，所以除了捐錢之外，我不知道還能為雪或是冰河做些什麼，因為基本上我生活得還好。」

四十七歲的DB則是科技專家和會計師，住在布魯克林，在那裡出生長大。他再婚後有個年幼的兒子，與第一任妻子則有一雙兒女。他把時間花在閱讀、陪伴孩子們，是大都會棒球隊的球迷。他說：「我不是個戶外型熱愛大自然的人，但是我喜歡到大自然裡，打高爾夫球。我們或許花了太多時間坐在電視和電腦前面，不過那就是我們生活的本質。」

他也為理想而行動——通常是為山岳協會（Sierra Club）、自然資源保護委員會（NRDC）和布魯克林的大西洋廣場開發計畫（Atlantic Yards projects）等，做電子郵件倡議運動的創建和參與。

已婚有孩子的他，覺得和現今的社會趨勢非常失連。他從已經長大的孩子們那裡聽到外面有多失控、狂野，也曾目睹年輕的鄰居因為喝太多酒而醉倒在走廊上。他解釋：

> 我年輕的時候參加過很多不同事件，但那些行為不曾是我生命的主軸。從來沒有過。不過，我是個注重科技的人——平面電視、兩台電腦、錄放影機、光碟機、有唱盤的立體音響、掌上型電腦（PDA）、電話、一輛豐田油電混合車、空調、微波爐、果汁機、美膳雅的烹飪器材（Cuisinart）——廚房裡該有的一切。我是個居家型的人，我家的設備都是為了舒適的生活。

他描述自己的生活是：

> 有限而從容的。我在我的猶太教會中負責環境委員會的運作，不過除了舒服的假期和電子郵件倡議活動之外，我與環境沒有太多關係。我很早就開始使用科技，在某種程度上，我會盡量在家裡用電腦進行工作。

二十五年前，DB是許多學生運動組織的成員，包括反核能運動。他透過購買油電混合車、在他住的大樓裡擔任資源回收協調志工、參與各種推廣太陽能或風力發電議題的連署和請願書推廣活動等，來實踐他對環境運動的承諾。

同樣的，DB對自然世界的觀察多過體驗。他感激也景仰大自然，偶爾會冒險走入那被稱呼為自然的獨立存在中。他詳細解釋道：「透過與自然相處來感激它並不重要。我們會去爬山，熱愛美麗的風景，但我們不與大自然融為一體。我的意思是，我對蜜蜂過敏。我喜歡綠地和新鮮空氣，但我不見得喜歡待在大自然裡。」

他接著又說：「人們常以看待彼此的方式來對待大自然。我們現在對大自然抱持的態度沒有展現出什麼人性。」

這些人覺得對環境運動有責任。他們走進大自然中探索，做過短途旅行。他們感激自然世界的存在，雖然他們在某種程度的理智上認知到人與動物、土地與文明是彼此相互依賴的一員，但與大自然依然感到分離。環境是一種象徵，他們透過它來理解自己在好與壞之間觀察到的衝突。然而，他們尚未將體現在大自然之中的自我概念內化，因此無法想像如何以不同方式與大自然相處。

地球是我的一部分

將自然視為自我的一部分的人，改變了他們的生活方式。這群人使用的電器大幅減少，他們的焦點不在數位媒體上，參與更多文化活動。他們與生態系統也有更加深刻且複雜的關係。

二十二歲的男性FT在紐約大學主修英文，在紐約市法律事務所負責研究工作，認為自己是個白天有工作的部落格主兼作家。他的環境主義是衍生自最新學到的佛教。他不但支持而且孜孜不倦地為禁用塑膠袋運動而努力。他不認為自己是主流份子，而是屬於「在中產階級自由主義家庭中長大、懷有理想的一小群孩子，我們念私校、期待能透過自己的作為來表達社會價值，試圖在實踐社會覺察的同時，還有能力付房租。」

大學畢業後他在生活上做的改變，暗示了他的決策過程是多重層次的。他雖然是個作家，卻在法律事務所工作，以確保他所有的想法能迎向不同觀點。他解釋說他的生活意味著要「看見每一邊，要將自己以外的觀點也納入考慮之中。」

他將自己「個人中心的學院生活風格」進化為「更有機的生活」。即使在畢業後，談及同世代同儕行為時，還是會惹惱他。「做的事情都一樣：我們以前會去開趴玩樂、喝醉、嘔吐、勾搭異性。當然，這些我都做過，我正在與這些過去和解，但它從來不能定義我是誰。現在，我自己在家煮有機飲食，走路、使用大眾交通工具，參與消費者運動——不再消費對社區和環境有害公司的產品。」

我問到他會如何詮釋他對自己生活轉變的想法時，他說：

> 我們的社會整體有種反射性的亂交模式（reflexive promiscuity），尤其是在兄弟會和姊妹會中，我認為媒體以類享樂主義（quasi hedonistic）的角度來報導它，讓它看似合理化，不過……我可以從佛教的觀點來看待它。如此揮霍青春，是在執意否認死亡。死亡就在身邊，這類作為只是在避視死亡。我們害怕世界的死亡，我們知道死亡正在發生，而氣候變遷只是結局的開始。我們很明白這點。對我和朋友們來說，醉生夢死是一件壞事，但對許多我這個年紀的人來說，這是唯一能做的事情。」

他進一步解釋：

> 世界正在熔化，我們的麻煩很大。想到我們的生活，以及要面對的巨大崩解——簡直像整天在看大屠殺電影一樣。我正試著將心態從無助轉變為更主動積極，就算我個人碳足跡的減少對世界沒什麼影響，也無法改變政治——但我仍覺得這是正向的改變，讓生活輕鬆些，也更有希望。

FT在鄉野的環境中長大。農場、森林、開闊的田野是他童年的遊樂場。他父親在銀行工作，母親在大學教書。雖然他的童年很典型，雙親離異、教育良好、有很多朋友和體育活動，但最突出的活動就是與家人一起露營、背包旅行。除了自己在戶外自由玩耍的時間，他也曾經透過一次好幾週的露營和背包旅行，與地景地貌交流互動。他回憶道：

> 那並不真的像是我們要去旅行，而比較像是要更深入自己的生命。最棒的是這是我的父母，甚至是和他們各自的新伴侶會一起做的事……我真的覺得當我們面對大片的野地時，每個人內心深處都有某種東西可被觸及，從這個角度看來，我內心深處也有一部分可說是那片野地的延伸。

另一位略微年長的男性呼應了類似的情感。WB在金融界工作，娶了一位住院醫師。在美國東北部郊區長大的WB三十二歲，高中就讀寄宿學校，之後畢業於長春藤學校和法律學院。根據WB的說法，他原本應該會輕易的陷入他那個世代的「唯物、狂鬧的文化」。身為離異父母的小孩，他那情感上隱遁孤寂的父親，和心胸較為開放但很忙碌的母親，兩人在合作與舉止合宜的氣氛中將他扶養長大。他沒有沉迷於酗酒、性愛和產品消費中。

他以虛擬化身的比喻來解釋同儕的行為，尤其是在年輕的時候——往往在網際網路上以想像的人物來代表個人身分。他說：

> 人們以不同版本的自己來扮演自己，反映出對於「自己是誰」缺乏某種安適感。他們對於另一個自己所遭遇的事物具有某種幻想，而且透過躲藏在虛擬化身的背後，找到隱私感。我認為許多社會上發生的事情，在某些方面來說，是因為人們在真實生活中有化身——這一切包括勾搭異性／飲酒／臉書等等——但在這一切的背後，有個真實的自我是令他們不喜歡或感覺不自在的人。或許，他們不覺得這個人很真實。

他認為，自己的背景原本很可能使他變成追逐目標和假性自我（false-self）的那類人。然而，積極沉浸於戶外活動的經驗改變了他。他在其中經歷到一種從未體驗過的內在真實感（internal authenticity）。開始激發他行動的是真誠的興趣，而非事情的結果。當他領悟到身為一個人，自己是更廣大領域中的一份子時，原本會自動將他人驅逐在外的競爭傾向，遂轉變成開放的態度。

WB將他的反思性思考方式歸功於他在山校（The Mountain School）的經驗，這是一所位於新罕布夏州（New Hampshire）的男女合校，該校提供高二學生在一所有機農場生活與工作的機會。

他描述了這個計畫。「我們在有機農場裡生活與工作。白天學習微積分和餵豬。經營這座農場，為自己要吃的肉而宰殺動物，使原本遙不可及的事物變得無比貼近。我不是看見事情運作的方式；我就是運作方式的一部分。」

他繼續說道：

> 山校絕對是我生命中最重要的經驗，使我步上截然不同的新方向……在那裡發生的一切都具有界定意味（definitional）。我可以說那是一種覺醒（awakening），一種頓悟，一種自我意識（self consciousness），與自然、環境、社區、靈性及對一切事物間相互關係的感恩相連。像是一種在宗教靈性經驗與人和土地法則間的連結的空間範例。我們閱讀了梭羅（Thoreau）和愛默生（Emerson）的文章，我了解人、神和自然的三角關係。你若領悟了其中一點，就能完美地領悟到其他三個點。

一場三天的獨處是WB經驗中的關鍵高峰點。他回憶道：

> 我只帶了一盒藍莓，因為我也在斷食。斷食是過程的一部分，盡可能與自己成為一體。在森林裡獨處的經驗真的遠超過我所能言喻的一切，是那麼真實。我睡覺、坐著、想著，可以專注在任何小細節中。甚至到了雖然那種我顯然可以分辨白天黑夜，但白天和黑夜是個單一存在體的程度。我的思緒來得好快，卻又好慢，而且有時間去處理每個思緒。最令人振奮的是認知、存在、感受到我是萬物的一部分。我與這片廣大的土地相連，也和葉片上一顆露珠上最小的分子相連。我是萬物的另一種具體顯現。我們，環境和我，並非如我們平常所想的那樣是分離的。這一切關乎上帝、人和自然之間的三角——我專注

於此，潛心於此，並且開始欣賞這錯綜複雜的一切。

他和妻子持續花費相當的時間待在大自然中。他若有所思地說：「那是我前往了解自己的真相的地方，是我的本壘。當你與地球之間毫無隔閡時，你將發現自己的願景會轉向更重要的事情，而不再專注於事物的分隔線上。」

在大自然中的協同與互動經驗統合了FT與WB。他們不將地球視為分離於自己之外。他們體認到自己是地球的親密的一部分。他們的決定也因此傾向於更大的願景，並且能夠調和接納物質與情感的景致。

結論：人們成為自己所知的地球

儘管這是一份有限的小規模精神分析田野調查，卻顯示出人生的初期與實體地景的互動，造就了人們與其所處的生態系統之間的關係類型，及他們所成為的模樣。有越多消費行為形塑這些互動模式，這些互動方式越會形塑人類與地球的接觸方式。地球是我們的一部分。地球影響著我們；我們影響著地球。假使人類對環境的衝擊，對生態系統造成重大改變，那麼轉變後的地景將如何影響我們？假使我們所變成的模樣，無法做出保存與拯救地球所須的改變，又會發生什麼事情？

任何受制於不良關係、物質濫用，或反覆檢查爐火是否關閉的人，都需要心理學的支持。為何不將人類與其生態系統的互動納入我們現有的工作中，作為工作範圍的一部分？精神分析師安德魯・山繆斯（Andrew Samuels）說：「我們需要一種教育計畫，讓人們能面對自己的決定與選擇，而不是讓那些使正在發生的事情免受道德檢視的專家來為人們抉擇。」（Samuels, 1993a, p. 104）

路易士・伯格（Louis Berger, 2009）在他的著作《防止全球性滅絕：當我們不理性的社會是治療裡的患者》[3]之中很有說服力地寫道，治療工作可能非常需要雙方共同合作，互為患者地彼此處理問題：在此，患者是一個飢渴的社會，為了使自己延續，而非為了組成社會的個人與團體，而侵犯了邊界。

我認為WB說的最好：

> 我想我們可能已經錯過了可以修正問題的時間點了。不過，我也認為我們應該盡心盡力來處理這個議題，把大量資源用在解決問題上。若非如此，我和我們，在這一生中將面臨到非常劇烈的改變。
> 改變一定會發生，而且肯定非常激烈，比我們所能應對的更為浩大，這不僅將成為經濟、地質、生物和其他方面的問題，也會是個心理上的問題。這場戰鬥有一部分發生在我們的腦海中。

也許心理學工作的趨向，會從創造出更強大、更好、更健康的我的想法，轉而教導人們如何生活在自己的地景限制與疆界之內，如何利用科技，而非為科技所用。詹姆斯・古斯塔夫・史貝斯（James Gustave Speth）在近期的《哈佛商業評論》（*Harvard Business Review*）中寫道：

---

[3] *Averting Global Extinction: Our Irrational Society as Therapy Patient*

再過不久，已開發國家將開始朝後成長世界（postgrowth world）前進，屆時，工作生活、自然環境、社區和公眾區塊，將不再僅僅為了國民生產毛額的成長而犧牲；持續擴展的承諾幻象，也不再是忽視社會迫切需求的藉口。後成長社會中的消費主義將會消退，物價將會更高；生活品質將透過長久遭到忽視的各種方式而得到改善。

（Speth, 2009, p. 19）

第三章

罹患愛滋的蓋婭：以免疫系統之喻重新連結人類與生態系統的自我再生

彼得・查特洛斯（Peter Chatalos）

> 一個有機體最重要的特徵是內在自我更新的能力，也就是所謂的健康。
>
> ——阿爾多・李奧波（Aldo Leopold）

雖然健康是人類想要達到的狀態，它卻越來越常被用在與生態系統相關的比喻上。本文主張，「健康」這個比喻可進一步發展來描述地球生態系統的運作方式猶如免疫系統，保護自己的生物社群不受疾病／病害的威脅。文中還要深入闡明人類在不了解自己與地球生態系統的相互關聯下，正逐漸損害這套免疫系統，這對人類與生態系統的健康都有所危害。地球生態系統患了自體免疫失調（autoimmune disorder）的比喻，或許能夠幫助人類體會到自己是鑲嵌於大自然之中，並了解其自身行動的後果。

本文包含三個主要章節：第一節檢視的是生態系統維護健康的能力，以及疾病、環境惡化（environmental degradation）與人類行為之間的動態介面。第二節聚焦於人類的角色，在心智和情感上與大自然自我更新過程的脫節。最後一節探討運用免疫系統的比喻，將如何有助於理解、同理，以及改善情況。

自我再生（Autopoiesis）：大自然的免疫反應

首先，我權衡了這個免疫系統比喻的效力，主張地球的生態系統確實主動地維護著生物相的健康，當它受到損害，生物相與環境的病態即會擴散。在本文中，健康被以整體的眼光來看待，而非孤立隔離的狀態，在檢視生態系統時更是如此。因此，我希望從一開始就明確指出這個論調中潛在的一些假設。

我採用這樣的本體論（ontological）角度：「新出現的範型（paradigm）……或可被稱為整全世界觀（holistic worldview），強調整體而非部分。」（Capra, 1989, p.20）本文引用了源自生態心理學、系統理論（systems theory）、生態女性主義（ecofeminism）及深層生態學（deep ecology）的見解，強調生命的相互關聯性，評論了笛卡兒使心智得以從物質中分離的二元論。

> 所有自然系統都是完整的，其獨特結構，是由各部位之間的互動與互依而生成。當系統不論在實質上或理論上遭到分割，成為孤立的元件時，系統的特性即受到破壞。
>
> （Capra, 1995, pp.23-24）

這種新範型採用了有機的與系統性的比喻，而非在化約主義科學中仍然盛行的機械比喻，後者認為健康是「製作精良」的特性，如笛卡兒所說：「我把人體視為機器。在我的想法中，我以生病的人和製作不良的時鐘，來對比健康的人和製作精良的時鐘的概念。」（Capra, 1995, p.21）

這說法意味著有外在創造者或外在動力的存在，而大自然則是個缺乏自身動力的被動「物體」（object）（Merchant, 1983, Ch.1）；但新範型認為，大自然主動創造自己。於是，無論是做為規範性的概念（normative concept），或訂為環境管理的目標，在論及生態系統時，越來越常用整體性或系統性的觀點來看待「健康」（Costanza, Norton & Haskell, 1992, p.14）。「健康」被視為是整體系統必要的特性，而每一獨立「部位」的健康，在本質上皆與系統的程序和相互關係相連。「健康的系統必須能夠根據其脈絡（包含該系統的更大系統）及其組成元件（組成該系統的更小系統）來定義。」（Costanza, Norton & Haskell, 1992, p.240）。

因此，更大的生態系統及其組成，都主動參與了自身「健康」的創造與維護。一般系統理論學者將這份自我製造／自我更新／自我重建的能力稱為「自我再生」（Autopoiesis）。生態系統藉由自我組織與適應，變得更加複雜與分化，以保護與支持生命——**這是**一種保持健康且越來越有創造力的動態過程（Bateson, 2000; Macy, 1991a, p.186; Warren, 2000）。這項自我再生能力是健康的關鍵指標——一種主動地保護、維持，使生態系統的健康得以永續的過程，其定義如下：

內部恆定性（Homeostasis）

- 無疾病存在
- 多樣性或複雜性
- 穩定性或復原力
- 活力或有成長餘地
- 系統元件之間的平衡

（Costanza,，Norton & Haskell,，1992,，p.239）

洛夫洛克（Lovelock）的蓋婭理論（Gaia Theory, 1995）是個知名的論述，闡述生態系統如何維持內部恆定性，這對於維護地球上生命的健康極其重要。此外，地球的生態系統也透過促成「無疾病存在」來協同維護健康狀態（Costanza, Norton & Haskell, 1992）。實際上，我認為地球的生態系統可比擬為有機體的免疫系統，幫助保護生物對抗疾病與病痛。

精神神經免疫學（psychoneuroimmunology）「所思考的是心理社會過程與神經、內分泌，以及免疫系統間的相互依賴性」（Du Nann Winter & Koger，2004，p.123）。因此，在生物體中，心智過程與免疫系統在本質上是連接在一起的。我們稍後會看到，自我再生除了具有物理性與生物性，也具有類似心智的過程，能對壓力源做出調節與反應（Bateson, 2000）。這無疑是個整全的概念。鑑於有機體免疫系統可以被整全地看待，若將有機體免疫系統視為純粹的抗體反應，是一種簡化論。

不過，免疫系統是有機體與生俱來的，功能是預防疾病，保護有機體免受外在及內在*兩方面*的疾病來源侵害。任何部位的生存都取決於在整體中的適配性，因此在實際效果上，潛在的病原在一段時間之內，若非適應於其他有機體與生態系統過程，就是被其他有機體及生態系統過程消除。雖然全球規模所涉及的「免疫」過程與生物體內的免疫系統不同，整體的效果卻很相似；地球的生態系統利用自我再生程序達到最佳健康狀態，並且保護生物相不受疾病侵害。外在保護的一個明顯案例就是臭氧層，阻擋來自太陽的有害輻射而產生保護。臭氧層破洞是人類活動／耗損的直接結果，致使地球的一部分區域無法受到保護。這將導致皮膚癌的增加，而對我來說這正是生態心身症

（ecopsychosomatics）[1]的案例，即某種心智狀態透過環境－人類的健康介面造成生理疾病。（關於臭氧層破洞及皮膚癌的資訊，請參見：The Ozone Hole網站，www.theozonehole.com/。）

科斯坦薩（Costanza）等人指出，健康和永續性彼此緊密相連：「這些『健康』概念在『永續性』（sustainability）一詞中得以體現，意味著系統在面對外來壓力一段時間後，維持結構（組織）及功能（活力 [vigour]）的能力（復原力 [resilience]）。」（Costanza, Norton & Haskell, 1992, p.240）越來越多不具永續性的人類活動危及了生態系統的健康，因而又危害著人類的健康。阿爾多・李奧波（Aldo Leopold）描述道，植物與動物的消失是「土地這個有機體生病的症狀」（Warren, 2000, p.164）。越來越多的跡象顯示全球生態系統生病了——氣候變遷、地底含水層受損、生物多樣性減低、酸化、沙漠化、臭氧耗損、物種滅絕，以及不斷增加的疾病、病毒和疫情影響著生物圈中的生命，這一切都可被視為生病的地球生態，一個患病世界的病症。

環境惡化是生態系統的「病症」，環境之中的疾病越來越多，降低了生態系統自我重建的能力。不健康的生態系統又導致疾病的數量持續增加，影響人類及其他生命形態，到了會交叉感染（cross infection）的程度（案例請見Ecohealth on-line journal, http://www.ecohealth.net/）。

---

[1] 譯按：將生理與心理視為一體兩面緊密互動的醫學觀點，稱為「心身醫學」（psychosomatic medicine）。例如醫學逐漸了解到，胃潰瘍亦同時和精神壓力有密切的關係，心理的狀態影響著生理疾病的發生。而作者更進一步以文中的案例說明人類的心理與文化，影響了生態環境，再反過來又造成生理疾病的產生，因而使用「生態心身症」（ecopsychosomatics）這樣的一個新名詞。

「影響人類的新型疾病中，有百分之七十五是人畜共通病原體（zoonotic pathogens）」（Wildlife Trust, 2004）。全球貿易早已與疾病的持續增加有關，「金寶（Kimball）等人檢視了貿易相關的傳染病現象，透過多起案例研究，顯示全球作物貿易及新興傳染病的出現之間，存在著相互作用。」（Wildlife Trust, 2004, see also Kimball et al., 2005）

結果是，包括當代和未來世代人類的心智和身體健康，都要承受環境壓力／毒素／污染和受損的生態系統所帶來的痛苦。

> 地球生態系統的安康是人類安康的前提。我們無法在一個生病的行星上擁有健康，即使有醫療科技也辦不到。只要我們繼續製造超過地球所能吸收與轉化的毒物，地球上的社群成員都將染病。
>
> （Swimme & Berry,，2004,，p.146）

「能對神經心理及生理系統造成重大衝擊」的污染和環境毒物，正在破壞人類與地球的健康（Swimme & Berry, 2004, p.139）。如今，醫學人士承認了人會罹患「環境疾病」（environmental illness），諸如「與空氣污染相關的各種過敏症、化學物質過敏以及『病態建築物症候群』（sick building syndromes）[2]等等」（Swimme & Berry, 2004, p.127）。「環境因子、壓力與疾病之間的關係很複雜。環境壓力源可能造成生理

[2] 譯註：「病態建築物症候群」（sick building syndromes）係指人員進入大樓後出現生理與心理不適症狀，但卻不符合傳統的疾病診斷，因而推測可能與現代建築中的空調、物理化學因子、甚至是空間及心理因子等因素有關，而引發的不適感。

症狀，直接導致疾病的發生；而疾病本身又是一種生理壓力源」（Swimme & Berry, 2004, p.139）。

討論生態系統受損的心理性肇因，是生態心理學的核心，受到了各個心理學派的型塑（Du Nann Winter & Koger, 2004）。其中源自精神動力取向（psychodynamics）的一個例子是客體關係理論（object relations theory）。客體關係理論強調，不健康的心理發展會損害「自體－他體分裂」（the self-other split），破壞「我們與他人和環境的關係。」（Du Nann Winter & Koger, 2004, p.43）這會導致精神官能（neurotic）行為例如自戀（narcissism），而可能會有環境上的後果，「我們缺乏欣賞大自然本身具有的複雜性與美的能力，這標示著我們根深柢固的自戀，將自然世界視為只是一種資源……其他物種充其量是被視為無關緊要。」（Du Nann Winter & Koger, 2004, p.43）

在人類－環境介面中有太多複雜的互動及交流，以致於無法在一篇短文中加以描述，但正如拉波特（Rapport）所說：「並非哪種單一疾病的歷程造成了目前的環境困境，而是人類的魯莽所致。」（Costanza, Norton & Haskell, 1992, p.146）人口、消費、工業化、交通及戰爭的成長，全都影響著生態系統、野生動物和人類，造成毀滅性的結果。隨著人類活動損害了地球的健康，壓力源、疾病和疫情也日益增加。同時，對於環境的破壞與干擾也減緩了自然環境自我修復的效果。（Costanza, Nortanza & Haskell, 1992, Ch.5）

於是，較小的人類系統正在破壞較大的地球系統。「我們就像是地球這個活生生的龐大生物有機體內的細胞。當生物體內某一組細胞決定要主宰並且吞噬體內其他能量系統時，這個生物有機體就無法繼續運作。」（Metzner, 1995, p.67）然而生態系統具有自我再生的特性，而人類也是這些生態系統的一部分。那麼，為何會有「病態症狀」的存在？為何人類沒有參與地球的自我再生，亦即促進健康的程序呢？

身為地球系統的一部分，只要人類繼續剝蝕能保護地球對抗疾病的自我再生能力，如果用免疫系統的比喻來進一步形容，人類的表現就如同自體免疫疾病一樣。自體免疫疾病是身體的免疫系統開始對抗自己的組成，會造成疾病或導致功能的改變。我在此強調，這裡所使用的是取自相互連結性的本體論類比，將地球視為人類身體的延伸，人類則是地球自我再生能力的元素之一。如科德納（Kidner）所解釋的：「假使我們日常生活的常態是奠基於對自然秩序的濫用與剝削，那麼心理『健康』將具體呈現出一種固有的生態病態；人類生活則可被定義為一種寄生的形式。」（Kidner, 2001, p.69）

自閉症（Autism）：與自然連結時的阻礙

在深層生態學對於這種「生態病理學」的觀點中，這種將「自我」（self）與環境分離的有限的／未經察覺的念頭，促成了人類與自然之間的解離（dissociation）（Du Nann winter & Koger, 2004, p.193）。在自我與所感知的「他者」之間所具有的心智和情緒上的邊界，在人類與生態之間形成一道隔閡，使人類無法全然地共同投入自我再生的程序。於是，我們會看見人類的心靈無法完全整合／認可於地球生態系統中類同於心靈／心智的運作歷程。

阿恩・內斯（Arne Naess）創造了「生態自我」（ecological

Self）一詞，用來描述其自我概念（self-concept）或認同感（sense of identity）已擴展到將生態圈及居住其中的所有眾生都包含在內，而達到全然自我覺察的個體（Naess, 1985, pp.256-270）。透過對生命的相互連結性（interconnectedness）更大的認同與領悟，個人與自然的連結感能在無意識、認知、情緒和動機層次上更加深化（Du Nann Winter & Koger, 2014, p.193）。個人的小我之利會從自我中心（egocentric）轉移到生物中心（biocentric），而與大自然的心靈（Nature’ s psyche）或系統的「心智」（mind）結合在一起。

系統論者葛雷格利・貝特森（Gregory Bateson）在《邁向心智生態學》（Steps to an Ecology of Mind, 2000）一書中說明了生態系統呈現出類似心智特質的理由。他認為在諸多生物層次上，「心智」是一種程序（processes）而非「事物」（things），不僅與大腦或意識相關。這些程序，包括所有透過個體間的差異而觸動個別部位之間的互動，且需要能量與循環性決策鏈（circular chains of determination）的系統性程序。「心智活動」（mentation）一詞有時會用來「描述較低層次的自我組織動態」（Capra, 1989, p.135）。這類「心智」包括細菌等生物，如個別細胞或器官等生物的某些部分；以及諸如社交團體、社會或生態系統等複合有機體系統。所有這些實體在活動上都形似心智，而任何已知的心智都可能是某種更大或更複雜心智的次系統。

心智狀態（the mental）是系統的主觀面向，因此整體系統的每一部分都有一個主觀經驗。鄂文・拉胥羅（Ervin Laszlo）解釋道：「系統論者接受事物的內在世界有個給定的、必須透過系統本身來理解的主觀經驗，而系統的自我調節可使系統的程序變得清晰明瞭。」（Macy, 1991a, p.82）換言之，大自然的自我再生過程是個類似心智的過程，具有自己的動力及主觀經驗。深層心理學家史帝芬・埃森史塔特（Stephen Aizenstat）如此說道：以這樣的方式，「世界上所有現象都具有與生俱來的……主觀性內在本質」；「世界上這些有機與無機現象的內在本質，組成了世界的無意識」（Aizenstat, 1995, p.96）。我們透過身體在夢中無意識地體驗著這些現象。羅斯札克（Roszak）等生態心理學家則強調在人類心靈與大自然之間存在著一種無意識（unconscious）的連結，通常被壓抑在「未了解」（unrealized）的自我（self）之中。「生態無意識」（ecological unconscious）正是「心智的核心」（core of the mind），而地球可以透過我們來發言（Roszak, 1992, pp.320-321）。他主張與這個生態無意識重新連結，可「喚醒與生俱來的環境對等互惠感」，而這是人類要保有健全精神的基礎；反之，在受到潛抑時，它則成為一道心理隔閡，且與人類在環境上的破壞行為和「瘋狂」相關連。「就生態心理學而言，生態無意識的潛抑是工業社會裡共謀的瘋狂行徑最深的根源；開啟通往生態無意識的途徑才是通往精神健全之路。」（Roszak, 1992）

在此所強調的，是在系統中個別人類主觀性的內在心理脈絡（intra-psychic context）。個人的主觀現實狀態是更廣大系統的一部分、提供給大系統也從大系統接受訊息——具有「能改變系統組織也可被系統組織改變的資訊流」（Macy, 1991a, p.82）。系統持續透過符號／訊號（生物符號學）（biosemiotics）[3]與其本身，也於自身之內進行相互溝通。

[3] 譯註：生物符號學（biosemiotics）是1962年由Friedrich Rothschild提出，後由Thomas Sebeok和Thure von Uexküll等人發展，結合符號學與生物學，探討生物體中符號交換模式的學派。

在此有一種關於相互連結性的本體論，「整體與其部分之間永遠存在著關係背後的關係（meta-relationship）」（Bateson, 2000, p.267），而「人類經驗存在於心靈關係的場域中」（Bateson, 2000, p.267）。從認識論的含意來看，認為自己獨外於超越人類的世界（more-than-human）的人，並未察覺到自己處在關係中（self-in-relationship）或處在互相連結的狀態下，出現對抗這些關係的心理阻礙，並繼而忽略大自然的訊息／資訊流。而這就等於是患了系統的或生態的自閉症。

自閉症的定義為：「一種心理發展過程的干擾狀態，在語言的使用、對刺激的反應、對世界的詮釋以及關係的形成上未能建立完全，而依循著不尋常的發展模式」（Encarta Worlds English Dictionary, 1999）。我對「自閉症」的用法一部分受到梅茲納（Metzner, 1995）的啟發，一部分也受到喬安娜・梅西觀察的影響：「心智在互動時，會相互創造。只有自閉者才獨立運作。」（Joanna Macy, 1991a, p.186）在客體關係理論中，如馬勒（Mahler, Pine & Bergman, 2000）所說，孩子在生命的前三到四年具有「正常的自閉症」。兒童會經歷與母親在一起的「共生體」（symbiotic unity），共生體若遭到損害，可導致發展上的困境。這個共生體是以兒童的感官覺受為中心，缺乏他人／分離感，因此當共生體存在時，關係的概念就不存在，所以會處在自閉狀態。

總結來說，在生態系統－心智程序中有兩種連結要強調；

1.生態無意識：資訊透過身體感官與夢境進行交換。在完全自我覺察的個人身上，如潛抑等心理障礙已經解除，而使生態無意識得以揭露。

2.有意識地覺察到個人與生物圈及其中生靈之間固有的相互關連性。「覺察」（realization）的心理過程，使得自我－「他者」在人類心中的心理屏界產生轉變，令在內與在外的觀念（即基模 [schema]）得以融合。完成覺察的個人得以醒悟，進入一種共同參與（co-participatory）的實相狀態——共享一個地球－身體（earth-body），不再與周遭世界分離：「我們與地球的關係就像樹葉之於一棵樹……不論是好是壞，我們都是這個行星系統的參與者。」（Reason, 2002, p.9）

透過生態無意識，原為外在的「他者」變成了內化的「自我」，而「內在」世界也與「外在」、自然心靈／心智／系統重新連結（例如Kidner , 2001）。其結果是在心智上及情緒上與地球產生強烈連結，人們會捍衛生態系統，世界變成心之所愛（Macy, 1991b）。然而，這份重新連結也會導致生態自我在面對環境惡化時，感到痛苦與絕望（Macy, 1991b）。

相對的，系統自閉症導致與自然的疏離（生態疏離 [eco-alienation]），由於未覺察的自我將自己視為與「其他」生命形態相互分離（疏離），引發當今層出不窮的各種環境問題（如Metzner , 1995）。接著造成缺乏「整全」的或健全的覺察，又可能引發成癮性或強迫性的行為，例如對科技成癮（如Glendinning, 1995; Metzner, 1995）。不過由於地球是肉體的延伸（就此觀點而言），根本病因卻是心理上的，所以前述關於生態系統及人類的病態／疾病和病痛，可以被視為是心身醫學式的（psychosomatic）或生態－心身醫學式的（eco-psychosomatic）疾患。

> 心身（psychosomatic）是用來指稱人類在心理與生理層面上的不可分離性與相互依賴性。這樣的意涵可用來描述整全概念，意味著將人類視為一個整體，一個沉浸於社會環境中的心身複合體。
>
> （Ramos，1984，p.167）

「生態－心身」則進一步將此概念延伸到，把地球－身體與個人的人類生態學也包含在內。

遺憾的是，在此沒有足夠篇幅來細述生態女性主義者提出的批評，她們認為賦予「自我」（self）這種主動－男性的特權，導致將「他者」視為被動－「女性」，而加以剝削、壓迫、宰制，這在男性－女性權力動態中已然根深柢固。深層生態學對於將「他者」視為可開發利用／有用商品的概念提出批評時，生態女性主義批評的是父權的壓迫，將「他者」視為供剝削／供宰制的「女性」（Merchant, 1983; Warren, 2000）。本章的焦點在於透過深層生態學所要強調的「他者」即「自我」的概念，與「主動的」大自然連結。這裡有一個內隱的假設，認為在「自我－自我」或「主體－主體」的關係中，就不會發生剝削式的利用，也就是說，他者會被視為與自我具有同等的重要性，並具有其固有的價值。至於該如何思索掌控權及權力動態等議題，且在實務上付諸執行，儘管我認同這些都是重要的領域，但已超越本章所要探討的範圍。

製造連結的隱喻象徵

本章最後一節著重的是：透過對相互連結性的覺察、自我認同於生態系統，以及化解心理的屏障，來與自然產生連結。儘管如此，貝特森卻主張以目標－目的為取向（goal-purpose orientation）的人類意識「（在缺乏諸如藝術、夢境的協助下），永遠沒有能力欣賞心智的系統性本質」（Bateson, 2000, p.145）。反之，他著重於隱喻所扮演的角色，在於使人類心智得以與大自然的心智過程和諧共處或得以運用隱喻上；隱喻使人類能夠「閱讀」自然。貝特森運用隱喻，或可說是以幫助我們與「更大全局」「產生連結的模式」，來看待範型、世界觀及宗教。（Bateson, 1980）

《我們賴以維生的隱喻》（*Metaphors We Live by, Lakoff & Johnson*, 1980）一書提出結論，認為隱喻提供了「充分感知和體驗世界的唯一方法。隱喻既是我們的感觸和運作方式重要的一部分，又非常珍貴」（p.239）。隱喻是「整個心智相互連結交織在一起的方法。隱喻就在活著的根柢上。」（貝特森的訪談。Capra, 1989, p.79）——隱喻是「大自然的語言」（Capra, 1989, p.84）。因此，隱喻是了解大自然、發展同理心、引發有道德的環境行為的重要方式：亦即讓頭腦、心靈和雙手都參與其中。相較於健康、永續、滋養且具創造力的媒介這種有機隱喻，機械世界的機械式隱喻就不太可能引發同理心。「我們只能對看得到、感受得到、能理解、能愛或具有信念的事物，才能展現出倫理道德」（Leopold引於Warren, 2000, p.165）。

伊莉莎白・布雷格（Elisabeth Bragg）的研究顯示，要激發對環境負責的行為，關鍵在於心的參與。「不論理由為何，在乎大自然似乎……是環境行動的重要動力來源」（Bragg, 1997, n.p.）。同理心能夠促使部分與整體融洽和諧；它在系統之中創造出「負面回饋回路」（negative feedback loop）來修正對系統有害的行為。

我認為使用免疫系統的動態隱喻，能促使地球的生態系統被視為是在主動保護生命、預防疾病。以此觀點來看，當地球是身體的延續，它的自我再生系統也可視為個人對疾病免疫力的延伸，協助我們發展出對生態的認同與覺察、了解與同理心。

> 當人們有意識地了解到他們是自然世界的一部分，且彼此錯綜複雜地緊密相連時，他們就有能力將同理心的邊界擴展到可以涵納這一切。
>
> （Feral，1998，p.244）

蓋婭的後天免疫

或許運用免疫系統的隱喻，可以幫助一些人在想法和心思上理解在一個概念中所具有的多重變因，並了解「未覺察的」人類心靈所扮演的角色正猶如自體免疫疾病一般。這個隱喻還可進一步發展，主張人類的自閉症就如自體免疫作用一般，壓抑著地球的免疫系統，致使蓋婭得到地球版的愛滋病[4]。這種具有精神起因的症候群，可視為生態－心身症。

這種生態－心身症候群的衰變，毋須區別是發生在人或環境中，例如污染、物種滅絕，或人體發生氣喘等問題的增多。一切都是病變中的生物圈所展現出來的心因性症狀。這是系統性的隱喻，在本質上已併入相互連結性。作為生態系統／土地健康的隱喻，它

---

[4] 譯註：愛滋病（AIDS），全名為後天免疫不全症候群（acquired immune deficiency syndrome），作者全文一路演繹，末節以地球蓋婭的愛滋病此一隱喻，來總結人類精神病理導致生態惡化的現象。

使各種生態系統病症及後續〔人類／野生動物／生態體系〕的疾病，都可被視為一種症候群，影響著系統或地球－身體的整體健康，及它維護健康的能力。

這個比喻掌握到了系統在面臨壓力的狀態下，還能持續運作一段時間，直到最後它才快速崩壞的情形。事實上，哈斯凱爾（Haskell）以「危難症候群」（distress syndrome）來指稱「系統損毀導致崩解之不可逆過程」，且「生病的系統不僅無法永續，且終將停止存在」（Kaskell, Norton & Costanza, 1992, p.9）。這段描述捕捉了不永續的、自閉且具壓迫性之人類行為的寄生狀態。在此，要強調的不是生態系統的某種重大功能，而是要促進對人類具體存在於地球系統中的覺察，並且將人類在環境的自我再生過程中所表現的破壞行為脈絡化。這篇文章強調的是，在生物中心的角度中，人類無法全然投入於這項「服務功能」的失能現象。人類需要察覺到自己在生態系統服務功能中的地位，才能「服務」或「有益於」系統整體，這不僅是為了人類，更是為了超越人類的一切。

就那些對此概念保持開放心態的人來說，這將是個起床號，帶動一套整全／相互關連的世界觀，以及與環境的互惠對待。羅斯札克認為我們需要的是對未來的正向願景（Du Nann Winter & Koger, 2004, pp.216-219）。地球免疫系統受到抑制的隱喻，或許會使人們感到厭煩或沮喪。儘管如此，梅西相信體驗環境惡化所帶來的絕望也非常重要（Macy, 1991b）。不過，這其中還有一個正面的訊息，即地球的各個生態系統正共同致力於保護生命，而人類可以透過理解與同理，從它們自我修復的能力中獲益。受損的免疫系統之隱喻，可幫助人們覺察到自身的相互關連性及其行動的後果，使他們能有意識地改變自己的行為，如此一來，療癒將有可能發生。人類開始療癒、保護並且全面參與地球自我再生程序的時間已經到來。

結論

要使這樣的療癒發生，我認為人類在地球免疫系統般的保護下，需要體認並逆轉自己目前所扮演的像是自體免疫疾病般的角色。我們已經看見，透過對生態自我的覺察、延伸同理心、打破人類的生態自閉症以便與大自然的心靈／心智過程重新連結，就能化解人類的心理屏蔽。我突顯了隱喻的連結性角色，認為免疫系統及免疫力受到抑制的隱喻，可幫助人類了解並且同理活生生的地球正在主動保護生命、對抗疾病，而「將地球看待成一個活生生的存在體，將幫助我們認同其……健康福祉」（Du Nann Winter & Koger, 2004, p.196）。

第四章

渴望為人：療癒地球，進化自己

保羅・馬特尼（Paul Maiteny）

人性的浮現（emerging humanness）抑或是本能的危機（instinctive emergency）？

自一九六〇年代起，每隔十五到二十年，就會有一波生態焦慮潮衝擊「西方」社會。在一九八〇年代／一九九〇年代那一波，高爾（Al Gore, 1992）形容人類在地球上犯下了「生態大屠殺」（ecological holocaust）之罪。當時的焦點在於熱帶森林砍伐、臭氧層破洞、獵殺海豹及捕鯨等事件上。氣候變遷在當時仍然是主流科學界的禁忌話題，石油頂點（peak oil）[1]幾乎不在話題之中。如今，這些已成為主要焦慮來源，我看見和過去類似的反應順序：某項議題觸發了「環境」焦慮，隨後又出現對於解決之道和可能帶來經濟成長機會的樂觀心態。然後，經濟衰退襲來、成為受到優先考量的議題，又削減了支持生態保護行動的熱情。每出現一波焦慮潮，就敗壞一次環境科學家的信用，導致大眾抱持懷疑態度，也使媒體對相關議題失去興趣。

這種現象令人感到氣餒。隨著每一波焦慮潮的覺醒，又會讓我們對於人類是否真能改變，感到沮喪或惱怒。每一回情況都顯得更沉重、更黑暗一些，甚至到了令一部分的人認為這就是「智人

[1] 譯註：石油產量到達高峰點後，將因產能低於開發成本而持續降低產量。

（Homo sapiens）是種生態畸變、是演化死胡同」的跡象。

另一種較不悲觀的看法，視生態危機為根源於人類與我們在大自然中的人類之外起源的失連；要拯救自己，我們必須重新發掘自己與其他物種間的共通之處。與大自然的遙遠距離無疑是主要問題所在，而認清我們與其他物種之間具有共同的演化遺傳特質也極其重要。然而，我擔心過度強調這些，會使我們遺忘、扭曲，甚至切割了我們身為智人，與其他物種之間並不共享的特定新興本質，包括情感上的特質（見Darwin, 2009/1916）。少了這些特質，我們根本無從開始反思自己的根源；也無法對其他具有情感的生物展現憐憫慈悲之心，而達爾文認為這是人類最崇高的美德。現代的新達爾文主義（neo-darwinism）往往忽視了那些只隨智人演化而成，且對未來演化隱含重要意涵的能力。

我曾經受到「人類是畸變」及「回到根源」兩種論調的吸引，但兩者都無法令我感到滿意，因為它們從演化的論點看來並不符合邏輯。認為人類的新興特質與演化無關，就和忽視其他物種的演化特質一樣地不科學。我們並不會認為其他物種在生態系統中是無關緊要或多餘的，那麼，我們為何獨獨認為自己在生命之網中沒有存在的必要？我花了許多年思考這些問題、尋找線索，本章所呈現的內容，大部分是我到目前為止的發現。

自一九七〇年代末期起在生態教育與研究領域工作，往往有種在看電影「今天暫時停止」（Groundhog Day）[2]的感覺——每隔幾年，就會目睹人們對於生態崩解的焦慮達到高點時的相似反應。

[2] 譯註：電影「今天暫時停止」英文片名Groundhod Day，直譯為「土撥鼠日」，係美國賓州民間習俗，每年二月二日，土撥鼠會從冬眠的地穴探出頭，從當天是陰天或晴天，判斷春天到了沒，是否要出洞。而電影中則是主角意外地反覆過著土撥鼠日，一再重演同樣戲碼的情節。

如今，我已確信人類特有的精神靈性層次（擴及生態系統中）是（一）帶領我們走出生態大屠殺的關鍵，且是（二）指出我們（及地球）未來可能演化方向的重要指標[3]。基本上，地球危機的肇因是情感與靈性上的問題，根植於我們對於生命意義的渴望，及我們打算如何滿足這些渴望（Maiteny, 2009a, 2009b）。這類觀點一直受到學術圈及倡議行動圈的忽視與忌諱。老生常談的事實、資訊和知識性的辯論始終不足以改變根深柢固的行為習慣。這些幾十年的舊假設已經不再適用。

回想你自己感受到具有真實意義的時期（或瞬間！）的經驗，當你經歷過重大的轉變後，一切變得和從前不太一樣了，而你可能還會訝異為何過去從未如此看待事物。一些基本假設幡然改變。你確實地感受到自己在情感上，在一直都在的感受性身體上的改變。訊息和情感一起融合成具有深層意義感的經驗。重要的是，這一切都無法遺忘或「假裝不知」（unlearned）。那是個頓悟、**關鍵時刻**（kairos）、令人驚呼「啊哈！」的一瞬。

令人信服、能長久持續的行為**改變**，只有在資訊或爭議「被真心感受到」時才會發生。它深深地**感動**、**推動**、**驅動**我們，使我們**體驗**到意義感的存在。因而產生的行為改變才會是必然、必要、真實，且得以在情感上長存的。

最能打動我們的往往與內在的信念及渴望相關連，但它同樣也能夠阻止我們改變，使我們駐足於自己舒適的設想之中。假使我們相信更多同樣類型的行動，例如消費，可以滿足自己的渴望、平息焦慮，就可以輕易看出造成生態危機的肇因是多麼深刻地嵌在我們

[3] 譯按：此處原文亦為vital signs，因中文行文之順，譯為「重要指標」，但與書名所譯之醫學專有名詞「生命徵象」之英文相同，順此說明以助增加對書名含義的想像。

的情感、渴望與意義之中。

人類需要仔細且深入地檢視，自己心靈中的哪些面向**實際上**驅動了行為的哪些面向。我們是什麼時候開始把人類演化出來在認知能力上的聰明伶俐，用來合理化所有對於文明、進步或開發的行為舉止，並為其辯解，而事實上這些行為只是我們與其他物種共通的本能衝動的精緻版。儘管我們經常油嘴滑舌地說那些導致毫無節制的消費、剝削、利慾心、貪婪的情緒，都「只是人性」，事實上，這些可能是「前人性的」（pre-human），根植於我們的「人類以外」的本能（Darwin, 2009/1916）。人類特有的聰明伶俐、心靈手巧和科技發展，尤其是我們對石化燃料的使用，暫時使我們避免了自然生物與生態對我們行為所加諸的限制。其他物種若是有能力，也會消耗超過牠們所需要的量，但是牠們辦不到。

如此看來，其實是我們內在的前人類、人類以外的情緒，即我們與其他物種共有的本能情緒，造成了生態的瓦解。要療癒此困境並突破到不同的境界，我們需要涵容並放下這些本能繼續前進，傾聽我們這個物種特有的渴望。要了解與發展出所謂的「只是人性」，意味著要承襲且活出這些隨著智人演化而得以**存在**的特質——我們**特有**的人類本質、真實的人類野性。在我看來，對於擁有健康的生態環境、找出不依賴過度消耗地球就能在情感上滿足自己永續生活的方式，這種類型的人類演化是必要的條件。我們是比其他物種更有可能反思覺察的物種。因此，我們可能既是（一）唯一會從事物在生態系統架構中的角色對自己的位置（集體以及個體）感到困惑的物種，且（二）在找出自己於生態系統中的角色時，需要歷經有意識的識別過程。

那麼，身為生態系統的成員，我們能為它帶來什麼呢？我們的功能是什麼？或者用生態學的語言來說，我們的生態同功群（guild）[4]是什麼（Volk, 1998）？了解我們「自己」這個物種的特有本質與野性，如何能對實現地球的演化過程有所貢獻？我們要去哪裡尋找這種生命的線索或跡象？

從祖先留下的線索探索人類可能的演化方向

我們是如何演化而來的，這線索比我們想像的更容易取得，線索就在世界各個宗教的靈性教導中。幾千年來，我們發現以對自我有利，以及使開發行動正當化的方式來詮釋它們，是很方便的事。反之，我們也可以閱讀其中的象徵意義，那些隱含在其中的意義及各種重要線索，告訴我們要如何與自己和生態系統和諧共處。

例如，亞伯拉罕諸教（Abrahamic traditions，猶太教、基督教、回教）共有的基礎《創世紀》（Genesis）一書，描寫人類拒絕了——或將自我驅逐出——自己的起源、根源或脈絡，且談及我們重新成為其中一員和有意識地返鄉的可能性。我們在伊甸園張開眼睛，可以解釋為智人對於從無意識的純真中，「落」到有意識的選擇、自我覺察及表面上與其他造物的分離等過程的經驗。意識與自由意志，給予人了類持續處在疏離狀態，或全然成為人類的選擇。這意味著選擇接受成為造物中一部分的「角色」，藉此使它（It）對它自己（Itself）產生覺察。我們可以選擇拒絕接受，或將自己獻身於這種存在方式。但正如《創世紀》中創世神話所暗示的，這麼做就是拒絕演化。還有無數其他範例，我正在逐一收集。

---

[4] 同功群（guild）：guild原意為同業公會。在生態學上，則將以類似的生活方式維生的不同種生物，尤其是指動物，因其生活型態或生態角色類似，合稱為一個「同功群」。

美國參議員高爾（Al Gore）在《瀕危的地球》（*Earth in the Balance*, 1992）[5]一書中，強調了這些宗教所隱含訊息的重要性。對某些人來說，高爾對宗教重要性的堅決主張或許是他所提出的第一個「不願面對的真相」。他說，生態大屠殺是靈性大屠殺所造成。要獲得療癒，我們必須將虛偽的、崇拜偶像的宗教外殼吹散，因為它們已經受到扭曲，以符合政治、自我中心和人類中心，以及「魔鬼般」的利益（見Buber, 1952；de Rougemont, 1944；Rappaport, 1991 on” diabolical lies”）。反之，我們必須活化真正的宗教核心，其目的是為人類指出他們在比自己更大的社會、生態系統、地球、演化過程或「造物」之中，所處的地位與目的。當我們只聆聽自己對外殼的偏見——儘管它們或許是政治正確的偏見——就很容易在想吹散外殼時吹得太用力，連核心一起吹掉。尚未發芽的種子仍然含有隱藏在密碼中的美、真理與智慧。若因為我們無法或不肯看見這點，就把核仁丟棄，是相當愚蠢的。這或許是我們要從生態－心理－精神危機中健康地蛻變出來，所需要的引導。

> 要有所改變，我們必須面對某些根本的問題，即我們在生命中的目的、我們操作那股製造了這場危機的強大內在力量的能力、及我們究竟是誰……這些問題提問的對象不是心智或身體，而是心靈。
>
> （Gore, 1992, pp. 238-239）

宗教靈性教誨的真正目的，是要為這類問題提供指引。但它們

[5] 譯註：此書有楊憲宏、許洋主、蔣家語、何亞威等人的中譯本，由台灣地球日出版社及雙月書屋出版。

並不強迫我們聽進去，也不挾持我們。它們內含了能使我們與自己的存在脈絡（包括彼此間）相調和的線索，幾千年來一直如此。它們是生命、活力的訊息，引導我們回溯早已在自身之內萌芽的意義與經驗。

高爾對《創世記》的詮釋提出質疑時，對胚芽和外殼做出區別：

> （上帝）將⋯⋯掌控自然的權威指派給人類⋯⋯允許所有把人類的需求與慾望擺在其他自然事物之前的選擇，都被視為合乎倫理道德。簡單地說，根據這個觀點，當自然阻礙我們獲得所欲，自然必為輸家，這也是「合乎道德」的。
>
> 但這是個卡通版的猶太－基督教傳承⋯⋯所有（世界上的主要宗教）都要求人們負起保護與照顧自然世界福祉的道德責任。
>
> （Gore, 1992, pp. 242-243）

推斷人類是地球上唯一在生態系統中不具功能性地位或角色的物種，以生態學的術語來說就是不具棲位（niche）或同功群，實在是違背科學邏輯。這是將我們從生態系統大計之中分裂、切割、扭曲和排除開來。我們自身的心理－靈性層面正在演化出新興的特質，然而我們往往以帶著隱微偏見的方式，拋棄了能教我們安身立命的幾千年的宗教－象徵性線索。在排拒這些線索時，我們對大自然最深層且最繁複的展現，以及對所有人類以外的自然事物都施以暴力。這也是在浪費時間。我們終將得從頭開始再造天命巨輪，而我們正傲慢自大地在不知不覺中，摧毀這個巨輪的的原始設計藍圖。

智人：演化上的意義製造者

智人（Homo sapiens）是地球上目的與意義的製造者。就目前所知，我們是宇宙中唯一演化成能以如此複雜方式創造意義的物種。這是演化上的新興特質，也是生態系統不可或缺的一部分。除了否認，我們無法脫離這個事實。複雜的選擇是另一項新興特質。我們可以**選擇**是否要深化我們產出創造性意義的能力。

對宗教的象徵性理解，是我們的祖先們探索身而為人有何意義的成果。這些領悟至今仍然可供我們使用，它們包含了更深入「可能進化的心理學」（psychology of possible evolution）的線索與方法（Ouspensky, 1950）。這些靈性傳承具有生態－系統傾向，一向主張我們是更廣大整體的部分面向。它們清楚指出，透過有意識地找出並接受集體和個別的自我在更浩大的整體中，即在我們的家（正是希臘文oikos，ecos的意思）中的角色，我們可以如何選擇，以解決糾葛的內在及外在永續性問題。

選擇不去探索這個途徑，意味著要繼續使用我們在智能上的聰明伶俐，加上手腳靈巧，創造出更多精密的科技來試圖滿足其他本能上的衝動。如前面已經提及的，我們經常在生態上看見這種作法的毀滅性後果，還以不合邏輯的「只是人性」的理由來辯解。以演化的術語來說，這是前人類的行為。就我們所知，只有人類能夠有意識地體驗及面對，或忽視以下這些難解的問題與回答：我為何在此？我來此的目的為何？我為何做出我所做出的事情？是什麼在驅策我？這一切有何意義？我在生態系統全圖中居何地位？有什麼能夠滿足我的渴望？宗教－靈性教導，正是人們對這類問題探索後的成果。他們促使這些問題透過無數的方法來成形、架構、詮釋、創造意義，使我們在自己所居所行的更大脈絡之中，幫自己找到更好的定位，也更能實踐我們的存在。

許多精神教導描述了人類會透過兩種基本的導向，來尋求平息存在的焦慮，及體驗意義和目的。我將它們稱為「消費化」（consuming）及「脈絡化」（contextualising or contexturing）（Maiteny, 2009b, 2009c）。

想要不曾存在的：消費化導向

消費就像是將某種根本上的本能取向，將之特化、簡化、和分裂，轉而描繪成某種用來消耗的資源。對所有物種而言，消耗資源能確保生存，消除基本的求生焦慮。對人類來說，某種喋喋不休的情緒—存在匱乏感又為此添加了複雜度，把我們踢進一場成癮般無止盡的追尋，尋求能使人感到滿足的**某種東西或某個人**。光是身體的生存還不夠。我們想要更多，想要「時髦地生存」（Shea, 2004）。我們能看到數不盡的事物，某種產品、藥物、場所、消遣娛樂、健身運動、財富、崇高地位、名望、某位其他人等等，都如此承諾著……我們對於信念、意識形態，以及諸如環境保護運動、社會正義、乃至追尋靈性經驗等值得支持的目標，也都可以有**消費性傾向**。佛教導師丘揚創巴仁波切（Chögyam Trungpa, 1973）曾經提出警告，當冥想與祈禱僅只是為了**想要獲得**寧靜、財富或幸福而修練時，會變成以靈性偽裝的物慾主義。天主教神父德日進（Teilhard de Chardin）也警告：「靈性生命的發展『是件』相當細膩的事情，因為沒有比披著成長與愛的上帝的外衣，來追求個人私益更容易的事。」（1960）透過消費模式來追求滿足，終究又會堆積出對下個物件的渴求。失望是無可避免的，然而，即使知道事實如此，人們還是會一輩子試圖這樣做（見Žižek，1989，關於拉岡學派〔Lacanian〕對此的觀點）。

生態上與文化上的限制

人類以外的物種因為缺乏我們所具備的科技成果，受到生物－生態界限的約束，而無法過度消耗。我們聰明地規避了這些限制，看起來找到了得以無限制增加人口和消費的方式。從石化燃料中，我們取得了其他物種並無法取得的額外太陽能。而這些能源也只是暫時性的。當石化燃料耗盡，我們得找到新的能源，或在族群數及資源消耗上，回復到與其他使用太陽能的物種相同的水準。

我們很難相信自己與其他物種共通的生物性動力，正在破壞我們所依賴的地球維生系統。所有物種都在尋求成長與消耗，將注意力和活動力專注於環境中與牠們最有關連的面向。人類也是如此，不過我們有能力知道我們正在做什麼，並且選擇不同的作法。然而，人類依然非常沉溺於這種消耗性的傾向，而拒絕以可能的非消費性方式來尋找意義和滿足感。我們拒絕了可以在生態上和情感上脫離瓦解、進入永續的演化可能。

在人類絕大部分的歷史中，比我們的社會更古老、更永續的社會（Hartmann, 1998）都在不超越生態系統的限制下生存。我們經常假定進入石化燃料時代之前的人，不具有其他物種以及現在人們過度抱持的本能慾望，且／或具有一種天生的智慧，使他們能有意識地與其生態系統和睦相處。我們無法確知這種普世的生態—靈性感受力是否為真，或者只是一廂情願的想法。畢竟許多文明已因生態上的無度暴行而崩解。

我們確知的是，宗教－文化信念結合其對應的情感，對於會危害生態的行為具有某種約束作用。對於上帝（諸神）、祖先、源起、文化脈絡及此外其他神聖之物的崇敬、恐懼、尊重等等，加上行為的禁忌，有效地保護了人類賴以維生的系統不致惡化並免遭褻瀆。人類甚至被建構成應當要服侍神聖（Maiteny, 2004；Rappaport, 1999）。我們的社會是透過我們居於眾神／文化脈絡中地位的信念來運作。我們似乎相信一切萬物都要卑屈於我們。這個信念將大多數在生態上運作良好的文化推向滅絕之境，連同物種與棲地生態一起。

文化－生態及生物－生態的限制無法阻止個人**渴望**擁有更多。但是，只要經濟上的保全仍需仰賴社會關係，人們崇仰和尊敬文化脈絡（上帝、祖先、神聖……）、恐懼於打破禁忌的後果，這類破壞性行為就能被控制在符合永續的生態系統限制中。文化信念對於人類—脈絡關係具有調節和適應的影響力。

今日的主流文化所鼓勵的正好與此背道而馳。它**顛倒**了社會與經濟、集體／文化脈絡與個體間的關係，製造出在生態上適應不良且失能的關係。信仰與產品的自由市場使個人的經濟利益脫離了它對社會凝聚力、鄰里和睦與社群關係的倚賴。習俗與信仰對於行為如何衝擊文化脈絡不再具有限制力和約束力。文化不再促使社會和個人與我們身處的系統融合為一。我們薄弱且貧瘠的象徵主義，將一切簡化成可量化的事物，因此過度簡化經濟與消費的「脈絡」。所有屬於質性的事物都被擠壓成量化的事物。一切都被簡化到適用於貨幣術語。這是種商品化的作為。所有的一切，乃至情感，都遭到商品化。佯裝生態與情感的本質可以轉化為諸如「生態系統服務」（ecosystem services）或「碳權」（carbon credits）等可交易的類商品，必然會貶低它們的價值。當品質被強行冠上數值時，我們會把質與量想像成是對等、可以比較，而且看似可以相互替換。生存所需的，如生態系統、森林、空氣、水、土壤、食物、生命等，都可以神奇地用來交換所慾望的，即金錢、木材、水泥、汽車、石油、股票等等。我們試著使自己覺得過得更好時正是在殺害自己。

人類正在貶低和簡化自己及地球上的所有事物（Totton, 2011）。我們透過顛倒生存必須的生態秩序，生活在由自己的想像力創造出來的致命謊言中，來達成這項自殺任務（Wilden, 1987）。文化生態學家（Rappaport, 1999）和宗教哲學家（Buber, 1952）都將這稱為「惡魔的謊言」（diabolical lie）。神祕猶太教認為這是生命之樹（the Tree of Life）的自私，以及因而邪惡（diabolical或*Qliphothic*[6]）的大敵，也就是死亡之樹（the Tree of Death）。我們正在運用人類這個物種特有的複雜性、多樣性和豐富性來創造淒涼的下場。

當代主要用來約束行為的工具，如法條、政策、懲罰，並不具備太多情感上的壓力、意義或合法性。相較於早期文化中的神聖性和以禁忌為基礎的規範方式，現代的做法並未更能勸服人們。法條和政策很少被實際感覺是正面誘因。另一方面，企圖設法重返到過去的文化中，也將總是徒勞無功。被釋放出來的精靈已無法回到瓶中。那些主張我們**為何**應該相信或做這做那的論調，永遠不會被接受，除非人們對這些主張體會到比其他選項更具意義的**經驗**。在這具有各式各樣信仰系統的後現代世界中，人們在成長過程中被灌輸

[6] 譯註：希伯來文。古猶太卡巴拉宇宙觀（Kabbalistic cosmology）中認為Qliphoth是環繞著神聖的一層外殼，但也就是邪惡、不淨的區域。

的信仰，往往是他們用來觀看世界的透鏡。如今，我們很難只選定某一特定的世界觀。因此，我們必須將眼光放遠，超越打造新文化形態的想法，找到往前進的道路。在我看來，我們需要思索的是如何以人類的方式來演化。探索那些過去我們無心了解的前人傳承中待解的象徵性訊息，或許能給我們某些線索。

看見一直都在的：脈絡性參與和服務（contextual participation and service）

我所謂的脈絡化（contextualizing或contexturing）導向並非新鮮事。就算不是和所有宗教，它與大多數宗教古老的**內在／煉金術**傳承相互呼應。它描述和引導我們在整體（the Whole，亦即神聖場域）脈絡中，對個人與集體的內在本質的探索。儘管它比消費導向更能在情感和生態上永續，卻也經常被挪用到消費性目的上。我相信汲取這些古老傳承中深刻的經驗和洞察，能為我們提供如何擺脫生態和靈性大屠殺的線索。這也會是個重要的演化步驟，畢竟就我們所知，人類是第一個能與自己所處的演化背景脈絡，維持有意識、有意義的親密關係的物種。或許其他物種也有此能力，但對我們來說更重要的是知道我們辦得到。

知名的演化學家和神學家們都同意此說，就算細節上並非如此，至少本質上無異議，例如巴羅（Barlow, 1994）、哈迪（Hardy, 1975）、赫胥黎（Huxley, 1957）、德日進（Teilhard de Chardin, 1960, 1969及其他）、威爾森（Wilson, 1978）。

> 演化……的結果是，宇宙逐漸能自我覺察、有能力了解自己某些過去的歷史和可能的未來。宇宙的自我覺知正在它的某一微小片段中——在我們某部分人類中得到領悟。或許，它已經在其他地方，在其他星系的行星上透過有意識生物的演化，而得到領悟。但是在我們這個星球上，它還沒發生……因此，人類有部分的命運是成為宇宙必備的代理人，透過目睹它的奇妙、美麗與趣味，使宇宙對自己有更多了解……
>
> （Huxley, 1957, p. 121）

要生活在脈絡化的模式中，就是要把自己當作更大整體的一部分來體驗自己，或許還帶點身處其中有目標或具有棲位角色的感受。就我們目前所知，其他物種並沒有能力對自己的生態棲位進行反思。人類可以。我們無法不成為整體的一部分，但我們卻利用心智這份演化的禮物——意識、自由意志、智能、想像力等——固執地裝做彷彿我們不是整體的一部分。我們其實能以不同的方式來運用這份心智禮物。在這些零碎的時間片段中，我們急切地需要知道，身為人類這個物種和身為個體，在這具有適應力、健康、神聖（及其他同源的用詞）功能的整個生態系統中，我們扮演哪些角色。我們所想像的是：我們的想像力能找出自己為何在此的緣由嗎？我們在這個生態系統中佔有的是怎樣的生態棲位、同功群和目的？我還是要說，認為人類是優越的物種或是演化上的歧異，因此在生態系統中沒有存在的地位，只是一種傲慢的態度。儘管我們比較複雜，但我們就在此中，並佔有一席之地，就像其他物種一樣。

如此複雜的物種也並非只是地球的癌症而已。更合理的看法是，把自己想成整體之中正在演化的某一面向。然而，當代新達爾文主義對於人類特有的品質及這些特質對未來演化的意涵，卻幾乎不發一語。它只顧及到我們的**起源**，以及我們與其他物種的**共通處**。它排除了心理－文化上的演化問題，也排除了這些問題在整體之中可能具有的目的或棲位。這不僅是個危險的疏漏，而且很不科學、不合邏輯地將智人與其他生物、地球及其演化進程切割開來。它將我們從外在自然及自身的內在本質中都切割開來，並且迴避了人類的責任問題，為我們的情感、存在和生態上的健康帶來悲慘的後果。

鯨豚專家阿利斯特・哈帝爵士（Sir Alister Hardy, 1975）專注於了解宗教與靈性經驗，以及我們在宗教故事和神話中建構複雜象徵意義的能力，於適應上所具有的重要性。他想知道我們在宇宙中的目的為何。人類對這類意義感及關連性的渴望是亙古長在的。這股渴望之所以有能力對抗想要忽視或摧毀它的企圖，是因為它是我們內在本質的一部分——一種演化出的新興特質。靈性導向的宗教透過各種象徵性的語言告訴我們，人類在此是為了對一切脈絡及所有事物的連結性，包括我們在其中的地位，演化出有意識的覺察、或朝這個方向演化，並且依此而活。以赫胥黎的現代語言來描述古老教導，這是要成為「宇宙的代理人來使它更了解自己」且「逐漸意識到它自己」，而就我們所知，這樣的事件是宇宙歷史中的頭一回。這是個極具啟發性的想法，令人驚嘆。

赫胥黎以更多現代的用詞來主張，一如生態系統中存在著各種功能，即所謂的生態同功群——如傳粉者、分解者、光合作用者，人類這個物種的同功群或許是覺醒者（conscientizer）或協調者（harmonizer）。我們與其他物種不同之處在於：我們必須選擇並且有意識地演化出我們的同功群。我們可以選擇要以此角色生活並且為整體服務，或者與之分離。

時至今日，具有靈性傾向的宗教仍然具有生態系統觀念，並且提供脈絡化的模式做為通往幸福與永續整全的途徑。以下這些引言雖然矛盾，卻描述了這種靈性－生態系統的連結。

印度教觀點：

> 《薄伽梵歌》（*Bhagavad Gita*[7]〔3:10-12〕中說道……世尊（the Lord of Being）為眾生帶來犧牲（獻祭，yajna），並且指示他們「藉由犧牲（sacrifice，亦即使之神聖，making sacred），你當供養眾神，眾神亦得以供養你；透過相互供養，你將達到至善。透過犧牲來供養，眾神將為你的渴望提供糧食。享有眾神的禮物卻不回報的人，是真正的竊賊。」最大的犧牲是犧牲自己，必須放下自己……否則，將使自己成為貪婪的黑洞，為了利己的目的而竊取、聚藏每種物品。
>
> （Ravindra, 1990, pp. 122-123）

> 一個人可以跟隨著自己最深的召喚，且只需跟隨此召喚，來到神的境地……「最好是跟隨自己的個人法（svadharma）[8]，不論那有多卑微，也比跟隨他人的偉大法門要來得好。藉由投入自己內在召喚所囑咐的工作，個人就不會錯失目標。」（薄伽梵歌 18:47）
>
> （Ravindra, 1990, p. 27）

---

[7] 譯註：薄伽梵歌（Bhagavad Gītā），印度語中字面意義為「世尊（指黑天）之歌」，印度教極重要的經典，一般推測成書於公元前五到前二世紀之間。

[8] 譯註：個人法（svadharma）：根據自己的本質條件所導，掌握自己修行法門，循之修為。

蘇菲教派（Sufi）觀點：

整個造物的實現，得發生在人類身上。只有當人類喚醒自己代表神聖存在的那一部分時，這個目標才會實現。

（Inayat Khan, 1999, p. 1）

猶太教觀點：

人性與自然。生態上的必要性：使自己與一切萬物產生關連，人類可憶起在一切存在最深處的本質中藏有神性，他們自己感受到與神性「連結」，他們也意識到神性棲居在自己之內。他們可以感受到舍姬娜（Shekhinah），亦即是神聖的臨在，渴望居住在他們之內……當人類在造物主面前謙卑，認出祂的仁善時，就會尊敬自然，親近自然，而不寄望收到禮物……在深思這些奇觀時，人類可以感受到造物主的提醒：「看啊，我的作品多麼美麗！……小心不要敗壞它……因為你一旦敗壞了它，在你之後將無人能夠修復它！」

（Safran, 1998, 譯自義大利文）

基督教觀點：

當上帝（亦即根源及脈絡）的真實性從許多西方人的生命中褪去時，一種與之對應的自大出現了，期待單憑個人的關係即足以為生命提供意義與快樂。

當愛在超越我們自身之外找到中心時，靈性生命得以成長……我們將自己給出的越多，靈魂就會越加豐盛；我們越是在愛中付出超過自我，我們越能成為真正的自己、我們的靈性之美將越完整的揭露出來，（因為）我們正試圖將彼此帶向更豐滿的生命。

藉由創造這段新關係，你已經使自己吻合我們所相信的道途，生命在這道途上正進行著靈性的演化，且將使人類走向有創造力的未來。

（Chartres, 2011, n.p.）

重新引導自己從成癮、自我毀滅式的消費化模式，走向脈絡化模式，需要經歷一種在許多方面都等同於個體（Individuation）化和煉金術工作（Work of alchemy）的學習過程：鉛所象徵的是使我們變得沉重、脫離整體的前人類本能的驅力和依附，將被轉化成金所象徵的重回整體及對脈絡的貢獻（亦見Maiteny, 2003, 2009b）。

消費化導向的直覺吸引力令人難以抗拒。但我們的生態及心理－靈性健康，需要我們勇敢地抗拒這份吸引力。覺察我們是身處生態系統中的人，是一種在整體脈絡大計中發現個人意義（自我／生態棲位）與目的（願力／角色）的個體化過程。藉此，我們也參與了智人在生態系統角色的演化。這意味的不僅只是擔任地球的看護者，因為這仍隱約暗示了傲慢與分裂。建立生態同功群的精神，意味著要更加接受自己是個成員而非守護者的角色。若能讓人感受到這比透過對整體的消費來追求滿足更有意義，那麼消費資源的程度和對生態的衝擊將會減緩。我們將不會願意再耗費那麼多。我們與他人和自然界中其他人類以外成員之間的關係，也將降低消費取向，而變得更親密。

數千年來，在我們集體的宗教－象徵想像中，一直含有讓生活脈絡化的線索。但我們對這些線索的關注還不夠。所幸，我們越急切地感受到生態大屠殺和心理－靈性抑鬱所帶來的壓力，就越可能去進行。我們也真的需要，因為其他那些陳腐的、實做過的、測試過的方法，儘管機智高明，卻無一能夠成功扭轉局勢。

致謝

我非常感激瑞貝卡・黑左（Rebecca Hazell）給我的啟發、鼓勵，和我探討想法，協助編輯本章。沒有妳，我無法完成這篇文章。

第二部

非人類及超越人類／異於人者與甚於人者

第五章

無意識之生態學

瑪格麗特・柯爾（Margaret Kerr）及大衛・基（David Key）

> 陽光不是灑在我們身上，而是在我們之內。河水不是流經我們，而是流過我們。
>
> ——約翰・繆爾（John Muir，1911）

引言

專職帶領團體活動多年來，我發現帶著人們進入野地，能明顯地改善他們的生理健康。如今已有研究成果支持這種認知（如Davis-Berman & Berman, 1994; Kaplan & Talbot, 1983; MIND, 2007），其他研究也顯示這些經驗可以產生「親環境行為」（pro-environmental behaviour，如Palmer et al., 1998; WWF 2009）。本文的目的是要深入探討，野地和綠色空間經驗如何療癒屬於大生態體系一部分的自我（the self）。

我們認為，敞開心胸的能力是療癒過程的核心：即當我們體認到人類與自然世界在生物層次上互相依賴時，即能在**生態上**敞開自己；且當我們能超越以狹義的自我為主的自我感（egoic sense of self）後，亦能在形而上的抽象意識中敞開自己。在強調相互關聯性（interrelatedness）及神的無所不在（immanence）時，我們的實務作法與女性主義（Wright, 1998）及超個人心理學中的「下行」

之道（"descending" strands）（如Sabini, 2002; Washburn, 1995）一致，而非威爾伯（Wilber）的「上行」觀點（"ascending" perspective）（Daniels, 2005）[1]。這在道教與佛教的教導（Preece, 2009; Prendergast, 2003; Watts & Huang, 1975），以及薩滿工作和世界各地原住民文化中（如Brody, 20021; Celia & Boiero, 2002; Siri, 1998; Williams, 2007）也有根據。

有些超個人心理學家明確地承認，超個人經驗與生態覺知（ecological awareness）之間存在某種連結。不過傳統上，超個人心理學還是以人類為研究領域的核心，因此要對我們的經驗有所理解，我們需要更廣泛的理論架構。深層生態學——一種為了回應證據日增的生態局勢而浮現的社會運動（Naess, 1973）、超個人生態學（Fox, 1990a）以及生態心理學（Roszak, Gomes & Kanner, 1995），為我們提供了所需的架構。這幾門學理提出一個模式，即超個人本我（transpersonal Self）在實質上與形而上，乃地球整體的一部分。這在「生態本我」（ecological Self）的意象上特別清楚，在此意象中，我們在心理上對於我們是誰，與我們在生物實質面上是什麼的感受是一致的（Naess, 1986）。（我們以首字母大寫的本我〔Self〕及存在〔Being〕來代表廣泛、交互相連及心態開放的超個人感。這是相對於以個人自我為中心的「皮膚下」自我或存在的經驗的。）

我們以這些多元觀點作為架構，促成前進荒野的旅程。基本

---

[1] 譯註：超個人心理學中將世間的存有由物質開始，上而進化為人，再上而進入靈性層次，定出大全階序。「上行」指由物質層次向上超越至人、至靈性界的出世修練取徑；「下行」則指由靈性下降至物質界，遍及四方的入世取徑。參考肯恩．威爾伯（Ken Wilber）著，廖世德譯《萬法簡史》（心靈工坊出版，2005）第十四章。

上，我們引導人們透過進入野地，進行療癒性的「下行」之旅，在那裡，個人與地球的健康是同義字。在這個基礎上，我們找到了更完整、具生態意義的本我感。當我們在成為自然一份子的過程中感覺獲得療癒，以更加生態永續的方式來生活的動機便會自發地顯現出來。傳統倫理中認定我們有義務要去實踐責任的觀念變得過時了；取而代之的是，我們以身為大自然一員的角色，來保護大自然本身。如阿恩・內斯（Arne Naess）清楚指出的：「假使現實的實相就如同用生態本我[2]所體驗到的那樣，我們的行為就會自然且優美地順著環境倫理的嚴格規範而行。」（1986, p 236）

視荒野為無意識空間

生態本我模式認為，我們深陷於物質上與形而上關係交錯的複雜網絡中。我們自始至終都處在這個網絡中；包括了我們撰寫這些文字的此刻、你閱讀這些文字的此刻。而網絡樣式隨著每個片刻不斷改變，轉變了我們對「現在」的經驗——有時是細微的變動，有時是巨大的、足以改變生命的轉變。內斯（1989）將處在這個網絡中的狀態稱為「完形本體」（gestalt ontology）。這個網絡的模式是一種完形（gestalt）：整體大於部分的總和，而每一部分都因為整體而擁有更精采的經驗。例如，一棵原始森林中的樹木與一棵都市的行道樹，所提供的經驗就截然不同。樹木所處的背景改變了我

[2] 譯註：「生態自我」（ecological self）係由阿恩・內斯（Arne Naess）所提出，每個人心靈內在和自然宇宙融合為一的極深層面。而「本我」（Self，首字母大寫，或亦「真我」、「自性」）則為卡爾・榮格（Carl Jung）所提出，意識、無意識乃至於集體無意識之下，人與宇宙心靈現象最核心的本質與彼此連合而成的一體。本文作者在述及內斯的 ecological self 時，則特別將 Self 首字母大寫，兼有融合兩學說概念之意。

們對它的經驗。我們往往未能察覺到完形所帶來的附加性質，但我們若能對這些附加的性質保持敏銳的覺察，則即使是世俗的情境也能有深刻的影響。

在完形本體中得到的經驗是「非二元」（nondual）性的，超越我們對自己與他者處於分離狀態的習慣性覺知：超越二元，又或者是前於二元的，而成為現實狀態的「前行結構」（forestructure）（Heidegger, 1996）。我們經常試圖將這些經驗抽象化成二元形態，譬如以文字來表達（Abram, 1996）。然而地圖不等於疆域本身——或如鈴木大拙禪師（D. T. Suzuki）所言：「要有手指才能指著月亮，但若把手指當作月亮就太不幸了！」（Suzuki, 1969, p. 74）完形本體的非二元本質帶領我們超越語言，進入存在的領域。

體會完形的經驗無法得到實證科學的印證，因為實證科學仰賴的是二元範型；這些經驗不需得到邏輯上的理解——縱使它們有時是一種共享經驗，因此可以「證成」為一種共識或一種互為主體性的實相（intersubjective reality）（Husserl, McCormick & Elliston, 1981; Merleau-Ponty, 1962）。然而比這些經驗的「真相」更重要的是它們所帶來的結果——它們具有能轉譯到日常生活中的個人及社會意義。完形經驗帶有一種莊嚴（gravitas），它所形成的核心能夠吸引個人產生新行為。

對我們而言，荒野一詞所描述的是我們能夠體驗到自己身為「原始完形」（primordial gestalt）一份子的所在。成為野性模式的一部分，改變了我們的自我感。「我」所身為的「一份子」更因為整體而變得不同。過去凍結的自我建構（self-constructs）可以開始解凍，轉化的可能性以及更強烈的真實性自然浮現而出。在荒野之中，我們能體驗到更廣闊、更深刻的真實狀態，遇見過去從未遭遇，如今出現在我們的意識心智中的現象。我們走進荒野的旅程成為走入無意識的旅程（參見如Snyder, 1990）。個人的無意識中保有個體獨特的元素，而集體無意識中則保存著所有人類共享的，以及我們相信——超越人類之存在所共享的大量心靈材料（Daniels, 2005）。在適當的條件下，我們能體驗到對個人與集體無意識具有治療性的契機：意義的新種子被種下、紮根，深化我們的同情心與領悟力。經由減少恐懼、加強覺知，我們能自由地成為真正的自己。荒野的經驗能提供開展這個過程所需的條件。

在接下來的篇幅中，我們會探索自己對更寬闊的真實狀態開啟自我、與無意識相會，並且在廣大的「原始完形」中療癒了生態本我的荒野經驗。我們也探討在荒野之中，形而上的世界與實質世界成為不可分離的一體。儘管我們自身的經驗是這項工作的試金石，關於這類經驗的敘述實則相當常見——在我們帶領的團體中、在人類各種文化歷史中俯拾可見（參見如Campbell, 1949）。基於保密原則，我們選擇不摘錄過去許多活動參與者所述說、但未經發表的故事（我們採用一個已發表的個案故事）。同時，我們也了解將我們自己的經驗置入更寬廣脈絡的重要性，因此也探討了其他人的著作。

向外開啟

星期六晚上，我坐在埃里赫特湖（Loch Ericht）畔的營火旁，某種關於我父親的感受浮現了。這有點嚇人，感覺像是某種遙遠的回音——是被這個營地的什麼，被某種聲音還是蚊香的味道所觸動的聯想——我搞不清楚。我任那股感受持續發展，發現它與父親在戰爭中的經驗有關——一股不曾說出口的恐懼感，從我有記憶以來就一直存在著。

我感覺到自己開始蜷縮，變得很孤立。我盡力把情況向傑說清楚。之後，那股感受緩和了些，但它相當密實——當時我還找不到字彙可以形容它。隔天，那股感覺依然存在，在最初五六個小時中，對我的生理和心智都是挑戰。但隨著這天的時間流過，這股感覺——及那部分的我——開始對這片土地敞開了。感覺像是往更寬廣的空間疏散某種東西。我開始成為周遭遼闊野地的一部分……整個自己得以放輕鬆，對這一切敞開。感覺像是回到家了。

（Kerr, 2010, 2009）

這個經驗顯示，處在開闊空曠的野地能幫助我們開啟自己無意識的那部分——來自個人封鎖的過去，或替他人承擔的事物。這最終能使我們心中分裂的、害怕的、羞愧的、無助的或充滿悲傷的部分，得以被某種比自己更浩瀚的事物充滿同情地擁在懷中（Bache, 1981）。潘德加斯特（Prendergast，2003）描述道，在深刻關注的治療關係中發生也可能發生某些類似的事情，他將這稱為「神聖的鏡映」（sacred mirroring）。這個非二元的狀態，是發生在個案與治療師有意識地投入安靜、無條件的臨在之中；對彼此的存在保持開放與接收的狀態。這個經驗「往往引發浩瀚的空間感」（2003, p. 103），對某些個案來說是相當解放的——一種相互連結、完整和回家的經驗。不過，最初面臨這份浩瀚時，驚恐是常見的感受——害怕失去所有的參考點而永恆地處在墜落中的恐懼。在這類型的遭遇中，早年生活未經處理的情緒和需求往往會藉機浮現。對於在這樣的空間中放鬆的抗拒感，會以身體上的綣縮、對迷失的恐懼、最終是對毀滅的恐懼等反應顯現出來。潘德加斯特寫道：「個案在體驗這份浩瀚時，經常發生恐懼與慰藉交替出現的情況，而且交替速度往往相當迅速。」（2003, p. 104）

然而，倘若個案能夠容忍這種劇變，「長時間下來，他們的經驗會呈正面反應，而且越來越能接受這份浩瀚感，並將之視為是自己真正的立足基礎。」（Prendergast, 2003, p. 104; 參見Washburn, 1995）對存在的浩瀚基礎敞開自己，潘德加斯特將之類比為一種發生於兩人關係中的過程。心理治療最常見的假設是，人與人之間的關係是使心理創傷得以療癒的主要試煉。不過，百萬年來，在我們的早期生活中護持著我們的，不僅是生物界的人類家族，還有植物、土地、樹木、河流、地球及各種生物的整體完形。在混沌之初，空無是個肥沃的空無。當文化的「進化」將我們從這完形中切割開來以後，空無變得荒涼貧瘠，這個護持環境的某種關鍵部分從此失落。人類於是必須承擔起屬於大地母親（Mother）角色的各種責任。心理治療傾向著重於人與人之間早期的關係創傷，並且企圖在治療關係中療癒它——這通常是有效的。但我們認為這樣的療癒並不完全，因為整體野性完形仍然存在著原初的缺陷（primal deficit）。

這就像靜靜坐著向另一個人類敞開自己一樣，一開始感覺很可怕，與荒野毫無隔閡地安靜接觸也是相當駭人的事情。在我們的文化中，我們並不習慣這類接觸。與自己原始天然的完形分離後，我們感受到自己少了某種東西，又將內在的不足投射到荒野之中，於是我們體驗到的荒野是一片廣闊、駭人的空虛。我們徒勞無功地想利用大眾傳播媒體、名人文化、消費主義、酒精和藥物來填滿這份空虛。我們變得害怕起豐饒的黑暗。我們的恐懼正威脅著要摧毀能永續支持我們的生態基礎，這彷彿成為一種文化。無論是在荒野之中，或在另一名人類面前，無條件的臨在感令我們直接面對存在之中的恐怖、力量與愛。但是當我們存在於原始的植物、土地、樹木、河流、地球及所有生物的完形之中時……我們可以逐漸放鬆，並且得到護持——感受到那野性的、古老的護持環境的回音，幫助我們驅散恐怖，允許力量與愛浮現。我們被大自然的心智及其物質的形體守護著。這不是要將大自然理想化成完美的父母；但藉由涉入這類工作的親密程度，我們終於能夠穿越投射的帷幕。它使我們放鬆與擴展，進而能超越創造出「好」與「壞」的父母、「好」與「壞」的自己、「好」與「壞」的自然這種二元性的恐懼。

李察・塔那斯（Richard Tarnas）談到喬瑟夫・坎伯（Joseph Campbell）說過的一個故事，看來早就知道這個道理：

> 羅斯慕森（Rasmussen）在北美大陸穿越北極地區的探險活動時，曾與多位年長的薩滿對話。其中一位敘說了自己小時候的啟蒙故事。他說他被一位年長的薩滿用雪橇帶走，穿越冰原，來到一個小到只足以讓他坐在裡面的冰屋裡。他蹲在一張獸皮上，被留在冰屋裡三十天，這期間偶爾有人會帶一些水和肉來給他。他說：「我在那三十天裡，死去了許多次，但我學到也發現了只有在寂靜之中、遠離群眾、在深層狀態中，才能學到和發現的事物。我聽見大自然以其原本的聲音對我說話，用的是溫柔的母性關懷和感情。它有時聽起來像是孩子們的聲音，有時又像飄雪，它在說：『不要害怕宇宙。』」坎伯繼續說道：這個發現造就了一個啟蒙者內在的絕對安全，於是他才有

可能帶著無與倫比的智慧與自信返回社區，以便從內在的出發點來幫助他人。

（Tarnas, 2000, p. 261）

使人能遇見並且療癒心理創傷最完整的背景，須結合野性自然與具接受力、涵容力的人類存有。這個背景最是「生態上有效的」（ecologically valid），因為它早已在現代文明降臨之前的數百萬年間主導著人類社會。它具有生態效力，也是因為透過在與具有終極療癒力的「浩瀚感」（vastness）相遇中所顯現的存在方式，可以啟動個人對生態本我的領悟而引發親環境的行為（Naess, 1988; WWF 2009）。

在荒野中度過的時間，可以使我們在返回社群時，因為生態自信（ecological Self-confidence）所誕生的內在安全感得到提升，而更有能力採取慈悲的行動。因此在荒野中開啟更廣闊的本我感受，可以提供浩大的療癒潛能。然而，這也可能是種非常強烈，有時甚至是痛苦的經驗，因為無意識的內容會以各種形態顯現。這是個相當微妙的過程。我們必須有深刻的理解才能細心處理這個過程——要堅定穩守於旅程中，順著環繞著我們的創傷與突破的消長，依勢而行。體認到這段旅程的本質使我們能夠處在當下，充滿慈悲地與個案們一起見證、並且將這些經驗收藏在心中。我們可以透過我們自身的一些經驗來加以說明。

個人、集體及跨世代創傷

二十多年前，還在醫學院就讀時，我花了些時間在燒燙傷病房工作。工作大約六個月後，我開始出現情景再現（flashback）、感到疏離、罪惡、害怕、無助和悲傷。上週二晚上，我收看了一個關於臉部嚴重燒傷患者接受手術的電視節目。看著節目時，過去那些感受又回來了，但我在當晚就把這些感受釐清。我因而感到平靜許多——那是一種更深刻的領悟，也得到某些答案。

兩天後我們出發到凱恩戈姆（Cairngorms）去爬布雷里阿赫山（Braeriach）……我們七手八腳地爬過卡拉曼峽谷（Chalamain gap），在巨石之間爬上爬下。感覺這將是美好的一天。上到松納拉瑞格山脊（Sron na Lairig Ridge）的路得略微跋涉，但我們還算輕鬆地到達了稜線上。突然間，那些恐懼、悲傷和孤獨感又全都湧現。我無法停止想著嚴重燒燙傷的恐怖和創傷。我不斷想著：「為何在此刻出現？」我的胸口一陣緊縮，喉嚨糾結像卡了團東西。痛苦、黑暗和悲傷排山倒海而來。最後，當我們爬到距松納拉瑞格山脊最後的幾公尺處，我哭了起來。傑抱著我。我無法停止哭泣。這片高原是完全孤立的，就像我內心的感受，非常痛苦。天空烏雲翻騰，風雨交加。我的啜泣逐漸緩和停止，最後只剩下一陣空虛感。

我們繼續在強風中前進，在山頂石堆地標上停留約三十秒後隨即轉身下山。下方窪地裡的烏內湖（Lochan Uaine）黑暗而滿盈。下山途中，我們經過一堆金屬桿子……不知它們是什麼。沿著稜線走時，我的思緒仍停留在創傷上。奇怪的是，我發現——感覺像我與所有為這創傷所苦的人是密不可分的，但同時，這並不是我的傷。下山的路上，我在腦海中做著許多層次的自由聯想。穿越濃密的石南叢。我父親戰爭的經驗、兩位祖父目睹燒死的亡者。漸暗的天色。一則關於我兩歲時，把一鍋滾燙的牛奶倒在自己身上的故事。我在十二歲時遇見的一個小男孩——他臉上有燒燙傷的疤。我們跳過小溪——在蘇格蘭，小溪被稱為「奔斯」（burns，譯按：同燒燙傷的英文）……焚燒女巫……我開始想著，這個地區發生過什麼事？我們又穿越了一些更濃密的石南叢和沼地。筋疲力竭。某種東西開始在清理了。移開了……敞開了。

幾天後我恢復元氣，不再受這一切糾纏之後，我想到山上那堆金屬，便查詢了「布雷里阿赫山墜機」（Braeriach Crash）。果然，在二次世界大戰時，兩架轟炸機墜落在松納拉瑞格山脊。殘骸散落到黑暗的小烏內湖中。所以……這就是在時間中開啟的裂縫！彷彿我與那些可能在山上和朋友們一同死於火焰中的男性靈魂產生了連結……

在這次的經驗後，我覺得某種東西安息了。我在燒燙傷病房工作的部分經驗，對於我所目睹的景象產生了恰當的共鳴。然而，某些部分是我的無意識製造出來的——把「燒燙傷的人」當成異類而產生的恐懼與罪惡感；因為羞愧而不敢談及創傷所產生的孤立感；因為自己的失連而產生的無助感。如今，當我想到這個創傷，以及那個部分的自己，總是會與布雷里阿赫山那片風景錯綜複雜地交會在一起。思及燒燙傷時，我不再感到孤獨，罪惡與羞愧感也消失了。剩下的是一股希望，希望我能為那個地方的鬼魂做些什麼來回報他們。

（Kerr, 2009）

這段敘述勾勒出存在於心靈和土地中，多層次且相互關連的無意識內涵的本質。個人史向外開展至跨世代創傷的殘蹟，也直接開展至集體創傷——為大地所保留，並烙印在那個地方（Irwin & Watt, 2007; Roll, 1997; Sheldrake, 2006）。如果創傷就近傍於個人無意識的表面，它似乎會成為集體涵納於大地之中的生理和心理傷口的共振器。理解這一點，並且對其意義保持接納的態度，就能提供療癒個人，乃至於療癒集體和生態創傷的可能性（參見如Bache, 2000）。

影像與符號

無意識與生態元素的共鳴，可以是自然發生的，如上述的故事，或是刻意尋求而來的。我們經常發現，團隊的成員在荒野中進行獨處活動（solo）[3]時，會在地景中找到象徵性的形態，反映出個人和集體的狀態。河流、樹木、濃密的灌叢和森林中的空地，反映出心理與身體旅程的各個階段。蓋文參與了最近一次活動，並在他的部落格上如此描述他的經驗：

> 這棵樹的狀態不好。在我上方有一棵光彩奪目的花楸樹安座於瀑布旁，炫耀著它如耶誕節裝飾的成串漿果。但在這岩層上，一切都很稀疏、單薄、病懨懨。來到岩層下方，我看出生長在岩縫中所受到的限制；樹幹由於地心引力彎成畸形的U字，發育不良的樹枝，稀疏的葉片和萎縮的果實。就像我們對待地球的方式一樣，這棵樹正設法使自己活下去，但它汲取了太多有

[3] 譯註：在荒野活動中，有時會安排團體成員各自分散到不受彼此影響的空間中，獨自經歷一段時間，讓成員自行體會內心的感受與變化，特稱為「獨處活動」（solo）。

> 限的資源。我想像著把樹砍下來，細數它的年輪；它的粗環顯示它已歷經數十載，我想像它和我一樣約莫四十歲。我們倆的生命有何異同？它曾看過哪些季節、天氣和色彩在它面前經過？有多少鳥類曾經造訪，在它的枝幹上停棲？它如何使勁地朝著太陽生長，將根部朝緊密的裂縫往下推送，尋找滋養的土壤，散播種子？誰的生命更確切地證明了生命的力量？
>
> （McLellan, 2009）

透過在戶外的引導式想像、說故事與沈思，我們邀請參與者踏入土地和心靈以精神與象徵所交會的空間。蓋文在部落格稍後的文章中描述了這段經驗：

> 我經常來到山頂上，可能還越過了地平線，在遠方，為了維持我那在森林小溪旁的家而工作著。林間空地對我說起關於家的事情，一個有遮蔽的保全之所，受到庇護，是慰藉與滋養的泉源，然而，我在家的視線範圍內的時間卻太少。我需要設法停止攀爬工作壓力的山脊、擺脫朝向下一個事業高峰前進的驅力，而找到待在近處的意願——在山谷、樹木生長線、我家河岸的視線與雞犬相聞範圍內。
>
> （McLellan, 2009）

神話與原型

雖然某些經驗會將個人和集體的創傷帶到意識層次，有些人發現的卻是反映出無意識素材的象徵性意象，以下幾則故事描述了與地方神話，即人們熟悉的原型形態（archetypal form）相遇的經驗。

> 我單獨在西班牙境內庇里牛斯山（Pyrenees）腳下的聖阿尼歐村（Saint Aniol）露營。在兩側既深又陡的峽谷底，唯一平坦可睡的地方是乾河床上的礫石岸。那晚夜色清透，我躺在繁星之下，看見一線暗夜的天界描畫出高聳的峽谷邊緣。天界兩側的崖壁黝黑如墨。我睡著了。
>
> 我突然醒來，彷彿聽到什麼噪音，但是周遭一片寂靜，連一絲風的氣息也沒有。我向上望去，發現雲層已將天空遮蔽。當我試著找出峽谷崖壁邊緣，及我印象中的天空位置時，我在黑暗中看見了什麼。就在那裡，像是電影螢幕上的影像般，我看見一個男人，黑色短髮、輪廓深刻、曬得黝黑的皮膚，像個穿著羊皮背心的牧羊人。我以為自己在做夢，當我發現自己清醒地躺在礫石岸上的睡袋裡時，我頓時感到困惑、驚慌了片刻。那男人彎著身子往下探，拉扯著腳邊的東西。我看見他正拉著河中被壓在水潭巨石下的某種東西。我看仔細後發現那是一具屍體。屍首的模樣變得越來越清楚，是個金髮年輕人，他的面容憔悴扭曲，雙眼緊閉。感覺上那具屍首已經被壓在那裡一段時間了。那男人還沒把它拉出水面，影像就消失了。我驚慌地爬出狹小的睡袋，發瘋似地向上看著黑暗，但什麼也看不見。我拿出頭燈，對著峽谷崖壁探照著它光力所及之處，但除了高聳的岩壁、樹木、灌叢和陰影，什麼也看不見。我過了好幾個小時才能再度入睡，當我在清晨醒來時，那影像非常清晰地印在我的記憶裡。

隔週，我在距離那峽谷有數小時車程的赫羅納（Girona）等著搭便車，因為還有些空閒時間，於是我和朋友一起去探索城裡的中世紀城牆。我們走下樓梯時，我注意到其中一面牆的高處有個被鐵條圍住的壁龕，裡面有一尊木刻雕像，下方有一面以加泰隆語（Catalan）銘刻的銅牌。那雕像刻的正是消失在峽谷中的黑髮男人。我十分震驚，一時僵住、說不出話，花了幾分鐘才鎮定下來。朋友問了是否有人會說加泰隆語，請他們翻譯銅牌的刻文。他們說，那刻文寫的是「聖阿尼歐河之神」。

直到數週之後，我在向一位朋友描述那段幻象時，才全身起雞皮疙瘩地理解到那具屍體就是我。我目睹了自己被困在巨石與水中的死屍被找到的過程。我被一位神話人物發現和解救。我現在相信這個幻象是對我當時狀況的驚鴻一瞥，確認我當時正在經歷某種心理－靈性上的死亡與重生，感覺上也像個警告，彷彿這個幻象是要來確保我不會錯過這個重生的機會，而失落在日常生活的荒唐之中。

我在那次之前從未有過「靈視幻象」（vision），老實說對這種事還抱持懷疑態度，認為它們肯定是想像出來的東西，難道不是嗎？但在赫羅納發現那座木雕像，讓我很快就化解了這種譏諷的態度。我的幻象化成物質存在，和一塊木頭一樣真實。

（Key, 2008）

卡爾・榮格（Carl Jung）在描述他所經歷過的一個靈視幻象時，寫道：「最初我什麼也看不見，但後來我看到了水流。水中漂浮著一具屍體，是個金髮的青少年，他頭上有傷口。」（1963, p. 203）他描述這是場「死亡與重生之劇」。這與上述故事有非常明顯的相似之處，我們在研究這篇文章而發現榮格的描述時，非常震驚。但在探索集體無意識時，出現這種平行經驗與意義並不需太感意外。

有趣的是，這故事中體驗到的是位於某一特定地理位置，在某一特定地點嵌在岩石與水之中。我們認為這使它在其他廣布於各種地理與文化空間的原型中更顯突出。接下來關於一場夢的日記，以及夢中角色在實質世界中再度出現的荒野經驗，所描述的正是一次與這類廣泛存在原型的遭遇：

> 我夢到一個會吃小孩的可怕人物。這個人物穿著斗篷，蓄著長而稀疏的白鬍鬚，拿著一根和他一樣高的手杖，左眼上很明顯有個眼罩。一條精瘦的灰狗順從地蹲縮在他的腳邊。夢境非常詳細、鮮明、而且令人非常不舒服。醒來時，夢中的影像使我感到既害怕又震驚，我從未體驗過這種影像。它們是打哪來的呢？
>
> 後來，我在網路上搜尋夢裡看見的人物。我在挪威神話中找到了他！手杖、眼罩、鬍子和狗——奧丁（Odin）[4]，「眾神之父」（All Father）（Harrison & Svensoon, 2007, p. 63）。突然間，我明白這個夢是關於我最近成為父親的經驗，我害怕自己會是個失敗的父親，在自己的恐懼與懷疑中辜負了我的女兒。這也引發了諸多對於我父親的覺察——或許我對成為父親

[4] 譯註：奧丁（Odin）係北歐神話中的眾神之父。

的恐懼，就是在與他的關係中植入心裡的。

幾個月後的某個夜晚，我在一座古老森林裡獨處活動時，再度遇見了夢中的人物。我早知道，也已經準備好會遇見他——我從榛木上為自己砍了一根長手杖，用它橫擋在小屋門前保護自己，然後躺著等待入夜。當然，這一切可能是我造成的！只是一場幻覺……但無論它是什麼，對我來說，那晚奧丁就在黑暗中，當我跳起來將手杖橫握在胸前，朝他衝過去時，他退縮了，孤獨又害怕地消失在櫸木林中。他才是脆弱的一方，不是我。是他自己的恐懼使他毀滅了孩子的血肉，訊息再清楚不過。

（Key, 2009）

我們所需盡於此

萬一你睡著了，萬一你睡著時做了夢，萬一你做夢時去了天堂，在那裡摘了一朵美麗奇特的花朵，萬一當你醒來時那朵花就在你手中？啊，該當如何？

——英國詩人山繆・泰勒・柯爾瑞齊

（Samuel Taylor Coleridge, 1817）

我們聽到的這些故事，顯示心靈與物質是彼此內在的一部分。不論旅程朝哪個方向前進——向內進入心靈或出走進入實體的自然世界——都會來到相同的領域，一個只有我們敞開自己才會對我們敞開的領域。超心理學（parapsychology）研究者威廉・羅爾（William Roll）指出，受限於皮囊的自我——「小身體」——有將心智與物質分離的傾向。「對小身體而言，物質感覺起來與心智截然不同，物質具有重量、頑強、不聽命令，所以我們把它當成自然界中的其他部分。」（Roll, 1997, p. 64）與更寬廣的自我感連結後，物質世界的元素就能被視為「充滿了意義與記憶；它們既是心智的也是物質的。」（Roll, 1997, p. 64; cf. Dunne & Jahn, 2003）到此境界，心靈與物質似乎融入彼此、照亮彼此。如榮格分析師暨學者羅伯特・羅曼尼辛（Robert Romanyshyn）所描寫的：

> 於是，世界的靈魂是自然的光，一種幽光（dark-light），一種在物質黑暗中的光明……在無意識的最深處，無意識就是自然。結果理所當然地，當心理學家越深入心靈，她或他便下行到世界的靈魂之中……她或他發現無意識不僅存在於我們之中，我們也存在於自然的無意識之中，而在我們心靈的最深層次，我們保有著某些微弱的記憶，記得在很久很久以前，我們曾經是這世界的幽光的一部分。
>
> （Romanyshyn, 2007, pp. 38-39）

我們列舉的故事為這一切提供了經驗上的依據。然而，這些故事要闡明的重點是，認真看待這類過程的結果與意義，比證實這些現象本身的「真相」要來得重要（Daniels, 2005）。終究而言，爭論這些故事的客觀「效力」，就像哲學家艾倫・瓦特（Alan Watts, 1957, p. 13）的精闢比喻：是「吃了菜單而沒吃晚餐。」在我們的故事中所描述的經驗與洞見，從古至今，對我們的生活具有重大意義。少了這些進入羅曼尼辛稱為「世界的靈魂」（the soul of the world）的旅程，我們可能會糾結在嚴重的心理、靈性或存在的問題中。實質上，是這些荒野經驗療癒了我們。但這並非只是個人的療癒而已。我們清楚了解到在這類轉化旅程中，野性自然會支持我們經歷整個轉化過程，我們也開始體驗到大自然是我們認同的核心——是智慧與個人意義的基礎。

> 我放鬆自己、融入這個地方，感覺到胸口中央有股很深的撫觸——彷彿我正碰觸到我的存在核心中的某種東西。彷彿我正握著這個地方的心，而它就在我心中……我會不顧一切來保護這裡。這些松枝在月亮面前如羽毛般抒放。山的弧度。冷冽的寒氣。這一切都在我之內。而我在它們全體之內。我滿懷感激。
>
> （Kerr, 2010）

我們的荒野經驗將我們鑲嵌在大自然的心中，也是我們自己的原始之心。從這溫柔與喜悅的核心，浮現出悲憫的行動，超越了道德義務、倫理責任或理性辯論。我們明白自己可以採取行動——我們不需要在自己之外、在大自然之外尋找「神奇的解決之道」，還「祈禱……新的地球或天國降臨。」反之，我們需要做的是：

> 在心中靜下來，在眼中清明。
> 我們所需盡於此。
>
> ——美國小說家溫德爾・貝瑞
>
> （Wendell Berry, 1998/1973）

全心全意地踏上旅程，再訪那些對我們有深刻意義的洞見，更重要的是，這些洞見有效。我們發現自己改變了——得到連結、受到療癒。我們察覺到工業文化分裂性的假象，也對此有復原能力。曾存在的自我與自然的分離感得以化解，終於，我們回到家中。

第六章

憶起忘卻的語言

凱文・霍爾（Kelvin Hall）

在世界各地的民間傳說中都有這樣的情節，人類和動物彼此溝通，彼此承諾要互相照顧，甚至變形成對方的模樣。匈牙利有則古老的故事，一位農夫從烈燄中救出一條蛇，蛇為了報恩，給予農夫聽懂周遭動物話語的能力。在現代的英國，也有許多人發現自己能與其他生物流暢地溝通，取得平順的合作及安全的互動。他們聲明，這使人類得以接觸到在過去被埋藏的部分自我。這個現象，是眾多親密連結的一種，這樣的連結還包括我們與植物、土地及各種元素的關聯。在心理治療的專業中，出現的正這種關係的另一種版本。越來越多治療師結合諸如狗、馬或野生動物的介入手法到工作中，這種方式為某些個案帶來的豐富性與解答相當引人注目。似乎有種深層仍還潛藏著的需求，在這種關聯之中完全得到滿足。確實，對此連結的需求感未獲滿足所產生的挫折感，是導致我們文化上的不滿、貧乏感和消費慾望的一個主要原因。當連結的渴望獲得滿足，對消費的飢渴就會減緩。找出需求所在，就有可能給予滋養，這在即將到來的動盪時代可能更為必要。這也可能是治療工作中最鮮少被認定為目標的任務。

有些人在孩提時會有某種深刻的連結感，能夠輕鬆地與其他生物溝通。有位母親向我描述她發現女兒站在草原上一頭壯碩的公牛身邊，憐愛地撫摸著牠。女孩被告知要小心地慢慢走開，因為那畢竟是一頭公牛而非母牛，孩子回答道：「對呀，但牠是一頭好心的公牛……」另一位女士記得小時候曾經單獨走進馬廄，跟裡面的一匹馬平和地交談了好久，結果被到場的大人的警告聲嚇著，還生氣地把她迅速帶離，因為大家以為這匹馬會對任何跑進馬廄的人造成危險。她說：「當時，動物對我來說比人更像『真人』。」而第三位女士嬰兒時期的主要照護者是一隻狗，她描述，她和那隻狗在互相了解時的心智狀態，很像在「運用一塊特殊的肌肉」。

對於懷疑論者，有兩點我們必須承認。首先是這樣的親密感往往發生在主角與人類照護者之間缺乏連結時，所以其中可能存在著補償因素。另一點是兒童與動物之間的相互親近並非普世皆然——看看也有凶猛的狗攻擊嬰兒，或者像凱勒特（Kellert, 1996, p. 47）多年研究許多文化後得到的推論，主張「六歲以下的兒童對於動物與自然的價值觀是自我中心、自大跋扈且自私的……」我認為這兩點並未推翻我研究對象回憶的有效性，反而加深了一股奧祕感——究竟是怎樣不同的環境背景，造就出如此懸殊的觀感和事件。

新興的人類演化觀點認為，動物的「馴化」並非源於人類有意而聰明的操弄，反而是發生在動物的好奇心、主動與玩心以及人類的巧智共同交會出來的片刻。天寶・葛蘭汀（Temple Grandin）寫道：「當狼群與人類首度為伴時，彼此的角色遠比今日的人狗關係更平等。」（Grandin & Johnson, 2005, pp. 304-305）她甚至進一步提出狼群是人類老師的概念，這和某些美洲原住民的寓言很接近。「狼群有複雜的社會結構；人類過去並沒有。狼群對非血親的同性有忠誠的友誼關係；從當今其他靈長類動物都缺乏非血親同性友誼的現象來判斷，人類原本可能也沒有……等到早期人類變成真正的人類時，他們已經學會了這些狼才會做的事。當你發現我們與其他靈長類多麼不同時，你會發現我們有多麼像狗……」（Grandin & Johnson, 2005, pp. 304-305）在類似的論調中，羅伯特・米勒（Robert Miller, 2005, p. 19）寫道：「第一個學會騎術的人類可能是個男孩，與小馬交了朋友，產生連結後，騎到牠身上。」我們聽信了某個歷史版本，在其中，我們對動物靈魂生活的豐盛視而不見，緘默了牠們的對話，妨礙了我們與動物世界的連結。亞伯蘭（Abram, 1996）和簡森（Jensen, 2000）在他們深具發展潛力的著作中，主張我們和其他生命之間仍在持續進行對話，但對此事的覺察大幅受到潛抑。簡森相信這是後工業時代的人與原民土著最大的不同。這種對話是透過身體微妙的反應來發生，然而我們對口語溝通的倚賴，使我們對此毫無覺察。

儘管如此，仍然有很多案例是來自「文明」社會中的個別成人，他們發現如何與其他生物建立雙向且明確的夥伴關係，對這些人來說，這成為他們生命的意義所在。例如，尚恩・艾利司（Sean Ellis, 2010）對狼群文化與信息的研究，已深入到使他能夠融入狼群中，成為狼隻間發生衝突時的協調者。而在有關熊的情況下，已有充足的實例讓我們了解人類主觀感受上的歧異；當某人認為可能會發生攻擊時，另一人卻認為還有對話的選項。美國明尼蘇達州的林恩・羅傑斯博士（Dr. Lynn Rogers）花了四十年時間學習如何與野生的熊共處，與牠們交換信息，在森林裡與熊同行、進行肢體接觸。許多觀眾在電視上看到過，曾向羅傑斯學習熊禮儀的野生動物攝影師高登・布恰南（Gordon Buchanan），突然被一頭熊媽媽咬住大腿。他在影片上（www.bearstudy.org）說：「我知道那不是攻擊，她是在跟我對話，說我越線了。」確實，他保持鎮定後，母熊很快又表現出接納的舉動。反之，蓋・葛理夫（Guy Grieve, 2006）

在記錄阿拉斯加的冬天時，則假設自己可能會遭到攻擊，因此有攜帶槍械的必要。他和熊的相會顯得非常緊張、充滿焦慮。第三個版本是堤摩西・崔德威爾（Timothy Treadwell）的案例，他在熊族間遊走了十二個夏季，對自己與熊的交情非常有自信，最後卻在非常可怕的情況下遭到熊的攻擊與吞食，這是由韋納・荷索（Werner Herzog）在他拍攝的紀錄片【灰熊人】（Grizzly Man, 2005）中敘述的故事。

因此，我當然並不是主張當人類放下偏見和虛假的優越感後，大自然就會自動為我們呈現出甜蜜的容貌。我完全同意大自然經常是「腥牙血爪」。但若因此就下結論，說它非善即惡，則會像克萊恩學派所描述的孩子那樣[1]，把媽媽分裂成「好媽媽」和「壞媽媽」，儘管事實上媽媽只有一個，都是同一人。確實，有些評論家如泰勒（Taylor, 2005）推論，當人類這個物種對地球失去信任感時，會有片刻的幻滅——我們仍在努力超越理想化或不信任感，朝「成人」的觀點前進。我們的挑戰，是要與自然建立一段成熟而真誠的關係——但這終究是一段關係。這表示我們要面對一個大問題，即我們究竟具備了什麼，促使其他生物對我們產生某種特定回應，而非另一種。換言之，動物要對我們訴說的，是關於我們的什麼呢？

一位朋友提到，有段時間他在工作的農場中失去了原本明確的管理者角色。在這個改變發生之前，乳牛群會配合他走過柵欄，毫無困難。但在那之後，牠們合作的意願消失了——彷彿牠們接收到

---

[1] 譯註：客體關係學派的克萊恩（Melanie Klein）主張：當孩子企圖將兩種原始慾望，愛與恨，結合到有架構的社會互動中時，嬰兒早期的經驗被分裂為與「好」物件相關的全然好，及與「壞」物件關聯的全然壞的經驗。要到更成熟以後才能整合在同一個客體上其實兼含著好與壞的面向。

他失去職務的失落感。一位社會服務經理人也向我陳述了一種不同的反思：「當我專注在手上的工作時，同事有時會覺得我很兇，這使我感到很難過。後來我看見訓練師手臂上的隼，牠被打造成優越的俯衝掠奪者，而且是那麼美麗。於是我哭了出來。我可以接受自己是那樣的人，我就是我被打造出來的模樣。」

動物真實地反映出人類的能力，雖然尚未被全面察覺，但已經為馬術師圈子中一群特定的人提供了豐富的學習管道。馬術文化在過去十年中出現了重大的轉變，羅伯特・米勒（2005）認為它相當於一場「馬術革命」。在現代媒體的助陣下，某些獨具天分與同理心的人，如比爾・多倫斯（Bill Dorrance）、巴克・布南曼（Buck Brannaman）的技巧已廣為人知且加以流傳。這些技術是透過察覺我們在無意間流露出的訊息，學著解讀馬所傳送和理解的訊息。在學會這些技術之前，我和許多人一樣熱衷於休閒騎術，嘗試參與各種馬術師的活動，成績「勉強過得去」，雖然我的馬常常很膽小、會閃躲，並且呈現出各種神經質的跡象，有自信的騎師會認為這些跡象是「活潑」的馬正常的舉動。但在學會這些技術之後，我贏得了馬匹冷靜而自願配合的反應，推翻了我過去的預期，也令某些觀察者感到訝異。緊張的馬會寧願從草原上走到我身邊，也不願「被捉到」。易受驚的馬會靜靜站著讓我上鞍，而不會騷動不停。在草原上一起輕鬆散步時（我走路），我們可以隨意轉彎、掉頭，你追我跑，呈現出與年幼動物才會有的互動，而非傳統的馬／人組合活動模式。我也察覺到馬匹過去神經質的行為，往往具體呈現出我對高度刺激的強烈預期心態，但我否認自己有這樣的期待。許多採取這種方式的騎士證實了這種微妙的差異，發現即使我們以為自己把這些想法隱藏起來了，馬匹似乎仍然能夠接收到我們微妙的想法。

從這樣的經驗浮現出一些原則，顯示我們與自然的夥伴關係出現了新模式。首先，我們要能接受其他種類的生命也有其內在策略，並且了解和認同其效果。譬如，馬的反應乃是以牠們身為獵物的求生策略為基礎，而許多人類的舉動和姿態正是在告訴牠們我們是掠食者，因此馬在人類身邊會感到焦慮。這並非如許多馬主人所認為的「無聊」或「愚蠢」，對於仰賴速度與機警來生存的動物，這是非常明智的舉動。（確實，假使人類霸權在生態壓力下崩解，使得掠食動物再度不受限制地四處遊走時，將證明馬維持這種經過考驗的生存方式是聰明的。）第二個原則是，我們自己的意圖要清楚，若非如此，對象就無法清楚地回應。此外，我們的意圖必須以對象的語言來表達——包括覺察呼吸的速率、身體的位置、姿勢，以及時機等等。此中困難之處在於，動物往往會對我們混雜的訊息及無意識的衝動做出反應。我看過有位女士想要得到馬匹的合作，卻沒察覺到自己是帶著挑釁、作戰的步態走向牠——馬當然警覺地躲開她。所以，我們再度碰到這個核心原則，即對象往往會向我們反映出我們所否認的事物。

因此，我們需要學習一套對文明人而言全然不同的肢體語言，才能採取這種新的作法；包括對於空間界線精準的協調溝通、瞬間的反應、體認馬身為野生群居動物的本能、學習馬在動作及姿態上特定的肢體語言、理解動物能夠接收到這些非常細膩的訊號。我到現在還無法解釋我曾目睹的萊絲麗・戴斯蒙（Leslie Desmond，www.lesliedesmond.com）的示範，她是運用這些方法的一個實例，她認為這些動物有能力察覺到我們根本的意圖——所以我們必須誠實看待牠們的本質。當時，她背對著一群未受控制且全都和她不熟的馬，她對觀眾宣布她要請一側的馬把頭抬高，另一側的馬移動腳。下一刻（她仍然面對著觀眾）她所說的就真的發生了。我向身旁兩位同伴確認他們是否也目睹同樣的現象，他們點頭了。這種方法所帶來的神奇回饋，是一種能融化人心的互信、溫柔與堅定的片刻。就好像，當我抵達草原時，會聽到的那種通常只有馬對馬才有的歡迎。這種相互認同的片刻具有一種完整感，遠超過其實用價值。更有甚者，兩者之間能出現合而為一的時刻，這個現象挑戰了理性的詮釋。在一段著名的文字中，詩人凱特琳・雷恩（Kathleen Raine，1975, p. 119）描述了一段不尋常的經驗：坐在一株風信子（hyacinth）前，她「變成了」那棵植物：「我不再盯著它，而我就是它……我不敢妄然呼吸，就保持在某種微妙的專注中，察覺著每個細胞內的生命之流。我不是在感受那棵植物，而是經歷著它的生命。」這種時刻也會出現在人類與動物之間。不同物種的生命體可以互換形態，這在某些薩滿文化中確實是個關鍵，雷恩的風信子事件就非常接近這種狀態。

這種夥伴關係能使人類敞開內心之門。相互專注於非口語式的溝通時所引發的覺知，是純粹、全然處在當下、全神貫注且充滿生氣的。它使我們察覺到，自己與周遭其他生物間有著無形的絲線相連。對某些人而言，發現這些絲線深具療癒作用。傑佛瑞・麥莫倫（Geoffrey McMullan）是第一次波斯灣戰爭中的士兵，他目睹了戰場上的恐怖景象，發現有鳥類在身旁，可為他帶來慰藉、使他的情緒保持健康。離開軍隊後，他領養了一隻鵰鴞（eagle owl）來陪伴自己，並致力於教導人們追蹤技巧和野外覺察力，這為其他人，包括有成癮和受虐史的年輕人帶來極大的改變（www.pathfinder-uk.com）。也有人發現，有些特定類型個案團體在馬的陪伴下明顯受惠。舉例來說，當這些動物堅決維護自身邊界時，讓某些人有生以來第一次體驗到這種清晰的自我聲明。

在心理治療的理論與訓練中，人類中心說（anthropocentric）已在不知不覺中被普遍接受（儘管有些顯著的例外，如榮格或佛洛伊德最後的日記中的某些訊息）。譬如卡爾・羅傑斯（Carl Rogers, 1951, p. 489）認為相較於「低等」生物，人類的獨立性和自主性是他們處在「演化量表的高層」的關鍵特徵。歐文・亞隆（Irvin Yalom, 1989, p. 11）認為「融合」（fusion）是逃避承認自己原始孤立狀態的方式。弗利茲・波爾斯（Fritz Perls）把成熟定義為「從由環境支持過渡到自我支持」（Yontef, 1988, p. 55）。桑多斯提法諾（Sebastiano Santostefano, 2008, p. 514）在更晚近寫道：「儘管這個論點相當受歡迎也很有氣勢，但我並不認同這樣的基本假設，以為大自然有力量能自動加強及療癒個人的精神健康。」這樣的強調，避開了和其他生命更加互為主體（intersubjective）的相會，亦躲開了人類與其他生物之間的連結感（a sense of bonding）與水乳交融感（interpenetration）。

然而，有些治療師開始允許這些被遺忘的語言在其實務工作中得到傾聽，這對個案來說深具意義。過去這經常發生在他們鬆解工作架構時，如今則成為他們工作的特色。阿妮塔・薩克斯（Anita Sacks, 2008）發表了數篇關於她在無意中把自己的狗帶入諮商室的個案研究報告。她堅定地表示，狗兒對個案的不同需求做出了相當精確的回應——狗兒會伸出腳掌輕碰某些流下眼淚的個案，但對另一些流淚的個案卻又保持適當距離，而其反應的方式完全適合於各別個案的狀況。她篤定地認為狗兒的貢獻是帶來催化的效果，而其成果是她獨自一人時無法達成的。她也主張，動物在個人發展的早期可能扮演了重要角色，甚至是不可或缺的「隱藏親族」（hidden relative），認知到這些親族的存在，對分析工作的成功非常重要。她也指出，動物可以在個案的現階段生活情境中提供主要的關係，但需要治療師體認到這一點。她因此強調，治療師描繪出來的現實圖象的廣度將會限制或解放這個過程。

阿妮塔的做法轉為一種刻意的安排，並基於她與狗兒間具有良好且有意識的夥伴關係，而其他的治療師則開始接受野生動物的意外介入。當一名個案在房間坐下，開始對生活中懸而未解的一切展開漫長而無用的抱怨，接著窗外出現了一隻野公貓開始不悅地放聲長叫。牠似乎完全與個案的心智狀態產生共鳴，但以更放肆的方式來表達。治療師忍住笑聲，但最後還是忍不住地說：「嗯，這道盡了一切，不是嗎……」個案也笑了出來，這個事件成為促進他們結盟的新契機。我自己有位個案，對於治療中夥伴關係的親密程度感到不自在，又不願講明這個現實狀態。就在她說出「我不會把**關係**這個字眼用在**這上面**」的那一刻，一隻蒼蠅開始快速地在我們之間飛來發去，在我們兩人的頭上８字型來回盤旋。我們互看了一眼，我覺得我們彼此都知道這是一個象徵，蒼蠅彷彿正在說：「可是這就是一段關係啊。」我決定不說出口，因為覺得說了會被個案認為我漠視她對不自在感的表達。蒼蠅為我們代勞了，在當下將我們的溝通帶入所能到達最深遠的層次。後來，當她對我們的夥伴關係感到較能自在地開口溝通後，個案確認了對這件事的看法，以及她已經對蒼蠅有種特別的親切感，而且經常對牠們說話。

馬術治療領域擴展得相當快速。在這種方法中主要的介入方式，是未上轡繩的馬匹對在場個案的反應。個案與治療師都表示馬能根據個案心中的議題，做出準確的行為反應；例如，對相信自己是「關係毒藥」的人會主動接觸、拉遠距離或再度接觸，或對憤恨不平但卻壓抑否認的人展現出凶猛的一面，直到主角坦然容許自己憤怒後又回復溫馴。有位個案多年來找過許多治療師，設法克服頑固的憂鬱，但最後發現與馬的互動是唯一產生決定性轉變的治療方法。馬如何影響了魯伯特・艾薩克森（Rupert Isaacson）自閉症兒子的故事，得到了重大迴響，使他一個月一期的馬術訓練課程持續額滿，從他們的方法再衍生出去的工作模式也不斷擴展（www.horseboyfoundation.org）。當然，所有這類活動引發了一個問題，亦即這是否又是單方面為了人類利益而利用動物的另一個新版本？對這些動物的關注與尊重的程度，牠們的需求被傾聽的程度，我們對這些需求是否了解——這正是尚待大幅探索的領域。許多活躍於這個領域的人正在探討這項議題，例如馬術輔助治療認證（Equine Assisted Qualifications）組織的翠莎・戴（Tricia Day）就是。與他種生物所達成的這些交流，似乎含有兩個相異但又重疊的現象。一個是，動物就像信使一樣為我們帶來需要聽到的消息——不論我們認為訊息是來自我們的無意識，還是從廣闊的宇宙來到我們狹隘的覺知中。另一個現象則是，動物呼喚著我們在與牠們相遇時，要將牠們本身視為生而平等的同伴生物，這對雙方都具有療癒作用。

我或許看似在提倡一種只以溫柔和開放為基礎的關係模式。然而我的經驗是，在所有親密關係中的夥伴，偶爾都要能展現出強硬的一面。這在動物彼此之間顯然是如此，牠們會毫不猶豫地在遭到同群的友伴或成員侵犯時露出凶猛白牙，更別說是在面對爭奪領域的對手或掠食者了。不過當我的人類伴侶在衝突中變得堅決果敢時，我會鬆一口氣，因為我知道我們已能全然面對彼此；我很清楚她想要的是什麼。在馬群亦然，當領導權清楚呈現出來時，馬兒們往往會變得平靜。這與遭到脅迫欺侮、恐嚇或激怒時截然不同。具有卓越技藝的馬術師馬克・拉西德（Mark Raschid）直言，真正的群體領袖往往是安靜、低調且受到信任的——而不是表面更能引人注意的好鬥者。當我們重新評估與自然的關係，排斥宰制與物化的態度時，這種充滿同理的主張中較令人不舒服的一面很容易就被迴避掉。我常聽到生態心理學家坦誠他們對地球的珍愛，但比較不常聽見他們承認在任何夥伴關係中固有的緊繃張力。然而若能正確使用，這部分的詞彙將增加被遺忘語言的使用流暢度，而不會抵銷它。瑪格・拉薛爾（Margot Lasher, 2008, p. 108）在探索這個主題、把它應用於人類／狗的夥伴關係時，積極主張以新名詞來稱呼這個連結狀態，她稱之為**第三狀態**（thirdness），在此狀態中，權力的競爭變得無關緊要，因為，超越關係雙方的第三個存在體，已經被創造出來了。

全然專注於被遺忘的語言，也就是第三狀態語言的對話時，我們也能認出自己對於人類以外生命的正向與負向移情作用（transference）。我們會找到充滿美好的相會片刻。我們會找到將我們與周遭生命連接在一起的無形絲線。我們可以開始領會為何貝特森（Bateson）、榮格和其他人——包括我在文章開頭提及的說故事的老祖宗們等等——都堅決主張心智與靈魂並不侷限在我們體內，而是充盈在大地之中。而這不單只是人類之間的交流，還成了治療的基質。因為它帶給了我們回家的機會，而這正是我們的要害，失去這個家的危險已迫在眉睫。在英國某些規劃永續的願景中，幾乎完全把動物排除在外。詹姆斯・洛夫洛克（James Lovelock, 2010）提議，只有透過嚴謹地運用空間來生產作物及做為人類棲地，才能確保人類的生存。但這聽起來像個老舊的心態，還在認為對我們來說，人類這個特殊物種身分及福祉才重要；事實上，我們與其他生命的關連及歸屬的品質，才是重要的。我認為，這至少和人類物種的存活本身同等重要。

第七章

尋回守護精靈

G.A. 布萊德蕭（G. A. Bradshaw）

> 在我的經驗中……有個不變的結論如教條般顯現，那就是：生命與我們就像海洋中的小島，或如森林中的樹木。楓和松透過葉片向彼此呢喃細語，科納尼卡特島（Conanicut）與新港（Newport）聽得見彼此的霧角聲。然而樹根也在黑暗的地底彼此交錯，島嶼間也在海床深處相連。宇宙意識是個連續體，只不過我們的個體性在這宇宙意識連續體中，意外地築起了圍籬，有許多心智躍入了這連續體中，就像潛入母海或水庫一般。為了適應外在的地球環境，我們「正常的」意識被圍籬劃下界線，但這圍籬有弱點，使外來影響得以從底下斷斷續續地滲入，藉此顯現原本無法驗證的共同連結。
>
> ——威廉・詹姆斯（William James, 1911, p. 204）

在詹姆斯的世界裡提到有形的圍籬並非意外。這位心理學家與他的哥哥亨利（Henry）、妹妹愛麗絲（Alice），生長在美國的荒野開始遭人積極覬覦的時代。礦工、獵人和拓荒者在十九世紀後半期大舉橫漫過這片大陸。斧頭和鋸子，讓朗費羅

（Longfellow）[1]筆下呢喃的松樹與鐵杉緘了聲。綿延數哩的圍籬，很快地將原本無縫的景觀轉變成複雜的所有權拼布。到了第一次世界大戰前夕、詹姆斯過世時，美國的荒野已遭大幅馴化。

對於詹姆斯所說的宇宙意識概念，我的覺醒發生在另一片土地上，遠在非洲，據說那是人類的起源之地。非洲的荒野同樣也遭到殖民者的佔有與摧殘，到處一片狼籍，南部和東部受到最明顯衝擊的就是野生動物，大象、獅子及其他指標物種都走到了滅絕邊緣（Bradshow, 2009）。相較於殖民前的時代，如今野生動物只剩下零星的群數。然而相對於美洲，西方文明對於維持他們在非洲土地所留下的痕跡，似乎是困難重重。非洲的大自然中有某些難以克服的事物，抗拒著全面性的降伏。卡車無法承受非洲的滾滾紅塵、銳利的石塊和道路深轍的考驗，即使努力嘗試，西方風格還是喪失了原有的個性。棒球帽和T恤淪為裝飾的亮點。確實，如無數的觀光客所見證，非洲擁有強大的魔力。

一如往常，啟示總在看來不重要的交會中顯現。這次它發生在某個午後，當時我住在南非的一個度假村中。我們一群人坐著閒聊齒頰間午餐的餘味已然淡去，時間正懸在早晨的活力與黑夜的警戒之間的黃金時刻。獅群在睡覺、狒狒在理毛、牛羚悠閒地擺動著尾巴。女僕和園丁的竊笑聲越過了寬闊的草地。我起身回房去拿筆記，漫不經心之間，卻走進了禮品店。

---

[1] 譯按：典故出於亨利．沃茲沃思．朗費羅（Henry Wadsworth Longfellow, 1807 ~ 1882）之詩句：

"This is the forest primeval. The murmuring pines and the hemlocks,
Bearded with moss, and in garments green, indistinct in the twilight,
Stand like Druids of eld, with voices sad and prophetic,
Stand like harpers hoar, with beards that rest on their bosoms."
—Evangeline: A Tale of Acadie, Henry Wadsworth Longfellow, 1847

一位三十出頭的年輕女性，叉著雙腿坐在店門口的板凳上。她棕黑的臉龐使眼睛白得更加閃亮。她披著一條搭配裙裝的淡黃色纏頭圍巾。我們互相微笑，她招手請我進入店裡。裡面有常見的大象雕刻、印有河馬的汗衫、明信片、地圖和各種小物件，讓熱情的觀光客得以擁有一小片非洲。我發現一隻木雕犀牛桀驁不馴地站在架上，頭部略為轉向觀看者，身體的冑甲彩繪著南非國旗鮮亮的漆色：紅、綠、藍、金、黑。

我買下那隻犀牛，笨手笨腳地付了錢，隨口說著這鄉間有多美。這位小姐問我從哪裡來，幾分鐘後我們已經肩並肩坐在一起，肢體和聲音都充滿了笑意。也許這只是我在和男士們一起旅行多日之後，與同為女性的她相處時產生的放鬆感。我不記得我們談了什麼，但她力邀我稍晚到廚房找她喝茶。她的名字叫做吉娜（Ngina）。

這時，我的夥伴們酒杯已空，大家都站在外面等卡車來，很快，我們就搭上吉普車（Land Rover）出發去找獅群。我們是一個科學家團的部分成員，正在研究大規模放歸（reintroduction）野生動物的行動成效。獅群與其他動物在遭到滅絕後，又重新引進該國以補充生態旅遊公園所需。後種族隔離（post-apartheid）的南非，再度成為熱切想要目睹野地景觀者所喜愛的景點。

卡車在長滿灌叢的泥巴路一路顛簸到一個圓形小丘上，這個小山丘四處是巨大的岩石和刺棘叢。我們停了下來、跳下車、關上門，朝著丘頂走上去。終於爬到山頂後，隨隊的獸醫遞來一隻望遠鏡，指著在草原上空盤旋著的一對老鷹。牠們就在那裡，比在北美的表親金雕（Golden eagle）與白頭海鵰（Bald-headed eagle）更加巨大、黝黑與威武。我大口將這開闊的藍天吸了滿懷，再度對非洲的荒野感到滿足與敬畏。

由於此時此地並不適合看獅子，我們於是先回頭去吃晚餐。回到房間後，我丟下背包，在行李箱中翻出乾淨的衣物，洗去身上的塵土，換上乾淨的襯衫，匆忙趕到廚房裡。吉娜滿臉笑容地迎過來，挽著我的手臂把我拉進圓屋裡。鍋子的鏗鏘聲、杓子的噹啷聲，混雜著自窗台上小收音機裡傳來的震耳音樂聲。吉娜向廚房員工介紹我時，人們抬了頭、揮了手，她把我拉到角落一張小桌旁，我們坐下來喝茶。

她告訴我，當她的父親到礦場工作時，她的母親在家中照顧四個孩子；在等待父親回來的日子裡，母親靠著清洗從大房子送來的衣服賺取花用。她也談到她的哥哥在街上被殺害。吉娜說：「日子不好過。」對話頓時止住，只聽見廚房喧嘩的聲音。她攪拌著自己的茶，又為我倒了一些。我問道：「你是怎麼度過的？」吉娜放下杯子，低著頭對上我的眼神，握著我的手說：「很難過。但是我選擇生命（life），而非僅是生存（survival）。」

時間突然暫停了，而且有那麼一個片刻，圍籬倒下了。在剛抵達的遊客忽然傳來的一陣大笑聲中，我們迅速回到了物質世界裡各自獨立分離的現實軀殼中。有人喊了吉娜，她即刻從肅穆的情緒中變回優雅溫暖的模樣。她向我告退，起身給了我有力的擁抱，回頭笑望了一眼，就去幫忙送雞尾酒了。我則回到正在非洲星空下的同事們身邊。

隔天我們離開前，我到處找尋吉娜、詢問她的去處，想與她道別，但廚房員工說她那天休假。我再也不曾遇見她。但她的故事長存在我心中。我經常回想起她所說的，關於她選擇「生活而非僅是生存」一事。直到多年之後，我才完全明白她的意思。同樣地，身處非洲，我們從同伴的故事中也能得到洞見。

過去十年來，我工作的焦點是人性之下的野生受害者，即那些在西方的佔有飢渴下受害的個體（Bradshaw, 2009）。如非洲象的女大家長，母象愛柯（Echo）帶著她的家族跨越肯亞平原，設法躲開那些為了貪婪地搶奪象牙而製造的槍枝。其他的母親也遭到圍攻（Bell-Scott, 1991），如人類的達芙妮・雪爾瑞克夫人（Dame Daphne Sheldrick），在她於奈洛比（Nairobi）市郊所創立的野生動物孤兒院遭受攻擊後倖存。在超過半世紀的時間中，她拯救了許多躲過乾旱和獵刀的幼象。達芙妮夫人和肯亞的男性管理員，替代了象群中的保姆、阿姨和手足等核心角色，負責扶養一代代的幼象。這群人類辛勤地工作，放下了圍籬，使得小象——必須生活在不斷消費的人口包圍下而越來越有限的零碎棲地中——能在心靈上得到重生。

還有那些遭囚禁的動物：被關在柵欄之中，以抹除其野性的動物。固然常有故事描述野生的大象死於暴力，但大多數遭囚禁的大象，則是一開始就遭到暴力對待。母象美敦達美里（Medundamelli，也稱為敦達Dunda）就是一個案例，可以說明在圍籬背後的內幕。兩歲時，敦達寶寶在全家於非洲遭到屠殺後被捕獲。一九七一年九月十八日，她抵達了美國聖地牙哥野生動物公園暨動物園（San Diego Wild Animal Park and Zoo）。十八年後的某一天，動物園大象的主要管理員和其他四個人，用斧頭的木柄毒打這頭母象，當時她的四條腿都被緊緊鏈著，使她幾乎趴倒在地。他們在「教訓」她。當局認為管理員的舉動是「可接受的技巧」：「你必須刺激牠們，而刺激的方法就是把地獄從牠們身上揍出來。」直到第二天敦達接受了一顆蘋果後，懲罰才停止。一位資深訓練師描述他從其中一位施刑者口中所聽到的內容：

> 我問他敦達傷得多嚴重，〔他〕答說：「她呻吟著側身滾倒。」這使我感到震驚，忘不了他的話。路（Lou）描述敦達周圍滿是可怕的屎尿。顯而易見的，這種過度排泄（excessive elimination）的現象 ，表示這頭動物完全處在恐懼的狀態。一頭因為具攻擊性而被懲戒的動物，在被教訓到害怕而且明白發生了什麼事之前，不會 有這種舉動。敦達從一開始就大量的拉屎撒尿……這頭被嚇壞、走投無路的動物處在恐慌的情境，而且完全不懂究竟發生了什麼事。她是在為自己拼命，她一定以為自己死定了。
>
> （Bradshaw, 2009, p. 193）

雷・萊恩（Ray Ryan）也是同一個野生動物園的管理員，但他並未參與毒打敦達的行動。他強調內在暴力與對自然施暴之間的關聯。

> 這很難描述，但當你終於掌控了沒有天然控制力的巨大對象，嗯，那會使你感到強大。這真的是在展示男子氣概……如果你能打倒一隻強大有力的動物，就顯得你是個真正的男人。我每次都看得出來，哪個人在當天早上或前一晚跟老婆吵過架。我們從穴居人一路走來都沒太多改變。男人還是會揍女人，還是企圖用支配權來統治世界。而且你若仔細觀察，我們照顧的大象都是母象。
>
> （Bradshaw, 2009, p. 167）

這個關於性別、性慾和暴力的主題，在其他地方更檯面化。

奧勒岡動物園（Oregon Zoo）的一位大象管理員在酒醉後上工時，追著一頭五、六歲的小母象蘿絲－杜（Rose-Tu）。根據證詞，他咒罵著她，並將一根馴象刺棒（ankus，用來處罰和控制大象的金屬叉戟）插入牠的肛門後還用力拉扯，使小象癱倒在地。直到他終於被別人阻止之前，蘿絲－杜被傷害了超過一百七十次。牠的肉體傷疤連體內都有。在與一頭公象交配生下小象後，蘿絲-杜踩踏了這隻象嬰兒。小象存活了下來，然而遭囚禁的動物出現殺嬰（infanticide）的舉動並不少見（Bradshaw, 2009）。其他一些日內瓦公約（Geneva Convention）[2]所禁止的做法，在動物園裡都只是例行公事而已。

非自願性的圈養繁殖，在動物園中也越來越常見，這是為了補充他們的「庫存」。透過人類的手淫或其他方法，如「訓練」鯨豚和大象為人工授精而射精等，野生動物的後代誕生到了水泥叢林中。在西雅圖（Seattle）伍德蘭公園動物園（Woodland Park Zoo），一頭名為恰（Chai）的亞洲象，曾被人工授精五十七次。來自德國的「專家」在二〇〇五年受聘前來執行這項程序。為了執行人工授精：

> 在恰的臀部搭起鷹架，好讓來自柏林動物園生物及野生動物研究中心（Berlin Institute for Zoo Biology and Wildlife Research）的湯瑪士・西爾德布蘭特博士（Dr. Thmoas Hildebrandt）方便

[2] 編按：「日內瓦公約」係各國於1949年在日內瓦重新締結的國際人道法規，對於戰時與平時的國際人道規範定下共識，不得虐待戰俘、平民等等。公約並未直接規範對於動物的人道行為，本文引用旨在強調動物園中虐待動物的行為甚為常見。

工作。西爾德布蘭特全身包裹在塑膠保護裝備中，頭戴自行車安全帽，還配備了超音波造影護目鏡。在西爾德布蘭特下方的是他的同事法蘭克・格里茲博士（Dr. Frank Goeritz），他坐在一張板凳上，面對著一排電腦螢幕、電子設備和一堆電腦的纜線與電源線。六、七位動物管理員隨伺在旁，確保這兩位德國人和恰對一切滿意。這個過程中，西爾德布蘭特要將超音波探針插入大象的直腸，格里茲則將內視鏡（endoscope，一種能夠看到體內以進行檢查的發光管）插入已經置入恰的「前庭（vestibule）」中的導管內。前庭是大象十呎長產道的特徵之一，這麼長的產道使得為大象進行人工授精成為一項挑戰。大象的陰道開口不在體外，而是在這個稱為前庭的腔室之內。陰道口大約只有一塊錢大小，兩側還有兩個袋狀的假開口。更大的膀胱開口也在前庭內部陰道口的附近。

動物園的園長南西・哈克斯博士（Dr. Nancy Hawkes）[3]認為「為大象人工授精是一種提升動物福利的技術……是有益的。」（Phinney Wood, 2011）動物園的營運組長（Chief Operations Officer）布魯斯・波姆克（Bruce Bohmke）指出共有四十八次的「授精是在十多年前做的。但其實並未真的進行授精，只是試圖把精液放入大象體內，現在透過圈養研究，我們已經知道那對大象來說不是有效的授精方法……現在我們找到有效的方法來為牠們授精了，而且至少成功懷孕一次，可惜那次流產了。」（MyNorthwest, 2011）根據哈克斯所說，過去二十年人工授精會失敗，是因為「他

[3] 譯按：經查確為生物學博士，前兩位則為獸醫師。

們只是在幫膀胱授精。」（Paulson, 2005）無疑的，恰一定能分別其中的差異。

這些倖存者證實大自然是有臉色的，荒野是有靈魂的。牠們是宇宙意識仍在搏動的見證。**神活著，魔法在行動。**（Cohen, 2001）祂們在肉體以外行動與生活的力量，闡述的是另一種意識，一種超越生存而生活的意識。當恰的經驗被稱為強暴，有人疾呼這是擬人化的侵害，這個事實不可否認。科學已經自行拆解掉那道意外的圍籬（Bradshow & Sapolsky, 2006; Marino, 2011），並替未來開啟了新的意識概念。

哲學暨神經科學家阿爾瓦・諾伊（Alva Noë）及其他科學家已經為詹姆斯式意識（Jamesian consciousness, Noë, 2009）提供了技術上的型式。這種新概念預示著一種顛覆傳統智慧的激進典範。這位柏克萊（Berkeley）大學的教授認為，神經科學在宣稱「大腦中如齒輪、警鐘般的運作乃是讓人之所以為人的原因」時 ，犯下了大錯。根據傳統的認知，意識——我們所感受到的存在感及經驗——是由腦袋這部機器產生的。

但是諾伊堅稱，事實並非如此。我們以為是內在的，其實是外在。這就像依附理論學者（attachment theorists）對心理發展的看法，我們如何思考及感受，現在被認為是父母與嬰兒間夥伴式對話下的產物，意識不是在腦海中播放的錄音帶，而是我們與他人的心智共同創造出來的。「意識不是某種發生在我們裡面的事件。它是某種我們做出來的事情。」（Noë, 2008, n.p.）

諾伊將意識類比為「一位舞者與其環境的對話」，藉此取代「意識是辛勤運作的大腦的副產物」的概念。我們全然存在於關係的基質（matrix）中，我們所經驗及覺知的，既組成了這個關係基質，亦來自於這個關係基質。我們不僅是自己吃下的食物，我們也是自己所看見、觸摸、嗅聞、品嚐和聆聽到的一切。**生命不是存在於動物體內。生命是動物存在於世界中的那個方式**（Noë, 2008）。詹姆斯式的圍籬——認為每一個體與我們稱之為「生命」的自然母體乃分離獨立的知覺與信念——其實是意外的、虛妄的、短暫的。

諾伊透過對於神經學及知覺實驗的細密討論，擊潰了機器裡的幽靈[4]。且還不止於此。這個意識理論聯合了二十世紀初以來，在西方出現的許多概念與經驗。此外，科學也提出了豐富的概念為泥、諸多實驗結果為磚，讓諾伊的觀點可以建構成形。

多年來，科學中的各個領域都重新調整了檢視大自然的理論視角。不再像化約論（reductionism）那樣將世界分化成像俄羅斯娃娃般越來越小、越來越片段的方式，當代理論逆轉了這種概念的減數分裂法（meiosis），並調和了差異歧見。在決定我們會成為什麼樣的人的戰場中，自然天賦與後天教養不再截然對立。隨著我們年齡的增長、並在這世界的關係地圖中穿梭，基因與環境展開了對話。生物意識（biological consciousness）與各種神經學相關領域的理論相互共鳴。

直到近代，神經心理學家等研究人類與動物行為的人士，一直把心智想像為某種個體各自「擁有」的東西，認為人類所思所感都為個人獨有，而且塑造了個人的身分認同（identity）。但過去二十年來，這一派思想學門已經轉換為不同的看法。我們如何從出生發展到成人、如何變成我們所成為的某人，不再只視我們所承襲而來

---

[4] 譯註：典出英國哲學家萊爾（Gilbert Ryle）於《心靈的概念》中批評笛卡爾的身心二元論，認為這種說法是把人當作一部由幽靈操控的機器。

的基因而定，也視我們所經歷過的人事物而別。每個人仍是獨一無二的，但我們也從其他認識的人身上吸收了某些特質，好壞兼具。早期的關係影響最大，假使兒童經歷過虐待或與父母太早分離，他們會受到創傷，情緒缺乏安全感、心理易受傷害。我們的大腦、心智及自我感，是經由關係創造出來的。我們的自我感是關係的產物。

不僅如此，神經科學家終於認同了查爾斯．達爾文（Charles Darwin）在超過一百五十年前撰寫的論文，乃是將物種學（ethological）的觀察結果運用在神經生物學模式上的根源。外在可見的，其實呈現了內在。所有的脊椎動物，包括人類在內，都具有共通的主導情緒與認知的結構及程序。因此，人類的身分認同不再是以我們與其他動物的差異多大來測定；動物與人類的本質已經融合成跨物種心理學（trans-species psychology）這個新領域，透過將大腦與心智整合為一的模式，來進行人類與動物的研究。和分離意識的圍籬一樣，分離物種的圍籬也是在意外中築起的。就連心智與身體都簽署了和平協議，同意分享領土。結果，諾伊的生物意識模式為這些調和中的質地溫暖、邊界柔和的整體論（holism）片段提供了一個清楚的外包裝，取代了尖銳分明的二元論（dualism）。

表面上，這種跳脫框架的意識論點，只不過是在增加中的新科學理論清單上再多加一項名目。但事實上，它的重要性更甚於此。生物意識顯示了生命本身、我們理解生命的方式，以及我們體驗生命的方式，究其根本都是關係式的（relational），故而崩解了笛卡兒派（House of Descartes）的整個論述。一個新的生命理論因而誕生了。

我們的生活是由無數的片刻所組成，就如同我與吉娜分享的片刻那般，這些片刻在我們與他人互動的夥伴關係中持續累積，產生意義。一串串關係性的片刻在一生中積聚——對話的片段、影像在目光交錯時眼前一閃而過、接觸到氣味時引發的感受——猶如馬諦斯（Matisse）畫中的眾多荷花創造出同一個和諧的故事。我們把這樣的經驗稱為意識。生命並非分散於整潔的有機小包裹中。生命是物質與精神之間的連字符號（hyphen），是貫通萬物共享的有形世界與內在本質的那股生氣，而且是發生在我們的頭腦之外。

這種對意識的不同觀點，將吉娜和許多個體的故事套入了截然不同的架構中。身體破碎了，心智也傷痕累累，但都達和其他幾位都不只是倖存者。沒錯，她們倖存了下來，但她們也選擇要活下去。她們的故事不是一部透過悲慘遭遇來勉強維持的求生記事，而是對生命的熱情擁抱。生命是連結吉娜，以及諾伊的神經－哲學論點的共同脈絡。生命是種關係性的存在，是促使我們為某人、某物與自身持續下去的動力，而非定義在個別受限的心智中。當倖存賴活將動機與意義的價值，關閉在個人這樣一個社會互動的單元內部時，選擇迎向生命則是一種對相互連結的頌揚。我即我們（Bradshaw, 2010）。

答案早已昭然若揭，然而西方文化通常卻是以思考生存的角度，將心思聚焦在苦難上。略為掃視其他文化，即可發現這種觀點並非普世皆準。集體的、相互依賴的文化呈現出不同的心理思維。相對於西方人的個人化、以獨立為基礎的價值觀，所有被標示為「生物多樣性」的大象、鯨豚、鳥類、爬蟲類、昆蟲和其他生物，還加上那些頑固地不肯接受「文明」的部落人類，現在反倒沒有工業化社會揮之不去的種種道德敗壞症狀（Bradshaw, 2011; Narvaez

& Gleason, 2011）。他們的現實生活並不企圖切斷生命的絲線。他們的生命不是內隱的，而就是以這些動物存在於世間的方式活出來。

我們悟出這個連結的時機正如其分。現代－後現代時期的人們已成為渴求生存的俘虜，束手無策地在掙扎中承受著人類所造成的一切，在成串為種族滅絕、戰爭和生態災變的祈福中被緬懷。現代性（modernity）正是「願你活在有意思的年代」這種令人哭笑不得的祝詞的寫照。確實很有意思，如果所謂有意思的定義也包括了環境崩壞、核武戰爭及心理疏離，甚至嚴重到足以使創傷後壓力症候群（Post-Traumatic Stress Disorder, PTSD）成為流行病。縱使我們有恆溫器可以抵擋氣候的壓力、有冰箱可以穩定不規律的食物供給，以及其他標示出現代性的各種便利發明，生活卻令人感到充滿不確定性。

家庭中的親密關係和學校老師愛的擁抱，因為要避嫌性虐待而打了折扣。原本可以舒緩肌痠頭痛的阿斯匹靈（aspirin），可能被憤怒的員工用來下毒殺人。感恩節的豐收慶祝，揭露的是暴力佔用原住民土地的偽裝象徵，而過去人類的種族屠殺行為則被轉移到數以百萬計的火雞身上。大地永恆的汁液——葡萄酒，看似不像其他食物受到食安問題所擾，實則已使得早自古希臘人之前即守護著地中海土地的軟木消失無蹤。現代生活的每個層面幾乎都充滿了矛盾，我們似乎無法逃離存在的窘境。就連站在超市的結帳櫃台時，都要面對決定地球未來的問題：「塑膠袋還是紙袋？」不論我們如何轉換腳步、如何修正某些權利，總會出現會抵銷原本良好意圖的黑暗面。結果，現實在這文化的千鏡屋中受到扭曲，我們成了身處自家的陌生人。

日常生活變幻無常和似是而非，令人不知所措。外在的指標——想法、信念、風俗文化，以及該如何生活提供了心理、政治與實務結構的生活大師——與我們的體驗和知識不再相符。這就是為何我們如此迫切地需要新的範型，需要一套看待、理解與生活在這個世界的新方法。

而這正是生物意識所能提供的。這是個從當初製造出這堆問題的同一群心智與文化中，有機地長出的新觀念。這是世界尚未受到核武戰爭陰影威脅、動物親族不會一聽到人聲就奔逃前，當時的哲學家也為之共鳴的思想。一種使我們有機會與生命調和的新概念。

對於心智的新理論，並不企圖將良知與道德的問題轉變成公式與數字——完全不是這麼回事。此外，把科學視為穿著閃亮冑甲的騎士，是個愚蠢的念頭。如心理界的先知榮格（C. G. Jung）在半世紀前觀察到的，科學是一把雙面刃，一方面提供了智巧，一方面製造出浮士德那樣的代價[5]。

> 隨著科學認知的增長，我們的世界已失去人性。人感到與宇宙疏離，因為他不再投入於自然之中，並對自然現象失去了情感上的「無意識認同（unconscious identity）」……雷聲不再是神的怒吼、閃電也不再是他復仇的飛鏢……石頭、花草和鳥獸不再發出聲音對人說話，人不再相信自然能聽見自己的話語，也就不會開口與自然對談。
>
> （Jung, 1964, p. 95）

[5] 譯註：浮士德為獲得知識與權力，以靈魂為代價與惡魔交易。

諾伊的生物意識理論迎來了欣喜的慶祝，因為石頭、蛇蚺和雷電並未停止說話：是我們自己停止了傾聽。儘管人類或許不願傾聽，大自然透過溺斃的北極熊及氣候時序錯亂的憤怒語言，仍清晰地大聲說著話。科學對於意識及心靈的嶄新認知相當重要，因為它連結了我們的已知和將知。有了將事物間不可見的關係論述成一種世界觀的能力，並能親自操作常用象徵的思維和條理，才能像麵包屑般成為認知途徑的可徵線索，引領我們從已知的世界走向不被過往理論所侷限的陌生境地。有能力清晰表達世界觀，以及在慣有象徵上能親身操作的思想及方法之間的關係，使我們能夠找到認知小徑上的線索，引導我們從已知的世界走向不再受到過去假設阻礙的陌生領域。

對於在環境中被迫透過瀕死經驗與生命產生連結者，如吉娜和大象，我們若能仔細聆聽倖存者的經驗，或許會領略生命與生存之間的差異可能是什麼模樣。在作家普里墨・李維（Primo Levi）對奧斯維茲集中營（Auschwitz）一位工人的動人描述中（Levi, 1995），可以看到從生存轉變到生活的可能貌。

一九三九年，勞倫佐（Lorenzo）在法國受雇為水泥工時，德軍擄掠了那家公司和所有的雇員，將他和員工們運送到上西利西亞（Upper Silesia）[6]。李維被囚犯頭目（Kapo）挑選出來，協助勞倫佐和另一人重建遭砲彈損毀的泥磚牆。最初兩人並未認出彼此都是義大利人，甚至是皮耶蒙特區（Piedmont）的同鄉，一個來自都靈（Turin），一個來自佛薩諾（Fossano）[7]。儘管可能招來殺身之

---

[6] 譯註：於今波蘭境內。

[7] 譯註：皮耶蒙特區（Piedmont）為義大利西北的一個大區，都靈（Turin）為其首府，而佛薩諾（Fossano）離都靈則不過六十幾公里之遙。

禍，兩人還是開始交談。李維後來描述，自己在偷藏的湯和麵包的接濟中活了下來，他和夥伴都很震驚，「在奧斯維茲殘暴、缺乏人性的環境中，當一個人基於單純的利他精神而幫助他人，是多麼令人難以理解而陌生，彷彿他是來自天堂的救世主」（Levi, 1995, p. 113）。

李維想要補償勞倫佐給予的協助，但被拒絕了。「我說要送錢給他在義大利的姊姊，以補償他為我們所做的一切，但他拒絕提供她的地址。」李維後來得知勞倫佐還幫助了許多人，但因為不想被認為在吹噓而絕口不提。勞倫佐確實是個救星，但是個「孤僻的救星，非常難溝通」（Levi, 1995, p. 113）。

戰爭結束後，勞倫佐活著離開，走了幾個月抵達李維家人居住的都靈。他向李維的母親謊稱所有在奧斯維茲集中營的犯人都死了，因為他心想事實可能真是如此，而她最好接受李維的死亡。李維的母親拿錢要給勞倫佐坐火車，但他再度回絕。

李維從奧斯維茲集中營被釋放出來，在俄羅斯停留五個月後，回到了義大利的家。他在佛薩諾找到過著流浪生活、做著水泥匠的勞倫佐，即使在一九四五至一九四六年那個最酷寒的冬天，勞倫佐也睡在戶外。「我找到了一個疲憊的人，不是因為走累了，而是對生命感到疲憊了，一種無法醫治的困乏感」（Levi, 1995, p. 117）。李維為他的戰友在都靈安排了一份水泥匠的工作，但勞倫佐不肯接受。不久之後，勞倫佐生了場病，在李維的醫生友人協助下住進醫院。不過，勞倫佐逃離了醫院，幾天後過世。李維用以下這些文字為故事寫下結局：「他很肯定而清楚地拒絕了生命。他並不是個倖存者，但卻死於倖存者的『疾病』。」（Levi, 1995, p. 118）

李維特別註明他在戰後遇見的是個「對生命感到疲憊（mortally tired）」的人，他陷入了「倖存者罪惡感（survivor's guilt）」，這是許多人在忍過了心愛之人與他人所無法忍受的事物而存活下來之後產生的症狀。日後，李維在描述集中營生活的文集中寫道「最差的，也就是最適者，存活下來了；最優秀的都死了」（Freilander & Landau, 1999, p. 564）。李維自己也受困於憂鬱及回憶之中，他在四十年後的死亡，被當局認定為自殺。

儘管兩人都充滿了絕望，他們最後都選擇要生活，而不只是生存下來而已。李維向其救星朋友表達敬意所寫下的內容，精采地描述了這個選擇：「勞倫佐是個男人；他的人性光輝純淨無暇，他不屬於這個否認過錯的世界。拜勞倫佐之賜，我也沒有忘記自己是個男人。」或許過去的恐怖經驗及其所揭露的人性現貌，如此令人難以招架與承受，乃至於使人將生命簡化成生存。但在某一刻，吉娜、勞倫佐和普里墨・李維都選擇活出生命。他們生活著，因為他們勇於為自己以外的某人或某種事物而活：意義與生命乃從中而生。

讓我們再看一則故事，由菲利普・普曼（Phillip Pullman）的著作《黃金羅盤》（*The Golden Compass, Pullman,* 2003）來詮釋這種與自然的結盟。

> 在黃金羅盤的魔法世界中，每個人都有個以動物形態顯現的生命伴侶，稱為「守護精靈」（Daemon）。守護精靈是靈魂與最要好朋友的混合體。牠所呈現的動物形態，顯化了主人真實的性情。
>
> （Dopetype, 2008）

這個幻想故事述說的是一位女孩萊拉（Lyra）和她的守護精靈潘（Pan是希臘文Pantalaimon的簡寫，意為全然悲憫的），在神祕又危險的平行宇宙中的旅程。在這個陌生又熟悉的世界中，每個人出生時都有一個守護精靈相隨。這位靈魂朋友可以變化成許多形態。潘一會兒從細緻的飛蛾，轉變成英勇的老鷹，又變成小巧的老鼠。但這世界對女孩和守護精靈來說並不安全。一股黑暗力量威脅著他們。萊拉發現奉獻委員會（General Oblation Board）的成員正在進行惡毒的實驗，綁架小孩並將他們與其守護精靈分割開來。遭到暴力強行與守護精靈分離後，孩子和他們的精靈夥伴會失去生氣終至死亡。萊拉在她的守護精靈，以及包括一頭巨大北極熊國王在內的許多人協助下，經歷變化多端的冒險旅程，趕去拯救朋友及其精靈夥伴們。

普曼在這部美麗卻又嚇人的故事中，詩意地描繪了那座通往新的、關係性科學的橋樑，而且，有意無意間，他還指出了後現代毀滅現象的根源。當代有如瘟疫一般在各個大陸緊咬著人類與動物們不放的創傷，正是源於人類與自然的分離。創傷的出現，不僅是反社會、悖德行為以及受暴經驗快速擴展下的結果，也是自殘似地擁抱西方思想及行動的後果。一如將孩子與守護精靈之間那薄弱連結切割開的刀刃般，各種標定著西方社會的概念與處世方式，也將人類與其生命來源、守護精靈，也就是與大自然，切割開來。居住在自然世界的守護精靈，那些使無拘無束的森林和山岳迴響著生命祕音的精靈，於是也失去生氣而衰亡。世界因為人性退轉到赤裸裸的生存模式，而被分裂成脆弱尖銳的碎片和殘破的心靈。北極熊溺水、努卡克部落（Nukak）[8]的集體自殺、海豚在墨西哥灣漏油事件後掙扎著想要呼吸空氣的畫面，都提醒著我們：生物滅絕的後果所牽涉的絕不止於物質的損失。一個靈魂並不會獨自死去。

要解救社會的病態、野生動物的滅絕、環境的崩壞，並非如許多人所說的，可以靠著重新連結（*re*-connection）來得救。有位生態心理學的先驅羅柏特・葛林威（Robert Greenway）指出這種目標根本上隱含著一個錯誤的觀念，因為「一段關係的存在，意味著有所謂分離的實體或程序。」這種存在於許多文化中的假設，主張人類及其心智從未與自然失去連結，而如此的想像其實是虛假的。「重新連結心智與自然⋯⋯如從事園藝、講究飲食、自然建築、研究生態⋯⋯透過靈境追尋（vision quest）和長時間沈浸於荒野之中而產生轉化，雖然有益於人（通常也令人愉快），但仍是以此錯覺——最初的扭曲——為基礎，亦即認為**心智**能與**大自然分離**」（Greenway, 2009, n.p.）。葛林威的觀察突顯出一個關鍵，亦即我們想要加以療癒的地球之所以會走到目前的狀態，是**否認連結**的結果。一個錯誤的分隔觀念，造成我們在知覺上與道德上漸行漸遠，繼而竟然使得這種深層的心理解離（psychological dissociation）積非成是。

如今，當我們得知豎琴海豹（harp seal）媽媽找不到浮冰可以產子，而太平洋中漂浮著有一個州那麼大的垃圾島時，我們會知道，牠們的困境和丟棄塑膠袋的那隻手是緊密相連的。我們為了蓋

[8] 編註：努卡克族（Nukak，或稱Nukak-Maku），係在南美洲哥倫比亞南部境內的一個原住民部落，一直到1980年代才開始跟外界接觸，但也開始因外界傳入的疫病，造成人口急遽死亡，並面臨土地遭到強行開發等原住民的困境。2006年，其部落領袖Maw-be'服毒自殺，友人相信他是因為無力挽救部落而尋死。

房子而剷平土地時，熊、鹿和松鼠正眼睜睜看著牠們的家消失在水泥之下。牠們的樹木、牠們的莓子、牠們的灌叢被築籬佔用。我們透過窗戶觀看野生動物，很興奮能與牠們如此親近，感受到**與自然產生連結**。然而，這股渴望終究未能使我們更親近自然。突然之間，過去因為心理解離所引發的行為，如今不再無人可指控、無人可怪罪。全球性的崩壞就是一件關乎個人的事。

我們從中所得到的教訓是：只有在彼此之間的關係健康時，才有可能活出生命。要拯救自然，得在觀念上及道德上徹底轉化，抱持一種與自然的共生關係、一種跨物種的思想典範，才行得通。只有這樣，我們的守護精靈才能重生，或有重生的可能，而我們身為一個物種，也才能生活下去。

這並不是個容易的過程。對大自然大聲示愛與暴力對待野生動植物，容許這兩種行為並存的心理機轉，正反映出因人類認同危機而造成的深層原型（archetypal）衝突：這是一種貝克爾（Becker）所主張，因否認死亡而建構的認同（Becker, 1997）。自我－人類認同（ego-human identity）中的危機具體呈現在猛烈的爆發性行動中，例如對原住民與動物的種族屠殺等。「黑暗力量湧出，將自己散播到個體中……最後突破了個人的道德規範及智性上的自我控制……（而且）往往伴隨著可怕的苦難與毀滅」（Jung, 1946/1970, p 242）。這場心理危機，轉化成了對於土地與空間的正義之戰，希望讓大象、老虎和其他流離失所的野生動物，能夠留駐在自己的家園中。

然而，如果荒野是要活出內在與外在，如果我們要從生存的孤立狀態轉變為生命所具有的寬容涵納，那麼人類必須願意放棄笛卡兒式特權提供的保護盾。問題在於，我們會願意放下自己意外搭起的藩籬，使脆弱的自己裸露在一體之中，加入動物親族的生命之列嗎？

第八章

生態心理學與教育：兒童早期教育的地方素養

英格爾・柏克蘭（Inger Birkeland）
亞斯翠・阿森（Astri Aasen）

引言

本章內容將探索生態心理學概念可以如何切入教育環境中。本文是由英格爾及亞斯翠共同撰寫。英格爾於二〇〇五年至二〇〇九年間在挪威的蒂恩自治區（Tinn municipality）進行永續地方發展計畫的協同研究。方案中有一部分著重於鄉下的兩所幼稚園及四所小學，以地方為基礎的學習（place-based learning）上。協同研究以一個問題為起點：當我們將學校及幼稚園視為地方社區的資源，而不只是把社區當做孩子在學習與發展上可運用的資源時，會出現什麼情況？方法上定位於在地學習、學習在地知識、以及為了當地而學習（in, with, and for place），研究計畫的重點在於強化兒童與成人對彼此之間，以及對自己所居住的地方與當地社區的連結與關係。[1]

[1] 編按：「地方」的英文place固為一般人所熟知，對比而言，空間（space）或區位（location）更多指涉客觀上、物理上的某個地點；而地方（place）則指一個被人們主觀上的、有心理意義的、賦予價值的區位，是一種精神與個性的象徵，是人類對物理空間有意義的建構。本文中大部分的「地方」二字為含有此一特殊意涵的術語，而不僅是我們平常口語的地方。

研究期間，亞斯翠既是幼稚園老師，也是參與計畫的私立維斯勒頓（Vesletun）幼稚園的部門主任。亞斯翠同時也在泰勒馬克大學學院（Telemark University College）進修幼稚園教育發展課程。她決定使用維斯勒頓幼稚園的計畫來撰寫學校的研究報告。亞斯翠的研究內容大獲讚賞，她以創新方式探索了學齡前兒童的「地方營造」（place-making）活動（Aasen, 2007）。英格爾邀請亞斯翠共同撰寫本文；亞斯翠主要負責描述維斯勒頓幼稚園如何創造出適合三、四歲小朋友的「青苔小屋」（Moss Cottage）這個好去處。她記錄了計畫中的活動，探討她在活動中所觀察到對兒童的遊玩與福祉相當重要的各個面向。

生態心理學可為兒童早年教育貢獻良多。本章將闡明我們可以如何透過以生態心理學中的各種概念為基礎，把地方營造成永續發展教育的工具，來教導小朋友另一種永續生活的方式。我們會詳細描述兒童在戶外各種場地遊戲時的連結，尤其是對於人類以外自然世界（more-than-natural world）的依附關係（attachment）。我們認為這類遊戲培養了**地方素養**（place literacy），這可視為是一種特定的能力——對於處在某地有何意義，以及認識在地與他地的意義等方面，具有能直接從經驗中學習、並創造出有意義的理解的能力。

我們將先釐清地方、教育及生態心理學之間的關係，然後再回到維斯勒頓幼稚園這個實務案例上。最後，我們要探索這在理論上的含義，並且說明兒童的遊戲如何促進地方素養的發展。

地方、教育及生態心理學

有一種對於自然以及自然環境在社會中的價值評估的方法，是以「地方」（place）的概念來討論的。「地方」這個概念是身體與心靈、自然與文化之間的中介（Birkeland, 2005, 2008）。人類是由地方所創造，與地方一起生活、思考，也朝著地方而行動。做為一個有意義的區位（location），「地方」指涉的是人們對於某地在主觀上及情感上的依附感（attachment），這些地方可以理解成在日常生活中，在地表上某特定範圍的區域（Cresswell, 2004）。從經驗及存在的角度來看，地方是存在（being）的條件，人們通常生活於其中的多，對它所知的少，既可安靜度日，又可長篇論述。（Casey, 1993, 1996; Tuan, 1977）。

作為存在的條件，地方扮演著學習與發展的條件（Løvlie, 2007）。地方的組構性（constitutive）角色使它對教育而言相當重要：地方創造人類並且教導人類（Catling, 2005; Gruenewald, 2003a, 2003b）。一個稱為地方教育（place pedagogies）的國際社會運動認為地方對於在地行動、全球連結，以便為永續發展建立起一種回應地方的教育（place-responsive education）來說相當重要（Gruenewald, 2003a, 2003b, 205; Gruenewald & Smith, 2007; Somerville, 2007; Somerville, 2010）。在促進兒童及青少年對於諸如生物多樣性、平等與跨文化認知、氣候與環境變遷、經濟的全球化與發展等，各種與永續相類似的不同議題的豐富學習與思考上，他們所在的地方是特別有效的工具。

地方教育的實務工作者與生態心理學家有許多共通處，都對心理及生態世界相互關聯的方式很感興趣。生態心理學將心理學的原理及實作帶入社會化、個體化及發展的研究中，避免把人類當做心理學中單獨的對象和研究目標（Abram, 1996; Fisher, 2002; Kidner 2002; Rust, 2004）。生態心理學及教育都專注於改變與發展。教育家及生態心理學家都同意，進入永續未來之前的過渡期勢必有些改變，尤其是人類在生活、價值與實務作法上的改變。基於多項緣由，這種改變必須於兒童早期就要開始，但更重要的是，在這個階段所學會有助於環境永續的價值、態度、行為與技能，可以對日後的生活具有長效的影響（Premling Samuelson & Kaga, 2008）。心理治療及諮商關切的是在某種意義上屬於失敗或出錯狀態的發展，而教育關切的則是促進健康的發展，也能為生態心理學概念的應用提供廣泛的可能性，因為所有孩子都有受教育的權利。

維斯勒頓幼稚園及「法斯維沙」（Vassreisa）

維斯勒頓幼稚園中的活動是建立在三個價值上：在地社群的自然環境、傳統及文化。在研究計畫中，維斯勒頓的工作對象是三到四歲的兒童，以水做為主題。大人將他們的計畫稱為法斯維沙（Vassreisa），翻譯成水之道（Water Trail），這也是本計畫最終的成果，因為他們沿著戈伊斯特河（Gøyst）河畔創造出一條大眾步道。與維斯勒頓幼稚園合作的大人們，在對於學齡前兒童的戶外活動具有豐富經驗。在本計畫中，他們想要聚焦於讓三到四歲的兒童探索幼稚園附近某些未曾被運用過的環境。

計畫的開頭是要利用不同活動，沿著戈伊斯特河創作出一條步道。大人們事先同意要盡可能讓孩子們來帶隊，並且計畫讓每一組孩子都能找到一個令他們覺得有所有權及歸屬感的地方。維斯勒頓的老師們從過去的經驗知道，孩子們真的能在自然中找到玩耍的好地方。而今，亞斯翠認為這是維斯勒頓的孩子們從剛會走路就在大自然中玩耍而獲得的能力，這也表示我們認為三、四歲的孩子已經大到能夠辨認出遊玩的好地方。水之道計畫是透過每週外出散步，歷時一年的方式來完成。如今水之道已經成為家庭出遊的熱門去處，全程約需半小時。

步道上貼有海報及其他工作紀錄的告示牌，也寫了一路上可以找到什麼、能做些什麼的說明，例如岩石、植物，可休息、釣魚、吃午餐的地方，還有可以傾聽、驚嘆和思考哲理的地方。有可以用來發展運動技能（如平衡、攀爬）的特定區域，也有聯絡道路，可連接到青年四健會及童軍的營地。告示牌當然就是由大人和父母們製作的。

創造好地方：青苔小屋

哲學家馬丁・海德格（Martin Heidegger）使用「澄明／空地」（clearing）[2]一詞來表達某種事物如何問世。空白之地是個讓事物與人能使自己變得重要而有意義的地方。它使世界顯露出來（world-disclosing）。根據海德格的說法，我們身為人類，並未創造出空地，而是空地將我們創造成人類（1996）。澄明空地是個創造自我與世界的地方，是一個過程。要達成自我，只能發生在尚有留白的脈絡中。

---

[2] 譯註：哲學家馬丁・海德格（Martin Heidegger, 1889-1976）使用 clearing 一詞，來形容一個理念或存在顯現出來的前提是，必須先有一個敞開的、自由的領域就在那兒，才能讓理念或存在問世。哲學上多譯為「澄明」，而clearing本意上則亦有「空地」之意，文中即以此字兼指林中的空地。若要兼顧具體和抽象之雙關含義，末句權譯為「留白」，原文均為同一字。

摩斯土屋（Mosestua）也就是青苔小屋（Moss Cottage），這是一個好地方的名字，是一處在森林中由三、四歲小孩發展出來的空地。青苔小屋也是孩子們挑選的名字。青苔小屋是在某一天被找到的。最初，孩子們沿著一條舊耕耘機小路來到一處開闊沙地，這片空地為了埋纜線而清空，這就是他們稱為沙堡的地方。有一天，兩位大人和三名孩子朝河邊走得更遠些。幾天後，他們和全部的孩子又一起過來，想要仔細探索河邊的那個區塊。那裡不容易走到。幾個女孩率先走在前面。大家都得在灌叢、樹枝和草叢中摸索前進。

突然間，出現了一片長滿青苔的草地，高大的老樹沿著戈伊斯特河畔生長，大人什麼話都沒說，有些孩子自己停了下來、玩了起來，其他的孩子則開始清理大大小小的樹幹枝條。他們再度造訪這裡時，又發生同樣的情況：某些孩子清理著整個區域，某些孩子則開始玩耍。樹根變成房子和巴士。有些孩子發現有棵樹倒在地上，開始玩起平衡木的遊戲。讓大人感到驚奇的是，孩子們找到了寧靜與祥和，他們毫無爭執地重組成更小的團體。玩耍了很長一段時間之後，回幼稚園的時間到了，他們說想要留下來。在第一次的造訪之後，大人察覺到孩子們非常期待回到這個地方。那時他們還沒為此地取好名字，雖然他們已經提出了許多想法。

青苔小屋並不是第一天就形成的。接下來那週和後續的幾個月，這個地方的形成過程持續著，同時也給了這些幼兒一個發展自我的機會。

現在我們來看看在孩子們的玩耍中，某些我們認為對他們的自我塑造（self-making）也很重要的層面。孩子們在到達那個地方時，會出現特定的行為舉動。他們開始玩耍，並且說他們想要到那裡去、在那裡玩、在那裡睡覺、在那裡吃飯。它還有許多祕密基地：在大樹、樹根、木頭堆的後面。它也有大家可以聚在一起的地方：一起走路、一起玩耍、一起在那裡吃東西。

顯而易見的是這裡提供了安全感和保護感。比方說，在這個地方可以小睡一下。團體中有個女孩習慣在白天小睡一段時間。有一天她被問到，是喜歡在幼稚園裡睡覺還是喜歡到森林裡睡覺，她說：「在森林裡睡覺。」她有件外套可以把她包住，讓她睡得好熟。歸屬感與安全感還透過其他方式展現出來。有一天，這群三、四歲的孩子們發現有其他小孩在那裡玩時，感到很震驚。某個孩子說：「有人在我們的地方。」在這之前，這個地方是「他們的」。

孩子們抵達青苔小屋後總是自然停下，彷彿他們沒有再朝河邊往前走的需要。他們將這個區域視為一個有邊界、有內涵的獨立場所。青苔小屋被視為一個有開始也有結束的地方：孩子們不確定它從何處開始，但他們對於它的結束有很清楚的概念。亞斯翠邀請孩子們談談他們對這裡的理解。他們對於青苔小屋從哪裡開始沒有給予任何有意義的回覆。當亞斯翠問他們它在哪裡結束時，他們給了比較清楚的回答：「到垃圾堆那邊為止。」有人這樣說。河流顯然也是青苔小屋的一部分。此外，這個地方有個中心點：就是大家一起吃午餐的那個位置。

在青苔小屋時，大人們觀察到能產生各式感官印象的各種遊戲方式。他們看見不同的感官印象彼此互補，協助整合了某一情境中的整組經驗及其意義。走向青苔小屋的路程提供了這些主要感官所需的刺激。爬上一棵樹的樹根、撿一塊石頭丟到河裡，都需要感官的整合，否則孩子將無法掌握這個動作。當挑戰太艱難，孩子因而感到難以招架或不舒服時，他們會開始哭，變得非常被動或非常仰賴某位大人的支持。

那些尚無運動技能，而無法在這裡感到輕鬆或能自在遊戲的孩子呢？大人當然希望孩子們在前往青苔小屋的路途上能得到正向經驗。一開始，並沒有小徑通往青苔小屋。對某些孩子來說，要走到青苔小屋是個大挑戰。有些日子下著雨，灌叢和草葉會貼在他們的臉上。一路上有昆蟲，他們踩到滑溜的石頭而滑倒，水花濺到小臉上。而他們為此得到的獎賞是可以在青苔小屋玩耍、過露營的生活、在那裡吃午餐、到河邊喝水，或是把樹枝和石頭丟到水裡。經過這些掙扎的孩子們，在青苔小屋時似乎將注意力集中在掌握地形地勢上，他們一旦掌握了地勢，很快就會把專注力轉移到遊戲上。

對這些孩子們來說，我們必須注意觀察「依附」的角色，這些發展中的幼兒對於具敏感度、有回應且始終如一的環境的需求。重要的是，允許孩子有時間與一位或多位成人發展出依附關係。有足夠的時間與可能性去表達好奇與認識環境，對孩子來說非常重要。

有個例子是：一個男孩在隊伍的最後和某個大人一起走著。他對看到的每件事物都很好奇。當他遇到一些橫跨水窪的倒木時，只是停下腳步，把手伸到水裡，用樹枝攪動著水，還嚐了嚐水。他什麼也沒說——只是用感官體會著周遭環境。幸運的是，身旁的大人也都沒說什麼，只是等著男孩直到他準備好，願意繼續走向新的經驗為止。

另一個例子是：有位女孩幾乎沒有走在崎嶇路面的經驗。對她來說，走在河邊的石頭上是很大的挑戰。一開始，她只是手腳並用地穿越石堆爬到水邊。她在水邊的石塊上坐下，一直坐在那裡看著其他孩子們。經過幾趟前往河邊的旅程後，她才敢更靠近水，直到靴子泡在水裡為止。突然間，她兩隻腳都在水裡了：「你看，我的褲子濕了！」她微笑著說。亞斯翠回想起來，幾個星期後，小女孩的動作技能變得更好。她甚至可以決定她想要探索哪些新的經驗，而那兒有充足的挑戰等著；只要一點幫忙，她會找出那些挑戰，體驗掌控新環境的感覺。亞斯翠說對大人和小孩來說，經歷這類學習可能是種挫折的經驗，但是要想達到技能的發展，就無法在缺乏以身體與感官為基礎的經驗、又不嘗試這些技能的情況下達成。

兒童早期的自我塑造與地方營造（Self- and place-making in early childhood）

露易絲・雪拉（Louise Chawla, 1992）的研究支持了亞斯翠的觀察所得，即環境可提供孩子哪些類型的滿足感：安全、社交聯繫、創意表達及探索。雪拉指出，透過提供孩子機會嘗試傳統環境中已定義的角色，及透過給予未經規劃的活動空間，環境會協助自我認同（self-identity）的發展。雪拉認為對各年齡層的兒童及青少年而言，能有尚未被定義的空間可以發揮相當重要。對未定義空間的需求就像是孩子們對於地方的基本需求（Nabhan& Trimble, 1994）。

我們也發現伊迪絲・卡伯（Edith Cobb, 1997）的研究成果相當重要。她的書就是根據她在一篇論文中，一段著名的文字撰寫而成：「一個孩子最想做的是創造出一個世界，在那個世界裡找個地方來發現自我。」（Cobb, 1959, p. 540）卡伯寫道，孩子們的想像世界與外在的生理物理世界有關。想像力，是有能力充滿創造力地行動、產生有創意的行動及想法的起點。孩子的真實狀態，就是內在與外在世界之間的交互作用，而想像力是成長與社交互動的驅動力。從這個觀點看來，每個孩子都是自己的地方與世界的創造者。卡伯將這類活動稱為創造世界（world-making）的活動，認為這類活動的發展非常重要。

即使已有許多研究聚焦於「對孩子而言地方的角色為何」（Chawla, 1999, 1992; Hart, 1979; Nabhan & Trimble, 1994; Olwig, 1989, 1991; Rasmussen, 2004; Scourfield, Dicks, Drakeford & Davies, 2006），但大多沒有將「地方是個客體而非主體」這樣的地方二元觀點式架構視為問題：地方乃是非我（not me）。但我們在青苔小屋對孩子們遊戲的觀察中，看見地方是個關係與過程，既不完全主觀也非絕對客觀（像地形圖上的位置那樣）。我們的案例顯示青苔小屋如何成為孩子們的日常世界、他們的「地方－世界」（place-world）的一部分，在此，「地方」更像是孩子與其所處環境之間發展中的動態交互作用——一種關係性的現象。

我們想利用這個觀察來發展出一套語言，以描述幼兒在自然中與地方相關的學習與發展。我們知道，孩子們在未經設計的大自然中互動與遊戲，對他們的動作技能具有正面影響（Fjørtoft, 2001, 2004）。我們已在研究中看見，在大自然未經設計的地方遊戲，使孩子們得以發展出永續的自我，我們認定這是一個關係性的場域（relational field），既不完全主觀也不完全客觀。我們已經觀察到幼兒與其重要他者（significant others）形成關係。幼兒能透過遊戲與他們的他者、包括人類或超越人類[3]者，形成永續的關係，因此童年早期對於整體永續發展工作來說是非常重要的時期。發展出青苔小屋的孩子們，已經準備好要成為並且處在地方之中（to become

[3] 譯按：此處原文用more-than-human，直譯為「不只人類」，為行文方便，譯為超越人類，而原文用此詞之用意詳見後文。

and to be place）。但他們創造出青苔小屋時，腦海中並沒有二元主義式的概念。我們認為「地方」是個在孩子與環境之間，溫尼考特（D. W. Winnicott, 1971）描述為「過渡空間（transitional space）」的這個場域中，為了孩子而形成以及在孩子心中所形成的某種東西。[4]

溫尼考特認為，「持續不斷地使內在與外在現實狀態固然保持分離卻又相互關聯的任務」，一再地反覆操作內在與外在世界，這正是名符其實的人類（Winnicott, 2007, p. 3）。這項工作的內容並不是一輩子都一樣。所有人都始於無形，所有人也都需要擁有他們本身就是完整人類狀態而存在的感覺。對新生兒而言，內在與外在世界間尚未分化是完全正常的現象。過渡空間並不是只能主觀研究的內在世界，也不是只能客觀研究的外在世界。可以這麼說，在所謂從主觀性走向客觀性的旅程上，過渡性客體（transitional objects）非常重要，整個過渡場域也非常重要，因為這是個孩子得以自我創造（self-making）的地方。青苔小屋提供了過渡客體的多重功能：它是個過渡空間。

我們想將過渡空間的想法，與大自然對孩子來說是個具有某些依附關係面向之護持環境（holding environment）的概念連結在一起。我們認為在永續自我的發展上，依附關係是個重要的課題。

---

[4] 譯註：溫尼考特 (D. W. Winnicott, 1896~1971) 原是英國的小兒科醫師，後接受精神分析訓練，並以客體關係理論聞名。他提出「過渡客體」的概念，常見的例子如某些小孩特別依戀一條被子（如Snoopy卡通中Linus片刻不離手的那條小被單）、一個絨布玩偶等等，代表著嬰兒發展歷程中，從與母親融為一體的狀態，要成長到視母親是外在且分離的客體的過程中，用以度過這個過渡時期的媒介物。而這個過渡性客體常有撫慰幼兒情緒的功能，幫助幼兒對抗孤單或焦慮的感覺。而亦由此衍生出其他相關的過渡性現象，例如本文中的過渡空間。

在青苔小屋的孩子們似乎不僅與照顧者和大人們產生依附，也與超越人類以外的世界產生依附。在依附理論（attachment theory）中，一般的假設認為事物或物質客體的重要性不如人的重要。這就是精神科醫師哈洛德・席爾斯（Harold Searles）在談到非人類環境對於依附也具有意義時所提問的。瑪麗安・史必茲峰（Marianne Spitzform）以「生態的自我感（ecological sense of self）」一詞解釋了席爾斯的論述（Searles, 1960, 1972; Spizform, 2000），這詞彙所指的是人類在非人類世界中逐層開展的自我經驗。

非人類環境就存在於那兒，它會在自己的生命過程中移動、改變，提供一個安全的環境。我們以「超越人類」（more-than-human）一詞來取代席爾斯所用的「非人類」（non-human）的說法，藉此重新思考心理學以人類為起點與終點的前提，因為在現代及二元論的觀感中，人類與自然和世界是分離的。生態心理學則可以，也應該在這個不是只有人類的世界中，讓人類伴隨著其他許多地球生物及營力[5]一起改變的概念為起點。這種反省是以在後人類主義（post-humanism）中對人類狀態所提出的質疑為基礎（Haraway, 2008），這是因應人本主義（humanism）與人類形象（the figure of the human）之間關係的一種方式。人類是透過人類以及超越人類的社會關係而被創造出來的。

孩子們需要感受到環境是可靠而安全的，有能力「涵容護持」（hold）著孩子，這個環境的穩定性會影響到經驗的連續性，且創造出孩子在發展中的個人認同感。自然環境中的事物可以是簡單或複雜的、可用來操作、可當做提供練習的場所、能舒張某些壓力、

[5] 譯註：營力（Agency）為造成地形變化的地質力量。

或能成為慰藉和陪伴的資源。有時候，這樣穩定的環境提供的是避難所，用以遠離風風雨雨、勾心鬥角且讓人難以信賴的社會環境。在超越人類的世界中，有時候能不用面對某些社交互動上的壓力，或來自社會的干擾。

我們不想將自然理想化。對自然的想法與詮釋，無法將「真實的」自然簡化成它們所描述和談論的自然（Castree, 2005）。身為成人，我們很難不受特定文化的影響，而帶著人類對自然的意義及社會化之下的投射，以特殊的方式來詮釋自然。大自然，或者我們認為自然「是」什麼，以及人們對於自然的經驗，在世界各地的差異很大。在晚近現代中，人類、社區及其環境彼此相互關聯，並且隨著科技與社會的不同措施而發展，這意味著以生態心理學概念為基礎來整編教育工作的脈絡實為重要。不過，我們確實要強調大自然是透過其赤裸裸的存在（being）與形成（becoming）的方式，而扮演著重要的角色，因為它總是在那裡，相對不變又同時不斷變化著。我們的焦點應該放在地方被生命所經歷過的本質（the lived nature of place）。

地方、學習、發展：地方素養

關於全球議題與環境問題，在小學、中學、高等教育及成人教育中的方法並不適用於幼年教育。與幼年教育相符的是永續發展教育（Pramling Samuelson & Kaga, 2008）。在運用戶外環境時，「地方」往往是教學與學習時用來整合的架構。交互運用各種學科之教學取向及整體論，使用戶外空間來學習，用具體的經驗和現實生活中的方案來整合照顧、發展及教育，父母與社區的參與等等，都是幼年永續發展教育的核心概念。我們認為在幼年教育中，最重要的觀念是要給予孩子喜歡大自然的機會，並與自然環境發展出有感情的正向依附關係。這可以透過多種方式來達成。

環境教育家大衛・歐爾（David Orr）以「生態素養」（ecological literacy）一詞準確地指出環境上的一項缺失（Orr, 1992）。根據歐爾的看法，西方社會對於自然環境並不具有素養。狹義地來看，素養在現代變得越來越重要，因為當今的教育在創造力、創新及新的經濟成長上扮演著特定角色。而若忘記去思考哪些素養、能力與技能是在面對未來挑戰時不可或缺的，會是件相當危險的事。我們認為素養在發展過程中、以及對於發展而言都相當重要，但我們所談的是誰的發展呢？我們談的是一如既往的發展，還是對人類及社群的永續發展？所謂的素養是哪種素養呢？對地方的依附感為什麼會對素養很重要呢？瑪格麗特・桑墨維爾（Margaret Somerville）認為地方素養對於永續未來非常重要。地方素養不是多元素養（multiliteracy）下的另一個小分項，而是一種導向素養的取向，應該以「新的知識論及本體論，對於身處與了解我們的地方有一種新的理解方式」為基礎（Somerville, 2007, p. 162）。對我來說，這就是用以建立永續式自我創造（self-making）的素養。

「地方素養」一詞企圖開啟有意義的對話，來探索超越人類的世界對孩子的自我創造所扮演的角色。我們認為它是一種特殊的能力，是透過對地方的直接經驗來學習，並且對地方產生適當回應的能力。這是一種因應人類共同處境的方式，使我們能夠教導彼此適當地對環境問題做出回應。地方素養是一種概念，能與聯合國教科文組織（UNESCO）對永續發展教育的目標接軌。透過將自我創造及地方營造兩者視為相互關聯，我們可以為學齡前兒童發展出恰當而真切的學習場所。我們想要在談論諸如氣候變遷及環境破壞等大議題時，也能關切孩子們的自我創造與地方營造。我們想要透過在地的工作，來提供健康、關愛與正向經驗。我們認為對許多關心環境及環境政策的大人來說，災難式、劫厄式的黯淡未來觀，已經掩蓋了為氣候變遷議題所能做的健康的文化回應。未來無關乎劫厄與否，而有關乎創造出適當的條件以促進一種能兼顧文化與自我永續感的永續發展。幼年教育中的這種以地方為基礎（place-based）的工作，是生態心理學重要的運用方式之一。

第三部

後現代主義觀點

第九章

幻想之生態學：生態精神分析及三種生態學

約瑟夫・塔茲（Joseph Dodds）

在斷崖上做夢

我們正身處一場全球性的金字塔傳銷計畫，而陷入毫無脫困退路的生態負債中。我們生活在資源有限的星球上，具有一個奠基於無限制成長的經濟體系。科學家估計人類的需求在1980年代即已超越生物圈的再生能力（Wackernagel et al., 2002, p. 926），然而不知怎地，這仍未驚醒夢中人，我們的行為與知識無法互相搭配。怎麼會這樣？我借用自己最近出版的書（Dodds, 2011）來探索一套非線性生態精神分析（nonlinear ecopsychoanalysis）的可能性，藉此來回應已達混沌邊緣的氣候狀態。

目前的危機不僅是生態的危機，也是學理的危機。隨著我們的知識領域持續破碎成越來越狹隘的主題，氣候變遷已具體呈現在具有許多不可預測、多重層次、高複雜度、非線性系統且環環相扣的世界中。我們需要一個「超理論」（meta-theory）來整合各種不同的脈絡：不是後現代主義論者勢必質疑的「大師理論」（master-theory），而是比昂（Bion, 1984）所謂的連結工作，即如他連結到阿爾法功能（alpha function）與夢工作（dreamwork）的那類。比昂描述到心智與物件之間連結的建立，及精神病發作的連結特色。當「阿爾法功能」不完全時，我們只剩下未經消化的經驗片段，或稱為「貝塔元素」（beta-elements），無法將這些經驗繡進心靈地景的織錦之中。從這個角度來看，學術界已將人類思想分割成精神分裂般的破碎空間。我們需要某種可以將多樣元素連接在一起，又不失其個別特性的方法。

生態精神分析取向認為，我們需要新的複雜系統（complexity）科學，以及最適合處理這種往往違反直覺思考方式的哲理：德勒茲與瓜塔希（Deleuze and Guattari）的哲思。我認為，若認真看待瓜塔希（2000）在他最後一本書中所謂心智、自然與社會之**三種生態學**（The Three Ecology）思考方式的可能性，則將非線性及生態思考方式帶入精神分析的必要性，不亞於把精神分析取徑引入生態學的需求。

科學發展出線性系統的概念，但逐漸察覺到這些系統在一個相當非線性的世界中代表的是特殊案例。我們可以利用系統趨於匯聚的點，即所謂**吸子**（attractors）的概念來思考。在**吸引力盆地**（basin of attraction）內，起始點的任何差異都會被吸子強烈的拉力所抵銷。在一定限度之內，全球氣候溫度上升時，負回饋（negative feedback）程序會將系統拉回到較居中的點，即**點吸子**（〔point attractor〕；其他更複雜的吸子包括「週期」吸子〔periodic attractor〕及「奇異」吸子〔strange attractor〕或「混沌」吸子〔chaotic attractor〕）。然而，當我們朝吸引力盆地邊緣移動時，會到達**歧點**（bifurcation point），至此則是由非線性規則來控管，起始狀態最輕微的差異或最微小的起伏，就會造成極大的轉變，**相變**（phase transition）而改受另一個或另一組新吸子的引導。

科學家認為我們的氣候可能正走向這樣的引爆點，可能導致無法制止的致命正回饋（positive feedback）程序。非線性觀點不只對氣候科學非常重要（Anisimov, 2007; Sawaya, 2010），對於氣候變遷的心理學亦然。我們熟悉的思考方式，是想像二氧化碳的排放與暖化之間必然存在著一種線性關係，暖化現象會以有節奏的步調發生，之後我們總還是會有時間來轉圜情勢。這是我們在心智生態上的失敗，透過病態的社會生態，導向自然生態潛在的災難式崩壞。

精神分析與氣候變遷

佛洛伊德（Freud, 1927）宣稱文明是為了幫助人類抵禦自然而生，但想要對我們的內在本質或外在世界達成全然控制的目標，是個危險的錯覺。這種控制與支配的錯覺，是用以保護我們在面對自然母親的強大力量時，免於感到無助與恐懼——也就是認定我們必須依賴這最龐大的「護持環境」（holding environments）與終極「環境母親」（environment mother）的那種恐懼（Winnicott, 1987）。

不幸的是，被佛洛伊德稱為「永恆敵人」（eternal adversaries）的生存本能（Eros）與死亡本能（Thanatos），出乎意料地成為同夥，攜手對自然進行破壞。死亡本能的兩個面向都滋長了我們的破壞性，包括積極破壞的慾望，以及歸於空無（non-existence）與毀滅的慾望。我們在自身對於世界第六次生物大滅絕事件、環境運動的末日預言，以及近期「生態災難」影片等實際反應出來的冷漠態度中，可以看見「涅盤原則」[1]的存在。對齊澤克（Žižek, 2007, n.p.）而言：「『沒有我們的世界』是……夢想最純

[1] 譯註：涅盤原則（Nirvana Principle）是佛洛伊德認為在精神內部所具有的一種追求停滯，回復無機體平靜以求安息的驅力。

淨的型態：目睹地球保有人類尚未用傲慢破壞它之前，那種未遭閹割前的純真。」而生存本能，因著過度消費與過多人口，也使得生物圈可能走向崩毀（Bigda-Peyton, 2004, p.251）。然而，生存本能可以用「親生命性」（biophilia）（Wilson, 2003）的型態，重新激發我們對大自然的愛。這對我們能否從危機邊緣回頭，或許非常重要（Weintrobe, 2010）。

氣候變遷所嚴重威脅，且可能導致不可逆損失的對象，不僅是自然生態，還有社會生態。恐懼管理理論（Terror Management Theory, TMT）（Becker, 1973）認為世界觀的功能，乃是做為對抗死亡焦慮的文化象徵性防衛（cultural-symbolic defences）。因此，生態上的威脅將使我們更加緊抓著自己的世界觀不放，但後者也受到氣候變遷的威脅，導致更強烈的死亡焦慮。要放棄某種生活方式總是非常困難，尤其是放棄最想要的生活方式時更是如此。為了進一步探討我們對氣候狀態的否認心理，我們可以看看佛洛伊德（1905, p.62）用來解釋無意識的邏輯時所說的笑話。有個男人被告知要賠償一個新鍋，因為他所借的鍋在歸還時損壞了；但他拒絕，並宣稱：一、我歸還的時候鍋沒壞。二、你借我的時候，鍋上就有洞了。三、我根本沒借過鍋！這些互相矛盾的回答，使我們警覺到無意識的歷程，是由想要卸除責難、閃避非行動不可的必要等動機組合而成。這個玩笑的配方，恰好對應了許多拒絕對環境變遷採取行動的論點（而且經常是同時提出的爭辯）。

一、氣候這個壺沒有問題。第一組幻想基本上像是被害妄想（聯合國摧毀我們的自由，資本主義者企圖阻止貧窮國家的開發）。第二組宣稱「證據尚不足構成結論」（聯合國跨政府氣候變遷小組IPCC所說的「明確」還不夠明確），這似乎較有邏輯，但若再與其他的風險評估相較，就顯然是不合理的；例如在沒有自殺傾向的情況下，即使有百分之九十的機率不會被子彈打中，也很少有人願意玩俄羅斯輪盤[2]的賭命遊戲，然而，我們正以更糟的機率拿整個地球在玩俄羅斯輪盤。**二、你給我的時候，地球就有破洞了。**這裡面有兩種相互矛盾的說法。若非「這不是人類的錯」，就是「這是其他人的錯（比方說印度、中國），不是我，所以對於此事我什麼也不能（或不該由我）做。」兩種說詞都助長了對於罪疚的無意識規避，也都對阻止氣候變遷的災難性後果毫無作為，所以我們仍然需要採取緊急行動。有個在精神分析上很有趣的結論是，有時候人們對於罪惡感的恐懼，還更勝於對自身或大家一同毀滅的恐懼。**三、我們無能為力。**這會出現在充滿絕望與無力感，因而筋疲力盡的環境運動人士身上，「我們全都完蛋了」的防衛機轉（Rust, 2008）令我們放棄思考。

不同的論點各自被用以防衛各種特定的焦慮。**沒這回事**屬於精神病式的防衛，抵禦的是妄想—分裂性焦慮（paranoid-schizoid anxiety）（滅絕、大毀滅）。**這不是我／我們的錯**屬於精神官能式的防衛，對抗的是憂鬱性焦慮（depressive anxiety）（無法承認人類有罪和內疚）。**我／我們無能為力**最接近承認問題的存在，但若缺乏實際修復的可能性，這個人會陷在缺乏希望的憂鬱立場之中，而產生絕望與痛苦。如席爾斯（Searles, 1972, p. 366）所說：「一起置身在一個『逼真的』末日世界中……個人不再感到孤立而陷在情緒憂鬱中，反而會感到與每個人是一體的。」這種防衛機轉不

[2] 譯注：俄羅斯輪盤（Russian Roulette）原為在左輪槍的彈巢裝上一顆子彈，任意旋轉彈巢後，朝自己頭部扣扳機的賭命遊戲。左輪槍彈巢大多為六顆子彈，因而中彈機率大致為六分之一，但賭注卻是自己的性命。

僅需要在個體層次上予以理解，也需要考慮到透過各種層級的小型互動所產生的**社會幻想系統**（social phantasy systems）（Jaques, 1955），而在社會上創造出的無意識結盟（unconscious alliances）（Kaes, 2007）。這在複雜理論（complexity theory）中是個**自我組織**（self-organization）的實例，低階結構相互作用，形成了更高階的結構，並具體浮現出新的特性，然後以持續不斷地以遞迴程序（recursivity）回饋給低階結構。

客體關係與生態式的關係

強調自體（self）是在關係之網中形成，而且也是透過關係之網而形成的客體關係理論（object relations），將精神分析朝生態觀念的方向移動，畢竟生態學終究是一門超越了研究關係、互動與相互依賴性的科學。客體關係的發展模式表示從「絕對依賴」（absolute dependence）（或「共生一體」〔symbiotic unity〕）發展成「成熟依賴」（mature dependence）（Fairbairn, 1992），意味著一種更成熟的文化所具有的生態式願景，這樣的文化認為自己脫不開與其他生物、生態網絡和地球的關係。對席爾斯（1972, p. 368）來說，「與非人類環境具有生態上健康的相互關聯性，對於人類感受的發展與維護是很必要的」，而此種感受「隨著生態環境的惡化，嚴重地受到侵蝕、瓦解和扭曲，使我們非常難以整合這些在任何完整長大成人的生活中不可避免的感受經驗，包括各種失落。」

傳統上，精神分析會將對於環境的關切，分析為反映出有關內在及外在人物「客體」的「更深層」感受。但人與人之間的衝突，同樣可以是一種源自關切環境的焦慮情感的替代作用（displacement）。假使我們將溫尼考特的「護持環境」（holding environment）擴大到包括地球這個護持環境，就能理解在察覺到危機有多巨大時，勢將造成心理上的瓦解與崩潰。不僅環境破壞行為是成癮的型態之一（如消費物件的功能等同於寇哈特自體心理學中的自體客體〔Kohutian selfobject〕，用來支撐脆弱的自我），成癮也可能是因為面對受損世界的焦慮而生的（Bodnar, 2008; Randall, 2005; Rust, 2008a）。精神分析師需要體認到與生態學的接合，這不僅是為了「實用」（applied）精神分析，也攸關其核心臨床領域。

由於早年的依附過程強烈地影響到日後生活（Bowlby, 1988; Green, 2004），我們能理解「地球母親」（Mother Earth）一詞可用來顯示我們對地球的經驗，在某種程度上，和我們與自己的他人（母親，(m)other）經驗有關，而不僅是關於愛與被護持的感受。克萊恩學派（Kleinian）的觀點可能會認為我們懷著一種幻想，認為自己有權無限制且越來越強烈地吸吮無限供應的大地乳房（earth-breast）。由於無法忍受斷奶，我們對生態危機的反應包括發怒、嫉羨與破壞。米珊（Mishan, 1996, p.59）宣稱，當我們排拒「承認與自然世界的關係時，其後果……於外在世界會以持續破壞環境的方式，於內在世界則以迫害後的內疚，來具體顯現。」這會以仇恨，以及對大地乳房的無限攻擊和破壞行為等型態來呈現。梅爾徹（Meltzer, 1967）的「馬桶乳房」（toilet-breast）概念可用在此處：乳房不僅提供養分，也是我們用以排出無法忍受的心智狀態的地方。

我們和大自然之間障礙重重的關係，也可能與各種發展階層產生交會。就克萊恩（Klein, 1987）的妄想－分裂心理位置（paranoid-schizoid position, PS）而言，環繞著氣候變遷的偏執，使我們「不需在無意識內在世界的孤立感中，而是在真實生活與同志的攜手合作中」對抗「暴虐成性的壞敵人」（Jaques, 1955, p.483）。氣候變遷的末日威脅可能會激發極端原始的被害焦慮，導致全面性的防衛行動，來對抗無助與破碎的感受（Jordan, 2009a）。席爾斯（1972）指出精神分裂症[3]的「世界末日」幻想如今倒是有著某種客觀性，這觀點導引出，許多直覺的生態警示被視為「瘋狂的」而人們不該加以聽信，一方面是害怕受到傳染，一方面是因為這觸及到了所有人「瘋狂」的那個部分。克萊恩（1987）的憂鬱心理位置（depressive position, D）在生態上的版本，則涉及對於環境破壞的哀悼、對造成傷害而生的內疚、對我們深感驕傲的生活方式與文明對地球生態系統造成此等傷害越來越能覺察，以及一股修復的驅力，想要恢復、修理和再造這個失落破損的（內在與外在）世界。

在性蕾期－伊底帕斯情結（phallic-Oedipal）的層次上，席爾斯（1972, p.364）指出除掉伊底帕斯對手（包括我們的子女及未來世代）的幻想，以及某些生態寫作中「道德說教」的語調，實則涉及了作者伊底帕斯內疚感的投射，指控我們強暴了地球母親，「而此刻，我們正為了自己的罪活該被絞殺或毒死。」由於持續不斷的廣告，諸如汽車等財物已成為性成就（genital achievement）的一種象徵（Randall, 2005）。放棄這類（雄性）性徵優勢的象徵，感覺

[3] 譯註：「精神分裂症」（schizophrenia）今已改譯「思覺失調症」，因與上下文精神分析之「妄想－分裂」（paranoid-schizoid）心理位置、「精神分裂分析」（schizoanalysis）等詞，仍有字源及文意上之呼應，故本文仍延用舊譯名。惟於平常醫療用語上宜改為新譯名。

就像是遭到閹割（castration）。

環境危機迫使我們面對生滅無常的創傷層面，世間沒有恆常不變。運用佛洛伊德（1915）的預期性哀悼（anticipatory mourning）概念，我們大概能夠預測個人和社會所採取的態度，是有意識地不去關心環境甚至於人類物種的存活，或變得具有主動破壞性及自我毀滅性，以此做為一種防衛機制，來對抗未來將發生的哀傷。另一方面，我們也可能過早投入了一場預期性哀悼、陷入絕望，無法及時採取必要行動，而這行動或許能讓我們避免所畏懼的失落。

佛洛伊德（1916, p.306）鼓勵我們，要誠實勇敢地面對「我們今日景仰的肖像和雕像化為塵土的日子終將到來……或地球上所有生物全部消逝的地質年代也可能到來」的事實。在面臨生態危機所引起的巨大痛苦與恐懼時，我們需要找到有效的修復方式，來恢復並且重新創造出內在與外在受損的世界。相對於躁症式的過度樂觀，若不存在具有意義的修復希望，我們將只能在否認、瘋狂和絕望之間做出選擇。隨著精神分析學派使自己迎向對生命之網更廣闊的覺察，與客體關聯的自體（object-related self）及自戀的自我（narcissistic self）需要被當做是與生態自我（ecological self）一同發展來加以看待。

幽闇生態學

在生態心理學裡，利用與自然重新連結來克服疏離感，讓我們自己去感受「我們為世界感受到的痛苦」（Macy, 1995, p. 241）這樣的修辭很討人喜歡，但也有人對此表示異議。摩頓（Morton, 2007）提出「沒有自然的生態學」的號召，運用生態批判（ecocriticism）來解構生態上的想像，包括存在於部分生態學及生態心理學運動中的「大自然」（Nature）概念——這樣的取向忽視了生態危機終將超越任何語言的建構，它並不是一個可以被「解構」的「文本」，而是超越語言的「實存」（Real），能真實地重創象徵界（Symbolic order）[4]。

環境運動和生態心理學作品往往強調與自然的疏離，以及透過與自然「生命世界」（life-worlds）重新連結而使靈性重生。齊澤克（2007）質疑這樣的主張，他認為是我們自己太深入於自己的生命世界，使我們看不見問題所在。當我們沖馬桶時，主觀上，廢物透過 U 型管就是從我們的現實世界中消失，進入了非空間（non-space），或進入了梅爾徹（1992）稱之為「幽閉密室」（claustrum）的排遺空間。我們對眼前生活的感受，使我們無法看見自己釋出的廢棄物後續的影響，或是它必須流過的複雜管路。齊澤克因此認為，我們需要與自己眼前的「生命世界」疏離，才能對我們所處的複雜抽象生活有更清楚的掌握。

齊澤克進一步主張，我們對於「大自然」的概念本身就是個問題：把自然當做恆定祥和的蓋婭（Gaia），其中所有的部分都與整體完美地契合、互動，卻被科技工業的傲慢給擾亂、破壞。他認為，這種對自然的幻想是「一種人類回溯性的投射（retroactive projection）……『大自然』本身就是動盪混亂、失去平衡的」（Žižek, 1991, p.38）。根據齊澤克的說法（2007），我們需要「接受自身存在的無根基性」。因此，自然繼而「被奪去了其不可穿透的密度，即海德格（Heidegger）所謂的『大地』（earth）」，顯

[4] 譯註：「實存」（Real），「象徵界」（Symbolic order）等典出拉岡之概念。

得像個「脆弱的機制，隨時會朝大災難的方向爆發。」這並不意味眼前巨大的破壞不是人類造成的，而是所謂完整、純淨的「沒有我們的世界」是虛假而危險的想法。對齊澤克（2007）來說，「沒有所謂的大他者（〔big Other〕做為意義（Meaning）終極保障而自給自足的象徵界）；哪有本該具有自我再生平衡秩序能力的大自然，受到不平衡的人類干擾……而擾亂其內在恆定的道理……我們需要的是沒有自然的生態學：保護自然的終極障礙，正是我們心中所仰賴的大自然概念本身。」

在全球暖化之下，摩頓（2010a）提及一個常見的情境，反映出「談天氣的對話」此一傳統社會關係面向的未來命運。天氣（weather），「你能和陌生人對話的一個可親的、中立的背景……已經染上了帶著威脅性的氣氛」，使得「一套正常的慣用說詞失效」。天氣（做為我們生活的背景）已不存在，如今，它感覺上不過是「氣候」（climate）這種更令人憂心之現象的症狀。更有甚者，過去看似穩定、我們稱之為「環境」的背景，也化為太多難以預料的意外事件，以致於前景本身也消失了。與其退縮到哈比人（Hobbit）生活般海德格式「生命世界」（life worlds）的舒適幻想中，摩頓（2007, p.186）鼓勵我們要擁抱幽闇生態學（dark ecology），接受這種以「憂鬱倫理」（melancholic ethics）為基礎，和修飾過特定本體論說詞的克萊恩式生態精神分析之間，很有可能產生有趣連結的生態學。

當然，單純讓妄想幻滅不能算是答案（Winnicott, 1987），真正的危險在於生態批判可能消滅了環境運動的原始動機。談論「自然不再存在」可能會強化心理防衛作用，認為「自然」已經被人類活動大幅改變，純淨的「荒野」並不存在，因而沒有理由去保護一個不具實體的自然。儘管如此，生態批判很關鍵地幫助我們更加覺察到自己在心理上如何利用了「自然」，以讓我們的投射與幻想不會阻撓更真誠的環保實務。

生態批判的一個根本問題，在於解構取向或後現代主義取向所面臨的困境，難以給予自然與物質一個不受語言影響的本體性空間，亦即相對於語言的「實存」。而德勒茲和瓜塔希（下文中會照著赫左根拉特〔Herzogenrath, 2009〕的習慣，將這組奇異的組合寫成德勒茲|瓜塔希〔Deleuze|Guattari〕）用綜合的符號學（semiotics）為上述困境提出了解套方法。赫左根拉特（2009, p. 3）宣稱德勒茲－瓜塔希生態學是「允許『遭壓抑』的、『實存界』的、『自然界』的……代表的工作成果，得以一起合作」。根據邦塔與波塔菲（Bonta and Protevi, 2004, p.4）的說法，德勒茲|瓜塔希以複雜理論來談論政治，「有助於透過重新思考意義（sense）與指涉（reference）[5]來打破後現代主義的陷阱，這種做法粉碎了後現代主義將意符（signifier）等同於符號（sign）的公式。」這提供了超越語言學語域（linguistic register）的另一個符號系統的視野，「在關鍵臨界點上……物理及生理系統可說是能夠『感受』到在其環境中的差異變化，而觸動自我組織的程序。」（Bonta & Protevi, 2004, p.4）用非線性的方式解讀德勒茲|瓜塔希的文字，既不是要逃到神祕主義（mysticism）中，或天真的實證論化約主義（positivist reductionism），乃至後現代主義者（postmodernist）的意符遊戲，而是一種「聰明的物質主義」（intelligent materialism）、一種「地質哲學」（geophilosophy）。

[5] 譯註：參考弗列格（Gottlob Frege）的專名理論（theory of names），將名稱分成兩個功能：一個是指涉（reference）的功能，一個是意義（sense）的功能。

複雜理論與生態精神分析

德勒茲｜瓜塔希（2003a）描述了兩種科學：**公理性科學**（axiomatics，尊貴的科學）及**問題性科學**（problematics，次要的—非線性的—科學）。公理性科學係以線性分層式的平衡狀態（***層理***，stratas）來理解事物，這樣就可以透過計算平均的「訓化」（moralizing）過程來進行研究。**問題性科學**關切的則是在遠非平衡狀態下運作的劇烈成形過程，涉及到逃逸路線（lines of flight）、分歧、轉變形成等，開啟了系統的創造力。複雜與混沌理論對精神分析有很大的啟示（Piers, Muller & Brent, 2007），繼而「改變了對人心本身的基本觀念」（Guattari, 2004, p.4），提供思考這三種生態學的新方法。

相位空間（phase space）代表著一個系統的所有可能狀態，可以用系統的**吸子**（見前文），和代表系統自由度或可改變性的**維度**（dimension）來定義。在德勒茲｜瓜塔希的理論中，一個**抽象機器**（abstract machine）或**虛擬圖表**（virtual diagram），就是一個相位空間的畫像，「展示出一個群集（assemblage）是如何組成的，又能做些什麼」（Bonta & Protevi, 2004, p.48）。精神分析師或可考慮夢境是如何描繪著心靈的虛擬圖表、心智的碎形圖（fractal graph）。

自我組織（Self Organization, SO）發生在較低階組成分子的互動中**突現**（emergy）出整體的樣式（pattern）時，而非由外在賦予樣式。對帕隆波（Palombo, 1999, p.24）而言，自我組織是「精神分析理論中缺漏掉的最重要成份」，可以闡明小片段的洞察（insight）如何自我組織成更大的結構。自我組織扮演著一個**抽象**

機器（Deleuze|Guattari, 2003a, p.514）的功能，在許多獨立分別的領域中體現了關係的結構性樣式，包括在這三種生態學中：「每個抽象機器都連結到其他的抽象機器，不僅僅是因為它們是不可分割地兼具政治、經濟、科學、藝術、生態、宇宙的——知覺的、情感的、行動的、思考的、身體的、語意的特性——也因為它們這些不同類型是如此糾結，正如它們的運作也互相匯聚。

混沌理論（chaos theory）描繪了與秩序、結構截然相反的混沌現象，顛覆了我們的文明中這種基本的二分法（Freud, 1930）。這和德勒茲|瓜塔希觀點一致（Deleuze|Guattari, 2003b, p.118），他們視混沌是具有生產力的，「不單是藉由其無秩序性所定義，更多是由每一種在其中形成的型式都飛快地消逝而定義……不是空無一物，而是一種**擬真**（a virtual），包含著所有可能的粒子，繪製出所有可能的型式。」混沌現象是所有非線性系統的一種特徵。當一個系統的隨機度（randomness）增加，「朝向混沌邁進」，就會從點吸子（一個定值而系統會不斷回歸此值）變成週期吸子（系統會在幾個固定數值間來回震盪），再變成混沌或奇異吸子，而可預測性便不復存在。混沌現象對於自我組織非常重要，因為自我組織涉及了因正回饋和隨機擾動所帶來的放大效應（amplification）。

　　生命系統傾向於發生在**混沌的邊緣**（edge of chaos），跨於穩定與不穩定之間，提供了最大**生態彈性**（ecological flexibility）的碎形邊界區域（Bateson, 2000）。健康的心智可以定義為「開放、複雜、動態的系統」，能自我組織，並朝向混沌的邊緣演化，因而「能夠在面對不可預期的社會及環境變化時，以具有彈性的重新組織來回應」（Marks-Tarlow, 2004, p.311）。布許（Busch）形容病態嬰兒般的吸子就如同「**心理空間裡的黑洞**，吸入走近其軌道的任何事物，保持在無從覺察的狀態，因而也無法被其他的構造物所改變。」岩壁茂（Iwakabe, 1994）因而認為精神分析的歷程必須經過「去穩定化」（destabilization）的過程，將點吸子和有限的週期吸子，轉變成奇異（混沌）吸子。大部份精神分析上的改變都被侷限在特定層次，當成被更廣大的心靈防衛所吸收；而當系統到達**自我組織**的臨界狀態（self-organized criticality）時，最微小的局部轉變也可以造成「遍佈整個系統一連串的組織崩解（Miller, 1999, p. 364）。要理解氣候變遷時人類心理與社會的劇烈轉變，這種模型是很重要的。

再往社會生態學推進，史代西（Stacey, 2006）主張比昂（1961）的工作團體（work group）與基本假設式團體（basic assumption group）互相作用，創造出兼具穩定性和失整合性的區域，並有潛在具創造力的碎形區域，其間的混沌邊緣又有著有限的不穩定性。非線性碎形幾何學否定了內在與外在之間任何明確的界線，提供一種將個體與團體視為一個多維度碎形邊緣區域的新思考方式。與此相似地，雅各（Jacque, 1955）的**社會幻想系統**可以理解成是從個人防衛的自我組織中突現，具有整體的樣式，而以遞迴的方式回饋影響著較低的階層。尼克遜（Nicholson, 2003）提醒，美國式的團體凝聚力實則連接著一種持續犧牲自然的潛意識。除非此種團體幻想可以移往一個新的吸引力盆地，不然很可能會維持此種危險，困陷在其對自然世界的濫用關係中。

有關非線性社會幻想生態系統的例子，我們可以轉而看看藍道爾（Randall, 2005）的討論，他認為沉默的大眾把他們的對環境的關切投射到環運人士身上，環運人士因而扮演著此種分裂開的集體環境超我（superego／超生態supereco）容器的功能。非線性社會系統的觀點，讓我們得以探究環繞著一段回路而運作的回饋迴圈。

此段回路具有複雜的社會與心理效應，當系統隨著時間進展，會在新的故事中來回迴盪；而當其他的個體或群體也沉陷進來時，或者是將這種瘋狂的共振倒棄（Bion, 1961），或者在非線性的放大效應中被清除。當集體的罪疚感變成由更多人所共有時，它會變得「比較不具迫害性與破壞性」，而可以「用比較有創造力的方式來管控」，心理投射會減少，而一個更大的非精神病性的空間會被創造出來以供修復行動之用（Randall, 2005, pp.176-177）。這實現了一個系統的多重穩定性（multistability），當內在客體與情感流經此一具有重大狀態轉變的網路時，各吸引力盆地之間的複雜變換，有時會發生在系統看似卡住的漫長週期之後，即使要撼動其平衡最好的方法就是把它推向一個分歧點。

我們可以用適應度地景（fitness landscape）的演化模型為例，此模型中每一種有益的突變會讓物種向一個鄰近的適應高峰移近，而適應度地景本身則隨著演化與地質的時間起伏消長，持續地轉向新的方向。結果是這個物種會「卡」在左近的最適點上。在精神分析中，病患也會像這樣卡住，產生無法找到新的更具創意的生活方式前所需的暫時性退化（Palombo, 1999, p.114）。分析師的任務乃是要透過分析師行為的轉變來扭曲這個適應度地景，以促進下一步的移動。這是對於心理治療中的「阻抗」（resistance），以及關於氣候變遷在更大文化中的僵局的一種新奇的描述方式，說明了為何即使長遠的結果可能是個鉅災，卻仍難以脫離一個鄰近的適應高峰。

運用複雜理論，可以看到當前這段時間，我們在某些部分似乎失序而不穩定，而在其他部分又顯得像是卡陷、僵住了。前者讓我們感到驚恐，後者又讓我們感到麻痺、洩氣。不穩定的時期是「在走向更大自我組織的路上自然而必要的階段」（Eidelson, 1997, p.68），但也不保證之後突現的就必然更有適應性。在一個高度複雜而互相連結的系統中，一個參數相對微小的變化，能在整體帶來災難性（且不可預測）的效應。戴蒙（Diamond, 2006）對於文明崩壞的研究，提示了系統性的社會互連性、環境破壞，以及氣候變遷之間的互動之重要性。過去許多社會在到達其顛峰後沒多久，就繼而進入一段急速災難式崩毀的時期，這應該要引起我們這個社會深刻的反思。

複雜理論讓我們了解到，心理學的、自然的以及社會的生態學是如何組織而成，又是多麼地脆弱。它也讓我們看到在特定的條件下，即便是微小的改變也可以造成戲劇化的後果。於是這個任務變得具有實驗性，包括要找到開啟更劇烈轉化可能性的「支點」。如同德勒茲｜瓜塔希（2003a, p.161）所寫的，「這就是達成目標所應該做的：你自己要駐居到層理中，用它所提供的機會進行嘗試，在其中找到有利之處，找到潛在的去畛域化（deterritorialization）運動、可能的逃逸路線，體驗它們，四處創造匯流處（flow junction），一段一段地試出強度連續體（continuums of intensities）……正是透過與層理間謹慎細緻的關係，一個人才能成功地把逃逸路線走出來。」

地質哲學與三種生態學的未來

德勒茲｜瓜塔希式哲學是一種關於「形成」更甚於關乎「既存」的哲學。德蘭達（DeLanda, 2005, pp.258-259）指出，在一個足夠長的時間尺度中，「岩石和山這些標定著我們現實世界中最穩定也最耐久特質的東西……僅只是代表著這個流變現實世界中一個局部的緩步……就石頭來說非常地慢，就岩漿而言又稍微快一點」。同樣地，我們自己的身體與心智代表著暫時性的「生物質量（biomass）、基因、彌因（memes）[6]與規範（norms）巨流中的凝結與減速」。德蘭達的群集理論（assemblage theory）幫我們將自己定位在此。德勒茲（DeLanda, 2006, p.121）定義群集「是一個由異質的項目所組成的多元體，進而建立起密切聯繫，以及……不同本質……之間的關係……它是一個共生體，一種『共同情緒』（sympathy）」。群集理論研究各種尺度的結構如何從其互動的成份間浮現。應用到社會歷程時，此理論提供了一種方法，「始自個人的（甚至亞個人的）尺度，逐級上爬，一路研究到有域的邦國，乃至更高階」（DeLanda, 2006, p.6）。

這個模式需要一種「扁平的」（flat）本體論——就像齊澤克的廁所一般，沒有本體論上的U型管。德蘭達（2006, p.119）主張這讓我們得以整合來自所有時空尺度的洞見，形成「一個未能讓各部和諧，但把各部糾集在一起而尊重其異質性的合唱團」。群集理論提供了一種探究瓜塔希全部三種生態學的取徑，用一種帶有連結性的濃烈異態層級結構（heterarchy），在這樣的結構中「國土疆域的群集朝向社會的群集開放」，並也同時「連結到宇宙力」以及「地球的脈動」（Deleuze|Guattari, 2003a, p.549）。對德蘭達（2005, p.267）而言，德勒茲|瓜塔希為世界創造了一個願景，

---

[6] 譯註：彌因（meme）為理查．道金斯（Richard Dawkins）在《自私的基因》（*The Selfish Gene*, 1976）一書中所創用，用來做為文化資訊類在社會中傳承、演化時的單位，猶如生物性特質藉由基因（gene）來傳遞、演化一般。

在此處「地質學、生物學、和語言學不被視為三個截然切分的半球」，反而是「共存且互動的流」，其中「一個層理可以直接成為另一者的次層理（substratum）」。如同德勒茲|瓜塔希（2003a, p.69）所寫的，「一段符號學的段落和一場化學的交互作用相濡以沫，一顆電子撞擊成一種語言」。

德勒茲|瓜塔希追隨貝特森（Bateson）尋求心智的生態觀，在這裡意念生態系（ecology of ideas）中的謬誤會為社會及生態領域帶來直接而災難性的後果，因此，「存在有一種壞意念的生態，就如同也有雜草的生態一般」（Bateson, 2000, p.492）。心智的生態觀將我們帶向理解主體性的新方式。對德勒茲|瓜塔希（2003a, p.18）來說，部分的物體自我組織成更大的群集，浮現出亞於（幼蟲主體，larval subjects）或高於（社會機器）傳統中設想的人類主體的特性。因而，精神分裂分析（schizoanalysis）的無意識是「一個無中心的系統……某一群機器人的一組機械性網絡」，一個自我組織的蜂群。這導出一種對內在心智的生態式觀念，如同貝特森（2000, p.492）所寫的，「稱之為伊利湖（Lake Erie）的生態－心智系統是你的更廣大生態－心智系統的一部分……如果伊利湖變得瘋狂，它的瘋狂也會被涵蓋到你的思考與經驗的更大系統中」。

在眼前的生態危機中，我們必須面對這樣的可能性，亦即若要達到足以倖存所必要的生態彈性，我們就得在生活的許多基本面向中從根本開始重新檢視。就像是卡在局部區域最適點的病人一般，沒能力或不願意跨過門檻區前往另一個更適應的高峰，過去就有整個物種與文明後來發現他們自己走進了危險的死胡同；也包括那些在心智生態中變為病態的思考與存在的方式，亦即不能依照自然與社會生態系統架構中持續變化的關係而演化的方式。精神分析的貢獻在於透過細察它們的無意識根源，來幫助我們克服這些思想上的錯誤。

生態精神分析主張我們的世界乃是遵循非線性動力學，其非線性的程度讓啟蒙運動的理性思考所承諾的預測力和控制力將永遠只是某種程度的妄念。反之，我們必須要連接上地球的創造力，循著我們找到的逃逸路線，探究「即便在最卑微的質能（matter-energy）型態中也本自俱足的自我組織潛能」（DeLanda, 2005, p. 273）。撇開不要知道的所有心理防衛理由，我們正開始意識到朝我們而來的龐大危險。大自然的非線性特質及混沌現象，以及超越我們有限經驗界限但要讓我們維繫與自然間永續關係所必需有的思考型態，兩方面都既讓人驚恐又讓人覺得解脫。然而，姑不論氣候變遷迫使我們必須面對的焦慮、愧疚與驚懼，此一危機也能提供我們一個用更開放的視野看待我們自己的機會，視為一個一個的主體、視為一個一個的社會、以及視為地球相互連結生命系統中的一個物種。

第十章

拉岡會去露營嗎？尋找生態自我的心理治療

馬丁・喬丹（Martin Jordan）

本文所探討的，是心理治療能如何開始在後現代性中促進生態主體性（ecological subjectivity）的發展。我將仔細檢視自然與主體性的概念：我的論點是我們需要開始重新想像生態主體（ecological subject），以及「生態心理治療」（ecopsychotherapy）能如何協助促進生態自我的發展。我將探討在歷史中的此刻，生態溝通的過程如何在心智與大自然之間進行。我們生活在一個無法再將環境視為被動背景的時代；氣候變遷、物種滅絕、環境崩壞和潛在的大災難，環伺在我們意識的最前線與大後方。大自然與主體性並非靜態的存在實體，兩者都是流動而多樣的，在形成的過程中組合又解體。本文將探討人類與自然的一切該如何被重新想像，以便了解並發展出適於融合與產出後自然脈絡（postnatural contexts）的生態主體性。我將不會探討在自然環境中的心理治療實務，而會聚焦在生態心理治療計畫的核心主題上：即生態心理學在試圖與自然世界重新連結時，用以突顯相互交流過程的生態心理主體（ecological-psychological subject）。

引言

我們若試圖以生態溝通的型態來理解人與自然的關

係，很快就會碰上這樣的概念：人類與自然之間溝通不良（miscommunication），導致人類、非人類和生態系統遭受苦難。生態心理學（Roszak, Gomes & Kanner, 1995）提出的其中一個論點，是當我們與環境越疏離，人類的精神病理症狀（psychopathology）就越多。生態上的溝通不良持續越久，就會有越多生態系統陷入混亂；像是令人越來越關切的氣候變遷，及其後續將如何影響（也正在影響）全球的生態系統。

許多作家（如Boston, 1996; Greenway, 2010; Schroll, 2007; Scull, 2009）都在生態心理學領域裡清楚表達了他們對此的見解。但我特別想在歷史中的此刻所浮現的思想界的複雜系統內，找到它的所在。若能從催生了生態心理學的前現代、現代以及後現代的思想系統來理解生態心理學這門學問，對這個領域會很有幫助。但要找到一種「核心」語言，以便將生態心理學呈現為一門統整好的學科，卻有其難度；把它視為一種企圖表達人與自然關係的想法、語言和實務行動，或許才是最好的。

羅斯札克（Roszak）最初對於生態心理學的願景，是想要將心靈（psyche）置回「使活生生的智能得以存在的物質母體」這樣一種地球的脈絡中（Roszak, 1992, p.320）。他概述了生態心理學的某些原則，認為生命和心智是透過在物質、生物、心智和文化系統逐層開展的演化過程中所生成的。他提出心智的核心是生態無意識（ecological unconscious），一個我們與自然世界天生的相互作用與連結存在的地方，這是我們存在的中心；而在工業化過程中，此核心受到潛抑，導致人們精神錯亂，生態破壞猖獗。羅斯札克明言這是個「推測性」（speculative）的看法，但他認為他的推測程度並不逾於心理學領域中其他的觀點（Roszak, Gomes & Kanner, 1995, p.14）。在將生態心理學連結到心理治療時，他如此描述：

> 正如過去治療的目標是要找回無意識中受潛抑的內容，生態心理學的目標也是喚醒存在於生態無意識中固有的環境互惠性。其他治療想要療癒的，是人與人、人與家庭、人與社會之間的疏離感。生態心理學想要療癒的，是人與自然環境之間更根本的疏離感。
>
> （Roszak, 1992, p. 320）

儘管羅斯札克（1992）將人類與自然世界的疏離，認定為心理健康問題的病因之一，在生態心理學中，卻很少有研究是針對鑲嵌於歷史上某特定時間思想系統內的自然疏離感，而做出全面性的了解。從歷史的角度來看，我相信我們正處於一種「複雜的現在」（complex present），在此，與自然相關的主體已不再能被單純地以它在生態心理學中的位置來看待。整個生態心理學領域也尚未進行有意義的自我思索，以脫離認識論的死胡同，而經常退避到自然神祕主義（nature mysticism）、蓋婭整全主義（Gaian holism）和非二元性（nonduality）的概念中（Davis, 1998, p. 2003）。問題在於，提出「非二元性」來做為克服和解決心智－自然溝通問題的方法時，就正是在建立你試圖克服的那個二元論（binary dualism），因為你是以心智與自然的二元性作為起點。透過以主體和客體（人類和自然）之間的分裂為起點，你便不經意地建立起在生態學和心理學等學科中可見的主體與客體的二元差異。我們需要有個不同的起點，讓自然、系統、文化和心靈得以被重新想像，然後在此母體中定位出生態主體。

我的論點是，我們需要一個能使生態主體性更為清晰的生態溝通形式。然而要這麼做，我們必須投入自己正身處其中的複雜現況，而非退縮到受損的心智與受損的自然間分裂的形式中。我將從探討這個備受爭議的論點開始：也就是大家心中那個純淨整全的「大自然」概念正妨礙著我們，令我們無法以生態的方式來思考與行動。

新興的後自然（Emerging post-nature）

談到我們與之失去接觸的自然時，我們所談論的並不是一個單一、統合的「大自然」（Nature）。我們對於「自然」（nature）與「荒野」（wilderness）概念的理解及看法，在歷史的時間之流中已經產生了轉變，尤其在論及文化與科技發展時更是如此。近期的文章對於以均勻一致的觀念來看待自然的想法提出質疑，認為將自然當作單一存在實體，是不可能的事（Mcnaghten & Urry, 1998）。透過自然科學的闡述（Latour, 1993），以及在現代性的實務工作與經濟發展中（Bluhdorn, 2001），大自然從歷史之流浮現而出。顯然，若理所當然地使用「大自然」一詞，而不做進一步的詳述和探討，會造成我們將之視為單一自然的幻想。

在這種觀點下，想和外面那純淨無染的自然荒野有所連結的「渴望」，有很大的問題，正如摩頓（Morton）所爭論的：「把自然擺在崇高的台座上，從遠方景仰它，對環境來說，就和父權體系對待女性的方式一樣。這是一種虐待式崇拜的吊詭舉動。」（Morton, 2007, p.5）摩頓提倡的生態，不是一種在我們的浪漫幻想之下喪失了單一自然的生態。他進一步主張，如果我們接受生態學的根本前提是「萬物彼此相連」，我們就必須與萬物建立連結：包括垃圾場、實驗室中創造出來的混種生物，以及令我們與自然世界和彼此疏離的科技。

對摩頓（2010b）來說，生態思維從中心開始、沒有邊界；而那種無法從包括全球暖化在內的生態母體中逃脫的想法，製造出令人不知所措的迷失感。假使我們接受這種想法，那麼生態主體性就需要找到它自身相對於一切萬物的位置——包括混種生物、非自然物，而非僅止於我們四處尋找、相信自己業已失去的純淨自然。我們希望如何在這樣的連結中存活下來，在情感上和心理上都需要重新理出頭緒。摩頓又說：

> 假使生態學是關於基本的共同存在，那麼我們必須對自己所認為何謂真實、何謂不真實、什麼算是存在、什麼又算是不存在的感受加以挑戰。將大自然視為一個整全的、健康的真實事物的概念，逃避了這項挑戰。
>
> 摩頓（Morton, 2010b, p.10）

在探索這股張力時，塔茲（Dodds, 2011及本書）強調了「幻想之生態學」（ecology of phantasy）的問題：在拉岡（Lacan）（Žižek, 2007）及德希達（Derrida）（Morton, 2007）之後的後現代解構理論（deconstructive theories），認為對純淨自然的憧憬本身就是個幻想，一種想要彌補我們在現代晚期「缺乏」地方歸屬而產生的慾望，一種將會到臨而解救我們的「大他者」（big other）。然而，塔茲（2011）提出了一條介於兩者之間的道路，運用雙焦視域（bifocal vision），在語文建構的觀點和更基進的複雜及混沌理論之外，保留一個物質性的自然，藉以理解心智、自然與社會的三種生態學（Guattari, 2000）如何彼此交織，相互影響。

在探索自然與生態主體間相互作用的重要性時，我將採用安德生對自然的定義，「新興的後自然」（emerging postnature）（Anderson, 2009）。繼拉圖爾（Latour, 1993）及沃特摩爾（Whatmore, 1999）之後，安德生認為人類與自然之間從未在本體論上分離過：於社會之外另存在著「純淨」自然的想法是個謬誤。他主張在一個本體論上不斷融合與新生的世界中，自然、文化與心智的概念並無法真正被置放為獨立的存在體，與彼此相互分離。世界與在其中行動的一切、人類、地方、自然與文化，全都會隨著時間而改變，同時深陷於彼此之中，又自彼此之中浮現。在這些融合與新生的動態之中，我們找不到一個能透過獨立的「文化」來與獨立的「自然」進行接觸的獨立「心智」（如同某些版本的實相觀點所主張的）。安德生繼續說：

> 因此，後自然並不單純是將某些處在被動脈絡中而互相分離的存在實體緊密地銜接在一起，而是包括人類、非人類以及場域之間彼此互動與干擾的聚合。在這樣的群集（assemblage）中，若是以分離的狀態來個別看待任何人類或非人類物種的意義，都只能得到最低限度的理解。
>
> （Anderson, 2009, p.123）

邦塔（Bonta, 2005）主張，後結構主義者（post-structuralist）的觀點，即「自然」與「空間」基本上是透過論述而成型，而非透過身體行動的實驗精神與不可預測性、以及行動者之間的關係而形成；但這樣的觀點卻未能看到在所有時間空間中都與人類共同臨在（co-present）的非人類。這不僅是透過語言而生成，也是透過超越語言論述，或加在語言論述之外的身體程序而生成。

我在其他地方寫過，關於生態治療實務（Jordan, 2009b）以及當我們移駕到戶外及自然環境時，心理治療的架構如何轉變的文章（Jordan & Marshall, 2010）。在我的治療實務中，我也曾在戶外進行過個人及團體工作。我與個案進行一對一工作的場所是在鄰近森林的一座公園裡。這個空間裡散佈著小徑、道路、圍籬和田野；背景中可以聽到遠方公路傳來的嗡嗡聲；公園有些地方被整頓為園藝空間，因此整個空間是個受到管理的環境。某種程度上，這並不是生態治療與生態心理學想要我們重新與之連結的純淨自然，這是個融合與新生的空間，含括了代表後自然的自然、都會、非自然與混合體等等面向。當人們外出並進入這個空間時，他們會遇見這些不同的過程，將它們帶回去成為照映與融合其內在世界故事的成分。接下來，我將探討這些內在的心靈世界。

非單元主體（The non-unitary subject）

傳統現象學看待主體的觀點，被人們用以理解如何更恰當地感知自然世界，並與自然世界連結（Abram, 1996; Fisher, 2002）。在這類以及其他生態心理學文章中的經典胡塞爾式（Husserlian）現象學主體，具有超脫的能力可以從分離意識所處的高點觀看客體。這樣的主體觀點，在許多生態心理學論述中若隱若現，但卻很有問題，同樣是因為它樹立了我們試圖在建構生態自我時所要化解的那種二元論。精神分析就心理治療實務工作建構了一套工作模式，將主體重新想像為分割的而不是合一的（Layton, 2008）。

尤其，心理治療界已轉變地更加關係取向，將主體安置在身體與環境之間複雜的關係過程中（Mitchell, 1988）。米契爾（Mitchell）從心理治療領域將心靈重新定位為一種關係性的現象時，主張如果自己並未或多或少地感覺到與客體的關係，在心理學上就不存在有意義的「客體」（object）。繼而，隔離在關係的母體之外，也就沒有在心理學上具有意義的「自體」（self）（Mitchell, 1988, p.33）。米契爾認為在發展自我感（sense of self）時，人類面臨的困難是意識存在之暫時性與複雜性。米契爾將人類意識視為在時間與持續的流變中運作的一股思緒、情感、感官和慾望之流：從關係的觀點來看，自我是個處在持續運動過程中有時空性的存在實體。

拉岡（Lacan）最初的研究聚焦於為主體進行基進的修正，視主體在根本上與自身的慾望相疏離，不再把我們當做是自身慾望的主體，而是我們之外的客體成為我們慾望的起因（Fink, 1995）。因此，我們不再有意識於自身的慾望，反而在自己的主體性中越來越徹底地偏離中心。後現代作家採用拉岡的觀點，來展現論述可以如何形塑及建構出使我們得以棲居其中的思想空間。從這個觀點看來，他人的慾望，例如父母對孩子規範式的期許和希望的型態，開始形塑出孩子自身的主體性：孩子希望取悅父母，並且開始棲居在以他們的慾望為圖像所創造的空間之中。就此而言，對於「在那裡」（over there）有個我們需要重新連結的純淨自然抱有渴望，就是個幻想。

從這個想要理解人與自然關係的起點就出現了一個問題，即主觀的內在與客觀的物質外在是如何產生某種形式的溝通。問題在於，以這些詞彙來思考是否有用，因為它們恰好架構了在自然環境中進行心理治療所欲克服的那個二元主義觀點。我們若把笛卡兒式（Cartesian）的自我視為啟蒙運動的產物，之後帶動了現代主義而將事物區隔在外，以便對其有更好的觀點；那麼要找到可以不架構起最初將我們帶到此境地的二元觀點而觀看內外在的空間，就成為一項大挑戰。譬如，要體驗自然環境中的治療潛能，我們要不就是得退回到內在，比方說：我對此有何感受？在與自然接觸時我帶著哪些心理與歷史的框架？哪些象徵與隱喻呼應了我個人的情感故事？要不就得向外移動，透過我們的感官來接觸自然，比方說：我的身體對此過程有何感受？我經歷到了哪些視覺和感官刺激？內在永遠關聯著外在，反之亦然——外在是如何成為內在的呢？

這些問題也關聯到治療工作的焦點。治療師是否只要完全專注於個案的內在，以及標準的關係動力，諸如個案的發展史和關係經驗等等？或者他們也要透過激發與探索其與自然世界的接觸，聚焦到個案在遭逢自然世界的當下會體驗到些什麼？這些做法各有其不同的潛在治療效果，且倚靠著不同的理論傳承來了解情緒困擾。具有不同意義與體驗的各個系統之間彼此溝通的方式，對於治療工作的了解變得十分重要。

尼爾・安賽爾（Neil Ansell）最近的著書探討了他獨自生活在一處偏遠自然環境的經驗如何影響他的自我感，並且反映出上述的觀點——自我是處在他者性（otherness）之中，更像是一種「空間」，而非一個統合的實體：

> 我所發現的並不同於你可能預期的。你或許認為這種長時間的獨處會導向內省、自我檢視、自我覺察的成長。但我不是這樣

的。結果發生的是我開始忘記自己，我的焦點轉而幾乎整個移到窗外。彷彿我們透過與他人的互動：透過我們在他人眼中所看見的自己的倒影，獲得了自我感。

（Ansell, 2010, p.30）

接下來，我要開始探索我認為可以為部分前述的難題，在想法上提供進展的理論性思考。我認為依靠生態心理學作家所假定的生態自我，會使我們卡在認識論的死胡同中，因為這些作家所汲取的是古典現象學上關係著一個「外在」（out there）自然的主體性與意識的觀點。藉由將自我與自然重新觀想為持續不斷的動態，我們將開始打破二元對立的概念。我要呈現的是懷海德（A. N. Whitehead）的歷程思想。

歷程哲學

歷程哲學（Process philosophy）假定存在的歷程性本質，是無法被降階到事物的物質性層次的。存在是階段與相態的變化運動（Rescher, 2009）。這個歷程概念被連結到以「形成」（becoming）的形式進行運動的本體上（McCormack, 2009）。當我們相信的是認識論與本體論上固定不變的概念，讓它們變成靜滯的參考點時，我們常會困於內在或外在場域中：空間變成一個定型成物質型態的靜態實體。根據麥考梅克（McCormack）的看法，這種觀點的問題在於視空間為存在於固定的網絡中，而轉化在其中展開，於是我們再度困於笛卡兒式理解主體的空間中，從獨立於外的立足點觀看著世界。

這種將身分與空間視為固定點的概念，並未捕捉到在現代性、後現代性及全球化中這些位置的時空流變，在此之中，自我與空間都更像是一種流體——亦即是一種過程。麥考梅克（2009）引用了前蘇格拉底哲學家赫拉克里特斯（Heraclitus）及巴門尼德斯（Parmenides）的想法，來說明在當代西方的思想中，關於存在（being）與形成（becoming）的張力。赫拉克里特斯認為世界是在流轉與運行中的，是由衝突與對比的力量活生生地混合而成的一種不均勻流動。反之，巴門尼德斯以前笛卡兒式（pre-Cartesian）的對應方式，認為世界上的一切事物，都以某種固定永恆本質的方式存在。

懷海德（1920/2004, 1978）曾詳細說明了論及自然時，歷程哲學的位置。懷海德（1978）提出物質的關係理論，在此理論中，「客體」會進行觀察乃是其與空間之間的關係所具備的特質。懷海德（1920/2004）提出一種對於主客體分裂的修正並將之融入歷程哲學，認為事物是以特定的型態存在於關係中，這些型態本身又依存於觀看者的觀點以及物質、時間和空間等特質間的關係而形成的脈絡。因此，他的哲學是一種從觀察者的詮釋立場，觀看存在體於時空中的關係的過程理論。

> 是以，似乎每個物質存在體都並不真的是一個存在體。而是存在體基本的多重性（essential multiplicity）。物質解離成多重性的過程似乎永無止境，總是無法找到一個終極存在實體佔據著某個單獨的點。
>
> （Whitehead, 1920/2004, p.22）

懷海德認為，我們對於自然的觀念已經變得混淆不清：現代對於自然的描述並非我們的心智中所知的自然，而是對自然作用於心智的不準確描述。他之後又說：

> 除非我們製造出能囊括一切的關係，否則我們面臨的會是分歧的自然，一邊是溫暖火紅，另一邊則是分子、電子和以太（ether）。然後這兩組因素又分別被解釋為肇因，以及心智對此肇因的反應。
>
> （Whitehead, 1920/2004, p.33）

感官上的覺察對於我們與自然的關係變得很重要：它既獨立於我們對自然的想法，也與這些想法相關。懷海德認為，我們對於自然的感官知覺會以一組複雜的存在體來顯現，這些存在體的相互關係，可以在思緒和感官覺知的異質性中表現出來。對懷海德而言，我們與自然關係中的同質性存在著一個問題，即透過科學原理而造成自然與心智的分歧。「大自然」是運動中的許多「事件」的一種異質性經驗。懷海德（1978）將這些運動中的事件稱為「實際境遇」（actual occasions），取義於它們背後沒有能使它們更真實的事物存在：它們的真實性會在形成實際境遇的過程中顯現。大自然因而失去了主流科學思考模式所賦予的靜態物質特性：懷海德（1978）主張牛頓（Newton）掉入了「具體性錯置謬誤」（fallacy of misplaced concreteness）中。物理世界並不是由定律結合而成的，懷海德認為定律反正也不是一直明確地被遵守著，世界反而是由一種普遍的關聯、一種形成的過程結合而成，而非物質現實的具體終點。世界會自我創造，在自我創造的超越過程中，真實的存在實體們是參與其中的一部分；心智透過感受的過程與自然產生關係，感受是一組心智運作的複合體，透過心智的運作創造出真實的存在體，因此，實際境遇乃是受到物件從中而生的感受所影響，由此觀點看來，感受構成了事物（Stenner, 2008）。

從這些術語中，我們了解到自然是一連串在過程中持續展開的事件，而非只有單一的型態或位置。自我，或主體，開始將自然反映成一段關係性的過程，在諸多時空位置中折摺和開展，而這些位置既在內，也在外。近期在地理學上的發展已在探討這些概念。

情緒地理學（Emotional geographies）

近年來地理學進行了一項「情緒的大轉彎」（emotional turn）（Bondi, Davidson & Smith 2005; Smith, Davidson, Cameron & Bondi, 2009），想要定位出在地方與空間中情緒的重要性，以及情感如何用一套相互反饋的回路影響感知者與地方的位置。邦迪（Bondi）、大衛森（Davidson）以及史密斯（Smith）主張，非客觀化（non-objectifying）的情緒觀點是人與地方之間，而非「事物」（things）或「物品」（objects）之間關係的流轉、變遷或趨勢。藉著此種主張，他們想找到情緒在「空間」中的位置。

我們若將此連結回諮商與心理治療，邦迪和菲威爾（Fewell）（2003）將諮商視為是在「時空」（spatial temporal）界面上工作，這個介面越過了正常關懷的邊界；尤其在關於保密及倫理邊界上的議題，更是同時被重新想像為既具體而特定，又是流動且虛幻的。諮商師與個案之間，既企圖維持邦迪和菲威爾所謂的無階級性而具關係性的實作，同時又要投入案主那既非固定不變也真的不易改變的態勢之中，透過這樣的矛盾位置，這個介於真實的物質具體空間、與想像的幻想象徵空間之間的二元配對，在諮商關係中被呈現出來。諮商最重要的空間比喻之一，是存在於內在與外在之間的空間。邦迪和菲威爾（2003, p.540）認為諮商師將個案與實務工作者間的界面概念化為一種動態空間，彼此可以在這個空間中探索這些外化和內化的作用，從而重新定義內在與外在現實狀態之間的空間與邊界。

因此，在理解主體與客體時，「空間」變得很重要。

空間

要在概念上定位空間是一項挑戰，尤其當空間似乎總是與某種東西相關聯時更是如此。空間通常充滿了物質；固態物體佔據空間，賦予它一種個性，以及某種客觀的臨在感。但是從物質主義的後結構觀點看來，空間不是被定位的，而被認為是透過內部與外部的包覆所產生的。在這種觀點中，空間可以被想成是不將空間與時間分割開的一種形成過程，如此一來，事物可以被看成是在內在固有平面（immanence plane）上的時空開展（Deleuze & Guattari, 2003a/1980）。柯爾布魯克（Colebrook, 2005）認為西方思想在空間識別上的問題，在於總是反應性地將空間定位成某個籠統的領域。柯爾布魯克並不將空間視為固定位置、一個可將東西位置標示出來的場域，而認為最好將空間視為獨特感受與事件的一個平面。深受德勒茲|瓜塔希（Deleuze|Guattari, 2003a / 1980）的影響，柯爾布魯克（2005）主張，在理解當空間在不同的空間、關係、場域和軌道中展開時如何成為生命的不同表現，「一切萬

物物質性（corporeality）的內在固有力量」時，德勒茲派關於內在固有（immanence）的概念是理解的核心（Deleuze & Guatarri, 2003a/1980, p.411, 引用於Colebrook, 2005, p.195）。從這個觀點看來，空間既可被視為一種過程，也是開展中的事件。柯爾布魯克繼續說道：

> 於是，空間會是多點的合成效應，而非某種容器或場所。空間是關係產生的結果。這適用於比喻上的空間，如文句或社會結構上的空間或場域，也適用於實際的空間。幾何學並非承載其自身定律的既定而理想的空間秩序；反之，我們的空間是由我們對它的感受、我們對於場域定向的繪製所組成的。
>
> （Colebrook, 2005, p.195）

結論：生態心理治療與生態主體

我想以主體與自然是個複合群集的觀點做為本章的結論，並且主張這構成了生態主體性。在重新想像主體與自然再度連結時，空間是處在主觀性與客觀性之間的某處，既是內在也是外在的，一種屬於心靈的、社會的、具體化的、自然的與非自然的中介區域。自然與主體都是形成的過程，總是處在運作與流動之中；意識並非靜態的，自然的概念也非靜態，如懷海德告訴我們的，它始終是個「事件」，而不是一個終點。生態自我基本上是個無中心點的空間，位在關係的母體中。

在生態心理治療所試圖要處理的全球性及個人創傷上，這能如何幫助我們呢？錯綜複雜的此刻所具有的創傷促使我們走向單純，回到更單純的時代，其中存在著一個單一的自然，是屬於單一文化的一部分，而雙方又彼此互惠而相互依存。這是生態心理治療在面對複合群集的一部分答案。然而，不論在我那一畝田裡又挖又種、在山嶺間行走能有多少好處，畢竟都只是暫時的過程，我總是要回到我所存在的都市，在超級市場中購物、開我的車，這些複合的生態關係既衝突著也形成了我的晚期現代身分認同的一部分。我在這些運動中，必須折衷調和我所棲居的不同地理、情緒、文化和心靈空間，這些空間都是關係性的，並且在彼此之間進進出出。

生態主體並非透過與我們失去的純淨自然重新連結，即可超越現代中的錯位的一種東西，而是一個在不同空間與時間性中移進、移出的空間。生態學的根本本質意味著一切萬物均相互連結，而生態心理治療的任務是要幫助人類渡過複雜又相互依存的此刻，既不是將過去浪漫化為具有完美的生態，也不是要預測某種未來的生態大災難，而是要經得起停留在複雜現在的時空之中。

第四部

如何是好——可能的未來

第十一章
生態親密關係

瑪麗－珍・羅斯特（Mary-Jayne Rust）

> 宇宙是主觀意識的融合，而非物件的集合。
> ——貝瑞（Berry, 1990, p. 45）

人們大多聲稱自己熱愛大自然。然而我們也全都串通好，一起重創我們所居住和倚賴的生命之網。在心理學上，這可說是人類與自然的其他部份之間的一段矛盾關係；或許這正是我們所面臨的生態危機的核心。

對於以西方心態成長的人來說，我們理所當然地認為人類的福祉與人類的法律應該擺在非人類世界的需求之前。地球已成為滿足人類需求的一組物件、一堆資源。這類被稱為「物種傲慢」（species arrogance）（Prentice, 2011）的態度，在許多方面來說，不僅已深植於西方哲學、宗教和法律之中，也出現在我們如何於這個常被認為是「我們的」的世界上生活，以及安排這個世界的方式之中。這是個以人類為中心的觀點。

脫離這樣的觀點等於違逆了兩千年，甚至更長遠的西方歷史之流。不意外的是，文化的改變需要時間，而且即便我們知道眼前情況危急，改變仍會遭遇各種抗拒。這是一個要將以生態為生活中心的新興故事拼湊起來的同時，還要察覺並且理解我們在生活中所依賴的老故事的過程。穿越如此幽微過渡空間的旅程或許很顛簸、混亂且令人困惑，因為舊有的身分認同和我們所珍視的生存方式已經支離破碎。

這個古老的故事，有時也被稱為進步的神話（The Myth of Progress），描寫的是人類文明從黑暗洞穴中的原始生活，朝向理智進展的興起之路前進（Tarnas, 2006, pp. 11-16）。興起之初是為了保護自己免受自然力量所摧殘，這是可理解的需求。從心理學觀點來看，長時間下來，這已變成是英雄企圖征服自然的旅途，對英雄來說，大自然已成為多義的顯現：自然是最強大的基本敵人；自然是迷惑感官的妖婦；自然是狂野而失控的；自然是無意識的暗黑物質。英雄的解決之道則是馴服、控制與支配大自然的各個具威脅的面向，包括自身的人類本質。他也試著透過向上尋找天上的神來超越自然，以逃離身為生態系統一份子所面臨的掙扎。為達此目的，他將自己從網絡之中切割出來，這種形象在現代的流行故事中四處可見。這是個強有力的故事，敘述的是我們如何以及在何處找到寧靜與自由。然而從自然中抽離，使我們處在一種並非失連，而是從地球上移除的狀態，彷彿我們只是生活在土地之上，而並不存在於一個活生生的系統中。

還有一個新的故事正在顯現，是關於回歸到與地球的關係之中，再度因為和自然界的其他部份融合親密而產生喜樂與困頓的故事。要能永續地生活，我們必須找到方法來接受地球的力量與限制，並且尊重和我們共享這個家園的其他生物之所需。如何才能產生這種轉化呢？

我將於本章探討一些出現在現代生活中的古老及新興的故事，這些故事存在於我們的態度之中，包括我們對於人類以外的世界

（other-than-human world），以及對自己的身體和人類本質的態度。我們將發現，治療性的態度有助於新興故事的形成，但多數治療與諮商的型態，仍不免會因某些因素而陷在以人類為中心的觀點中。

從人類中心主義（human-centrism）到生態中心主義（eco-centrism）

我要從一個故事開始，描述的是一九〇〇年代初葉，時任野生動物管理員，也是現代生態運動之父的阿爾多·李奧波（Aldo Leopold）生命中的一個轉捩點。李奧波身為那個年代的人，抱持的觀點是人類乃於自然萬物之上，因此對自然加以管理與控制以維護人類的安全和福祉，是天經地義、合乎道德的事。

一天，李奧波和朋友們外出狩獵時，在河邊發現一群狼。他們興奮地朝狼群開槍後，李奧波衝下去察看一頭快死的母狼。他寫道：

> 我們即時來到老狼身邊，看著她眼中猛烈的綠火逐漸熄滅。在那一刻，且從此之後，我理解到那雙眼睛裡存在著某種對我來說全新的東西——那是只有她和山才懂的東西。當時我還年輕，一心只想扣扳機；我以為……沒有狼群之處就意味著此地是獵人的樂園。但是在目睹那綠火熄滅後，我明白不論是狼或是山，都不同意這種觀點。
>
> （Leopold, 1948, p. 129）

他接著描述他如何看著狼群逐漸遭到剷除，鹿群快速倍增，直到「每株能吃的灌叢和幼苗（遭到）啃噬，被啃到蒼白孱弱，終至死亡。」最後鹿群面臨飢荒，「死於自身的過盛」（Leopold, 1948, p. 129）。

在這次經驗之後，李奧波發展出一套土地倫理，「將**智人**從土地－社群征服者的角色，轉變為單純是其中的成員與公民。這隱含著對其他成員的尊重，也對社群保有相同的敬意。」（Leopold, 1948, pp. 243-244）而且「當某種事物總能夠保存**生物社群**（biotic community）的完整、穩定與美麗時，那就是對的事物。反之，就是錯的。」（Leopold, 1948, p. 262）史蒂芬・哈丁（Stephan Harding）對此評論道：「將自然視為無生命機器，且專為人類所用的態度消失了。（李奧波）認知到在周遭廣大的野生世界中有個比他更偉大的活躍力量（active agency）存在著。」（Harding, 2009, p. 43。感謝史蒂芬・哈丁，我第一次聽到這故事是從他口中聽到的。）這是由人類中心前進到生態中心觀點的重大轉變。

聽著李奧波如何在那匹狼倒地逐漸死亡之際，對她的臨在敞開心胸時，溫柔和悲傷湧現在我心中。那個片刻，靈魂之間猛烈的綠火彼此親密地相遇，改變了獵人與獵物之間的關係。那頭狼不再是李奧波必須消滅的威脅。她的死亡引發了一種「感覺」，李奧波感覺到他的舉動是不對的，這意味著此刻的他在情感上已被涵納在周遭世界之中，且與之連結在一起。他將狼和群山視為地球社群中平等的參與者，聆聽了他們的觀點。這對西方式思維而言是多麼震撼；而且竟然要用她的死來喚醒他，這又是多麼辛酸。

這個故事是今日世代的隱喻。李奧波代表了身為獵人的人類，意圖為了自己的利益而主宰、控制和馴化狂野的自然。在近乎滅清了我們的掠食者後，我們也像鹿群一樣——不斷倍增、消耗、掠奪地球的豐盛。我們也會死於食物短缺嗎？隨著氣候變遷的加速，生態危機使我們在這第六次生物大滅絕中，隨著眾多物種，一起面臨自身物種死亡的潛在危機。

假使，我們和李奧波一樣，膽敢凝視著大自然的雙眼，去感受正在死亡的生命與事物呢？我們能被自然荒野凶猛的綠火喚醒，明白這世界居住著覺知眾生，而每種生物各有其觀點嗎？我們能夠也喚醒自己內在的綠火，那埋葬在人類馴化千百年歷史中的野性自然嗎？這是喜樂中的至樂。

然而，在這同時席捲而來的是海嘯般的悲傷：為正在死亡的、已經失去的；為非人類世界所遭受的悲慘虐用；為我們與自然失去的連結；為因此而產生的對自我與身體的憎惡；為知道現在要逆轉氣候變遷為時已晚的恐懼，而悲傷。我們對自己的家做了什麼？孩子們的未來將會變成怎樣？這又是至大的悲痛。

許多作家，尤其是生態心理學領域的作家，將此過程稱為與自然重新連結（e.g. Roszak, Gomes & Kanner, 1995）。然而，這會使人對於回到自然有太簡化的印象，也就是經常被投射到原住民身上那種對伊甸園的鄉愁，以及回到極樂祥和的狀態。它也強化舊有範型中的二元性，亦即我們並非自然的一部分。對於目前我們所需要的，更精準的說法或許是，我們要在此刻回頭去領悟人類與自然間的親密關係。我們從人類關係中得知，親密關係——維持一種與另一方緊密的關係——是既美麗又複雜困難的事。在任何交互關係中，它涉及到伴隨愛而來的所有恐懼、傷害、失落、悲痛及創傷。因此，具體施行並恢復與非人類世界的親密關係，是苦樂參半的。但重要的是，這關乎於找出如何與我們身為生物的脆弱面相處的方法。

改變的過程

李奧波的故事描述了一個即時而自發的重要轉變時刻。這類轉化的經驗對於花時間在荒野中的人來說，並不罕見（Key, 2003; Key & Kerr, Kerr & Key, 本書）。原住民文化早已體認到花時間在荒野中獨處，可以使人回到最初的自然狀態。然而，他們歷經數千年發展而成的儀式習俗，也認知到他們有需要將如此有力的經驗加以整理、消化與整合到部落的智慧中。這是個提醒，所說的是我們已經喪失了集體轉變所需的許多儀式和重要的安全涵容體，也失去了關於轉變過程本身的知識。

轉換到生態中心的觀點，能透過許多其他的方式來啟動。曾體驗過非西方文化的人，或許有機會接觸到那些具現出以地球為中心的精緻宇宙論以及生活風格。藝術家、哲學家或任何生活在化外邊陲（borderland）的人（Bernstein, 2005及本書），對於遭到主流排擠的觀點，和不符合現代性（modernity）的經驗，可能有更多的接觸。有勇氣開口的，往往是最初被視為傻子，但後來成為當代先知的人，他們終究成了新知見的管道。

此外，危機也能造成觀點上的重大改變。一開始出現的或許是個驚人的新洞見，但其所引發的漣漪，可能需要多年的時間才能成為日常生活細節的一部分。以心理學的語言來說，這涉及了面對陰影（shadow，自己和他人難以承認的面向）、解開投射的糾結、迎回被推擠到邊緣的部份，以及哀悼已失落的，並且加以補償修復。對自我來說，這是個需要忍受的痛苦過程，但報償亦將豐厚。

從生態學的角度來看，這個轉變過程具有什麼樣的面貌呢？要怎麼做才能在日常生活中找回生態上的親密關係？以下我將提出幾個例子。

生態的失落與哀傷

數十年來，佛教學者暨生態哲學家喬安娜・梅西（Joanna Macy）引領著「找回連結的工作」（the work that reconnects），舉辦精心引導的工作坊，幫助人們表達與探索他們對全球危機所產生的感受。這幫助我們與自己，以及和彼此再度產生連結，賦予我們進行改變的力量（Macy & Brown, 1998）。梅西於一九九二年為俄羅斯車諾比（Chernobyl）地區遭核災污染的居民舉辦了一系列工作坊（下文總結自Macy, 2009）。這些居民自稱是「森林之人」（people of the forest），然而因為輻射污染，他們與樹木唯一的接觸，是家中牆上森林圖樣的壁紙。核災對他們產生的影響包括各種生理上的疾病，以及爆發性的憤怒和哀傷。然而，當喬安娜請他們談論自己的情緒時，她遭遇到的是不情願的回應；他們說自己所受的苦已經夠多了，想要往前走了。「妳為什麼要這樣對待我們？」一位女士呼喊道，「我願意承受哀傷、承受全世界的哀傷，只要這樣做能拯救我女兒不受癌症之苦。但我的眼淚能保護他們嗎？如果無法保護他們，我的眼淚又有何用？」

喬安娜回應：「我沒有足夠的智慧來回應妳的悲傷。但我想和妳分享這個故事：戰爭幾乎毀滅了德國，戰後的德國人決心要盡一切力量，使孩子們免於遭受自己遭遇過的經歷。他們努力給予孩子富足安全的生活，創造了經濟奇蹟。他們給予了孩子一切，除了一樣東西——他們沒有給予孩子自己破碎的心。」隔天早上，每個人都回到工作坊中。第一位開口發言的是前述的女士，她說：「這感覺就像是我的心破裂開來了。也許它每天都會一再地破碎，我無法預期。但不知怎麼，我說不出是為什麼，這感覺很對。這樣的破碎將我與一切事物、與每個人連結在一起，彷彿我們全是同一棵樹上的所有樹枝。」他們一位接著一位地敘述這是個非常艱難的過程，但此時他們開始首次覺得自己得到了淨化、去除了污染。

可以理解的是，我們會想要保護自己、保護彼此和子女不受世間苦難。但在遭遇難以承受的悲傷和憤怒時，想要「前進」和「保持正向」的慾望，要咬緊牙關堅定不移的態度，是那「繼續向前、向上進展」（onwards and upwards）的老舊故事的一部分。這不僅是想要征服土地和人群，同時也是想要征服情緒世界的慾望。脆弱感是如此令人難以容忍；然而當哀傷（或任何強烈的情緒）遭到凍結時，可能會有一連串的問題隨之而來，例如感到失去連結、發生飲食障礙問題，或出現其他成癮症狀和生理疾病等等。

部分的新興故事較具有療癒取向，學習順著情緒之流前進，學習如何駕馭來來去去的哀傷。這是個不同於線性進展的舉動，因為它透過往回、往下的方向完成了一個循環，崇敬回頭審視事物以及往下回到身體與無意識中的需求。睿智的行動取決於反思的結果。

與大自然之間充滿愛的關係，不免會包含喪失所愛的痛苦，或是當一個地方與生物遭受傷害時所承受的創傷。我們在童年時第一個有關死亡的經驗，往往是失去寵物。某棵你在遊戲或慰藉中成為親近夥伴的愛樹，可能無預警地被砍下，你因而感受到的失落更不會受到別人的認同。搬家也牽涉到失去與地方的關聯。再度造訪某個特別的地方，卻發現它遭到開發或污染的褻瀆，也會造成創傷。大型的創傷，如地震、洪災、飢荒和各種不同形態的生態滅絕事件，可能要歷經幾個世代才能復原。在這眾多型態中，我們與整個地球社群的連結都是根深蒂固，而且需要被了解的。

有個為了滅絕物種而建的紀念館——可能是第一座——正在英國多塞特郡（Dorset）的波特蘭（Portland）建造當中（www.memoproject.org）。它將是一座石造的紀念館，刻有已知在當代已絕種的所有植物及動物物種的圖象。每當有物種滅絕時，鐘聲就會被敲響。為世界上正在發生的失落劃下記號，是朝向補償與重建生態社群重要的一步。這是一種愛的展現。

捨棄消費主義

減少碳的釋放也會帶來失落，但這種失落複雜許多。如今多數人已經覺察到，我們必須放棄擁有過多的物品、放棄許多異國旅行的經驗，以及放棄不斷更新科技的刺激。富裕的國家擁有過多，而世界其他地區卻有千百萬人正餓著肚子。我們陷入巨大的飲食障礙問題中。然而，面對我們對地球貪婪掠奪的消費行為時，我們心中會湧現出一股強烈的罪惡感，因為這正是貪心的標誌——這是人類寧可投射在動物，尤其是投射在豬身上的一種特質。

此刻的危機，是永續性成了新形態的節食：碳的節食（Carbon Diet）。這種節食所使用的方式，仍是用頭腦規範身體的舊有範型。身體的慾望不可信任，必須受到對於也許永難饜足的飢餓的恐懼感所嚴格控制；對身體的憎惡就是其中一項副產品。這是由上而下的作法，一切都是為了要站在「好的」這邊。不可避免的事隨之發生：有人會違反而對「犯規」的食物暴飲暴食，取得一種類似外遇的興奮般的感官縱慾。碳的節食模式鼓勵人們要過好的綠色生活，而猖獗的消費主義及刺激的生活方式，都很容易變成現代作風下，犯規、刺激、感官縱慾的那一部分。

治療取向則會超越這些「好」與「壞」的標籤，去探索驅使我們過度消費的渴望與恐懼。在擁有諸多特權的文化中，很難揭發這股飢餓感。人們習於假設隨時想要擁有一切的想法純粹是人類的本質，彷彿這種安逸的舒適感以及感官刺激能帶來快樂。事實上這是在逃避挫折，因此這個消費者式的幸福快樂夢想受到細心的護衛，任何對之設限的企圖（例如，得以永續的生活），都被視為是侵犯了選擇的自由。諷刺的是，多數人都了然於心，這樣的夢並不會帶來持續的滿足，但是人們越容易取得權宜之計，就越不願經歷挫折以尋找能長久使人滿足的經驗。

在社會地位的象徵、成年禮（rites of passage）以及成功的指標都與物質財富緊密相連的文化中，這一切又更複雜了。譬如，學會開車、擁有汽車已成為長大成人的成年禮之一；在我們的社會中，這是一種權力的表徵。廣告商將車子類比於美洲豹和其他威武的動物。將汽車換成自行車，會使人覺得是生命的倒退，權力與地位的喪失。人定勝天已成為成功的標誌：征服高山、獵殺野獸、馴服狂野、開發「空洞」的空間。製造並且擁有更多東西，是開墾荒蕪的例行活動之一。保留空間不填滿、留下部分庭院不管理、只擁有需要的東西，這些有什麼意義？

當東西成為地位或安全的象徵時，在降檔檔次、簡化生活的過程中就會出現許多感受。或許會觸動對不足、喪失地位、無權力感或遭受漠視等所產生的恐懼。在更深的層次，它可能翻攪出對飢餓與受剝奪的原始恐懼感。因此，緊抓著東西不放，是避開這些恐懼的方法，將對於過去黑暗與原始的幻想和表面上文明的現代之間，劃上一道結實的分界線。

要從中復原，我們必須問道：我們真正渴望的是什麼？花時間在庭院裡走動、在公園中聆聽鳥叫、躺在沙灘上感受海浪的韻律，這些全都比消費物品還更令人滿足地滋養感官自我。這類經驗才是開啟通往單純存在的永恆之門——而不是那些被文化常態所讚譽，把時間切割成一小時一小時的狂熱工作。

過去幾年來，我與夥伴在蘇格蘭（Scotland）共同舉辦為期一週的課程，在課程中會撥出時間到自然荒野中，以深化對永續生活的探索。這一週的重心是一次單日獨處（solo）的經驗，參加者在黎明時分出發，尋找一個可以整天安靜待著的地點，直到薄暮時分才回來。他們什麼都不用做。這一天只要純粹地存在、傾聽、觀看外在、觀看內在，整天如此。當然，這一天並不全都是歡喜的狀態。怕壞天氣、怕會冷、怕迷失——不僅迷失在山野之中，也迷失在開闊的時間之中。然而，這一天的遼闊，給予大量的沉思機會，使焦慮與挫折有空間浮出檯面，讓人能正面遭遇它、經歷它。這單純的經驗所產生的深層滋養，總令我驚訝不已。人們是多麼渴望能與純淨天然的大自然相遇，然而我們又多麼難以允許自己在野地中不受干擾地獨處。自我（ego）恐懼著靈魂（soul）所渴望的：凝視著狼的雙眼，去遇見並且在我們所居於其中、充滿奧祕與力量的宇宙面前感到謙卑，去體驗在原生的野地自然中遇見愛之神（Eros）的興奮感，去臣服於無垠，去找回原始的自然（關於獨處經驗的故事，可見本書第五章Kerr & Key之文）。

清除投射

透過這些與非人類世界的相會，我們得以開始清除投射，找出什麼是屬於誰的。在大衛・愛登堡（David Attenborough）最著名的記錄片中，他緩慢地接近一家子大猩猩，證明牠們的本性溫柔和平。他在鏡頭前自在地說：「雄猿是力大無比的動物，但牠只在保護家庭時才會使用牠的力量，而且在群體中的暴力也非常罕見。所以人類選擇大猩猩來象徵一切具攻擊性和暴力的事物，顯然非常不公平，因為這實在與大猩猩無關——我們才是這個樣子。」（Attenborough, 1979）

遭野生動物殺害的人很少。然而每年有數百萬隻動物遭人類殺害（例如為了食物、運動娛樂、衣服、醫藥研究），也有成千上萬個人遭到其他人類殺害。如此看來，地球上最危險的野生動物是人類才對！許多野生動物仍為運動娛樂而遭殺害，而且是假保護人類之必須為理由。在某個層面上，這是為了要繼續維持那個獵人乃是英雄的神話，並使動物持續背負著我們對野性和不受控制的侵略性的投射（Russell, 2006）。

這並無法使野生動物或荒野就此獲得安全。問題在於我們對於風險與危險的態度。在進步神話中的英雄，企圖不斷加強精巧的防禦系統（如今日的健康及安全措施所顯現的），或更糟的方式是繼續殺光「他者」，來保護其世界的安全。然而，了解大自然、能夠閱讀他者的語言，了解野地如同我們自己的處境，才是走向安全境地的更加精巧的途徑。

加拿大博物學家查理・羅素（Charlie Russell），也被稱為「堪察加的熊人」（the bear man of Kamchatka），和俄羅斯的灰熊（grizzly bears）和平共處了四十年。他一開始是個牧牛人，發現了解當地灰熊的習性是保護牛群的有效做法。羅素寫道：「長久以來，人們對熊唯一可以接受的想法是，熊完全無法預測，而且很凶猛。」然而「我了解這份熊與人之間的失和，不是『熊』的錯。這是人類的缺失，是我們自己的恐懼以及對牠們的不信任所造成。」（Russell, 2006）

生物學家林恩・羅傑斯（Lynn Rogers）博士連續數十年在美國明尼蘇達州研究黑熊（black bear）。他在黑熊經常遭運動狩獵而捕殺之地，舉辦課程教育人們。《北方森林熊行者》（Bearwalker of the Northwoods）是一部關於他的工作的動人紀錄片，片中證實人類若是願意耐心對待，也能理解熊的語言。譬如，在某段影片中，羅傑斯站在某個有小熊的熊穴外。母熊對著他們咆哮，熊掌猛力在熊穴一側敲擊。羅傑斯保持冷靜地說：「她不是暴躁的熊，只是一頭緊張的熊……朱麗葉信任我——她只是擔心這多出來的攝影機。她做完這儀式性的舉動後就會鎮靜下來。」接著羅傑斯將食物放在手掌上餵了她；約三十秒的時間內，母熊就冷靜下來，變得友善，讓羅傑斯撫摸她（Rogers, 2010）。

人們往往因為野性自然具有攻擊性、充滿危險且不受控制，而恐懼它。狼人、德古拉伯爵（Count Dracula）[1]以及其他人－獸角色的故事，都具體顯現出我們對自身動物本性最強烈的恐懼（參見Totton, 2011, pp. 138-157中關於荒野／人類關係的探討）。在光譜的另一個極端，是對冷漠、成為沙發上的懶骨頭，或陷在植物人般昏睡等狀態的恐懼；或像是阿米巴蟲（amoeba）般朝四面八方無限擴展。人類的本質包括了動物、植物和礦物界的整個範圍。然而演化的故事——我們目前的創世神話（Creation Myth）——要我們相信我們已經拋掉所有其他在演化量表上「低階」生物擁有的特質，我們站在頂端，擁有意識、分析性思維及抗拒本能的能力等天賦。

[1] 譯註：即融合人與蝙蝠形象的吸血鬼德古拉。

然而漸漸地，科學研究正在擦去人類與動物之間那條粗大的分界線，我們身為人類的身分認同開始變得含糊不清。

我們一直都在將自己的情感投射到世界的各個面向中；這對於認識自己與他人很有幫助。問題則是出現在，當所投射出去的內容無法再度收回到自身中的時候。種族隔離、女性人權和奴隸政策等歷史清楚顯示出，要去除文化的投射是相當複雜之事。對於那些「威權」（power over）人士，這涉及到他們所導致的傷害及羞辱，而產生難以承受的罪惡感。這項心理工作要歷經幾個世代，它有助於我們了解，要恢復與生態的親密關係有多麼困難，因為人類是站在凌駕於非人類世界的「威權」位置。其中的含意相當極端，包括要在法律上承認自然的權利。（厄瓜多〔Ecuador〕是第一個在憲法中承認自然的權利〔Rights of Nature〕的國家：http://therightsofnature.org）。這是在對我們的許多習性，如動物實驗、工廠化農業、動物園及成千上萬種我們利用非人類世界的方式，進行相當基進的重新思考。

在這個復原過程中經常遭到忽視的是，投射的過程意味著失去某部分真實的自己。

當白人將自己野性動物本能的自我投射到黑人身上時，白人就不再具有任何顏色；他所剩下的就猶如單色印刷，他與自己的色彩和創造力切割開來，過著單一文化（monoculture）的生活。

當男人將自己的脆弱與直覺投射到女人身上時，他只剩下切斷的、失連的邏輯心智世界，而無法建立關係。

當女人將野性動物的自我投射出去後，她開始害怕自己臉上的細毛、身上的體毛、她自己的血肉、自己的本能、自己的身體。

當我們將荒野理想化時，我們出外四處尋找自己的神性、美麗、狂野的心智、成群地飛到純淨未開發之地、尋找著祥和寧靜，卻不可避免地破壞了我們造訪的地方。

後記

要與內在及外在自然重建關係，意味著要迎回那些被推到邊緣的自我和他人的面向。儘管在這趟旅程中有所失落，事實上，這是一種療癒——一個變得更完整的過程。新故事不是透過抹除舊故事來創造，而是從重述故事的過程中浮現。一如我們每個人，對抗著大自然的年輕英雄只是個脆弱的生命，盡全力保護自己，對抗著自然所引發的驚恐。他面對這一切的方法是嘗試超越所有人、所有事物，但這麼做使他與純樸的自然、自身的本能和直覺失去接觸，迷失在知性抽象空想的迷霧之中。他的自我（ego）需要領教親密關係的浩瀚遼闊。之後，他才能將自己再度編織到生命之網中，找回他的動物、植物與礦物的本質。這是個從太陽英雄（solar hero）轉變成月亮英雄（lunar hero）的過程，一個死後重生、了解「共權」（power with）而非「威權」（power over）、使他能回到原點的過程。他被帶回到關係之中。這個新的故事其實是個古老的故事，為原住民文化所熟知，現代的我們則需要花一段時間將這一切拼湊在一起。

走筆至此，最後有個關於轉化的故事，太空人艾德加・米契爾（Edgar Mitchell）在1971年搭乘阿波羅十四號太空船（Apollo 14）從外太空返家時，思量起自己的碳根源。這故事展現的是當一位現代英雄察覺自己的礦物本質時，能產生怎樣的可能性。他返回了最初的本質，當然，這也顯示出我們最深層的渴望。他將這個經驗稱為「大全圖效應」（Big Picture Effect）：

> 我們旋轉著，我看著窗戶上每兩分鐘出現地球、月亮、太陽的畫面，還有三百六十度的天國全景。從我的天文學訓練中……我領悟到宇宙中的物質是在恆星系統中被創造出來的，因此我的身體、太空船、夥伴們體內所有的分子，都是由某些古老世代的恆星製造出來的……我們全都是相同物質的一部分，在現代物理學中，這稱為相互關聯性（interconnectedness）。我受到觸動而說出：「哇，那些都是我的星星，我的身體跟那些星星有關聯。」伴隨這經驗而來的是股深層的狂喜感受，一直延續到回家的路上。這是個遍及全身的體驗。我到家後，想要找出這場經驗的意義。我詢問了科學家，但他們無法幫助我，於是我尋求人類學家的協助，他們為我指出梵文（Sanskrit）中所謂的三摩地（Samadhi），一種在極樂中看見萬物合一的經驗。於是我了解到世界上每個文化差不多都有類似的經驗——用比過去更大的脈絡來看待事物。我確實相信那是所有宗教的起點，某些神祕主義者體驗過那樣的經驗，試圖加以理解，並用一個故事來敘述它……從此以後，我成了反戰份子。
>
> （Mitchell, 2011）

究竟我們會逐漸滅絕，成為工業毀滅人（Homo Industrialis Destructivensis）（Henriques, 2011）；或者我們能縱身一躍，而成為真正的智人呢（*Homo Sapiens*）[2]？

---

[2] 譯按：人類的生物學拉丁學名Homo sapiens為智人之意。homo是人的統稱，而sapiens是智能之意。拉丁學名由屬名加上種名而組成，有時再加上對某種亞種之形容詞。而文中引用Henriques依此典故，組合了人的屬名、工業industry和摧毀destructive三字，並仿用拉丁字尾，而創用了Homo Industrialis Destructivensis一詞。

第十二章

全球危機中轉化的政治

米克・柯林斯（Mick Collins）、威廉・休斯（William Hughes）
安德魯・沙繆斯（Andrew Samuels）

引言

眼前的生態危機，使我們有機會知道成為所謂的「基進派政治活躍人類」是什麼滋味。這對我們集體面對改變時的反應能力，是相當嚴重的挑戰。任何在目前全球危機中的重大轉變意圖，都將具有政治意涵；然而，造成這場危機的化約主義（reductionist）心態和政治意識型態，或許並不適合在我們所需要的改變中扮演引導的角色。問題是，改變所需要的動力要從何而來？愈來愈顯見的是，在二十一世紀，人類若想要擁有永續生活的基進願景，人類意識與自然之間必須具備更深層的關係。我們認為目前全球脈絡中集體改變的規模，正代表著一種原型層次的轉化（archetypal level of transformation）。

在本章中，我們要脫離傳統的論述方式，不再企圖為目前的危機尋找專業解決之道，不再探討意識如何試圖使現代人一面倒的物質主義恢復平衡。我們主張，在人們遇到靈性危機（spiritual emergencies）時所浮現出的變化的原型模式（archetypal patterns），應被視為緊急轉化狀態的「解決方案承載者」（solution bearer）。靈性危機可以成為催化劑，幫助人們認知到我們與學習力、公民精神、民主、文化、生態，以及生活方式等事物之間更深層的關係，這些都是令二十一世紀再次變得神聖的政治願景的一環。

現代政治與集體轉化的任務

消費主義及人類與自然分離後的影響很難令人視而不見，這是世界各地的覺醒（disenchantment）意向持續增加的一個重要因素（Reason, 2002）。此外，諸如全球經濟及政治意識形態等因素，也大幅助長了目前的危機，而這場危機的發生，從二十世紀中葉即開始穩定加速。一九六〇年代初期，赫伯特・馬庫色（Herbert Marcuse, 1964/1991）觀察到處於現代科技社會中的人越來越被動，而且受限於過度管理的架構中。他形容現代個體及社會處在「單向度」（one-dimensional）狀態，主張即使人類動力和生產力都被說成充滿自由，但在工業化國家，人們日常活動的真實狀態大多以財富、物質收穫和消費為中心。

一份聯合國出版的報告，說明了人類與生態大環境疏離的程度。聯合國協會世界聯合會（簡稱世聯會WFUNA，The World Federation of UN Associations）出版的《未來形勢報告》（*State of the Future Report*，Glenn, Gordon & Florescu, 2008）概述了世界上有多少人口，將因為食物與水源的短缺、能源價格的上升、氣候變遷及經濟條件惡化，而面臨社會動盪。報告中也提及在未來的其他威脅，例如貪腐、暴力及恐怖主義的激增（Lean & Owen, 2008）。人類正面臨著規模前所未見的全球危機，突顯出我們需要徹底的改變與轉化。世聯會的報告指出，當代的溝通方式，尤其是網際網路，能使世界上的知識更加流通易得，也能成為民主化、教育及資訊分享的主力（Lean & Owen, 2008）。有人相信只要人類能團結且迅速行動，就能阻止災難發生（Lean & Owen, 2008）。從心理治療／心理學的觀點來看，我們需要找到促使此一重大轉化歷程發生的方法，而這個轉化也可能為生命帶來更深層且更具意義的連結。

研究心理學家米哈里．契克森特米哈里（Mihalyi Csikszentmihalyi, 1993）主張，未來若要比過去更進步，我們需要有更多人能轉化自己，也轉化其生命目標。他主張人們將需要把個人目標，與包括家庭、社群、人類及地球等更大整體的目標整合在一起。他預見我們需要培養出超越性的自我與生命目標，為了「所有生命的集體福祉」而跳脫競爭心和個人利益（Csikszentmihalyi, 1993, p. 249）。但我們必須賦予現代意識所處的潛在困境以同樣的關注。「愛因斯坦（Albert Einstein）曾說，我們無法以製造出問題的這套心態來解決目前的問題」（Bussey, 2006, p. 41）。我們需要在自己日常習慣的認知、存在與做事方式之外，找到解決問題的方法。

回到馬庫色敏銳的分析上，很顯見的是單向度且過度墨守陳規的官僚心態，很難啟動人類的轉變潛能：「誰膽敢想像那惡性循環能打破得了？」（Marcuse, 1964/1991, pp. 250-251）。單向度的現代意識模式能了解我們改變與轉化的必要，卻無法逃脫由自己所製造出來且延續不斷的困境。政治上的單向度是用來治理我們生活的基礎，而這正反映出我們與更浩瀚的多重維度真實狀態之間的關係已然大打折扣。

榮格（Jung, 1964, p. 94）對於現代人「偏重一邊的意識」（one sided consciousness）感到憂心，這種意識只偏好理性事物，而使得人類不再深入地投入神話與生命奧祕之中。榮格認為，現代人的態度已經開始擴大意識生活以及我們與無意識間有效關係的隔閡，他說，現代人若是體驗到神祕經驗，必會誤解它真正的角色。他認為現代人傾重一面的態度，將使人們面臨將經驗視作病態，或演變成症狀的風險。他固然仍主張意識的發展是逃脫「禁錮於無意識」的方法（Jung, 1959, p. 272）。意識轉化的面向之一，是認知到大自然的一切事物終將流向其反方，他將此稱為**反向轉化**（enantiodromia）（Jacobi, 1980）；這個名詞反映出意識自然轉變的潛能。然而，**反向轉化**在轉化過程中也非毫無風險，因為它涉及了面對陰影（shadow），榮格堅信這是在深層的改變過程中一定會涉及的（Jung, 1959, p. 272）。

在集體層次，阿諾・閔戴爾（Arnold Mindell）的研究（1988）對於追蹤從社會中剝離而變成「城市陰影」（city shadow）的那些過程很有幫助。這個概念說明了與靈性危機相關的轉化危機，面臨到集體規範的限制，尤其是這些深層的心靈－靈性經驗，徹底挑戰了作為現代社會－政治共識主要基礎的傾向單側（剝離）的物質主義意識（Collins, 2007a, 2008a）。但靈性危機未必是問題，反而能反映出集體心靈的轉捩點，透過自然發生的**反向轉化**，預示意識的徹底轉變。這更加強調了，我們對於靈性危機經驗必需深入探索其意義，這些經驗具有潛力可以發展出「為集體轉化而產生的超越性行動」（Collins, 2008b, p. 19）。

靈性危機之反向轉化做為一種原型的轉化

顯然，我們自身的存在已變得既不平衡又不永續。若拿掉人類以消費為基礎的成癮和消遣娛樂，現代的意識還能依靠什麼呢？這個問題刺探著人類集體意識目前的基礎，突顯出我們需要更深入地去認知個人與集體無意識層面的關聯。有一段歐文・拉茲洛（Ervin Laszlo）、史丹尼斯拉夫・葛羅夫（Stanislav Grof）、彼得・羅素（Peter Russell）(2003, pp.5-9）之間的對話，顯示出現代文化正處於集體靈性危機之中。這對於在面對不斷擴大的全球性問題時，現代意識所處的脆弱狀態，不僅是個非常重要的聲明，也說明我們有可能會遭遇到存在於集體陰影中的剝離過程，而這有可能是浮現中的反向**轉化**的前兆。

拉茲洛、葛羅夫和羅素（2003, pp. 5-9）認為，目前在心理衛生體系內治療精神病的群體，有的相當數量事實上是在經歷轉化危機（transformational crises）或靈性急症（spiritual emergencies）。在他們的對話中，史丹尼斯拉夫・葛羅夫談及他從事超個人精神科醫師（transpersonal psychiatrist）的工作，看見人們在發現自己心靈上的神聖敬畏面向（numinous dimension）時，他們的定向（orientation）如何發生轉移。這項啟示使人們「對自己、他人、自然及生命整體有了全新的方向」（Laszlo, Grof & Russell, 2003, pp. 98-99）。靈性危機是逐漸成熟的心靈－靈性傾向在器質上的具體顯現，而這種傾向可使意識發生轉化。然而，集體改變的過程——即以其他方式生活的過渡期——對許多人來說或許非常困難。重要的是心靈－靈性發展的旅程會自然地展開（Collins, 2006）。

拉茲洛、葛羅夫和羅素（2003）欲號召一場現代世界的意識改革，因為我們需要轉變生活方式，從膚淺的生活轉化到深刻的生活。這與李察・塔爾納斯（Richard Tarnas, 2000, p. 10）的觀察一致，他提出了一個問題：現代心靈是否正在經歷成年禮（rites of passage）。若是，則這段過渡期需要處理被剝離的集體程序；例如，人類要如何修復對世界和對彼此所造成的傷害？塔爾納斯（2002, p. 10）認為：「這需要根本的**轉念**（metanoia）、克服自我並徹底犧牲，才能成就這個過渡期。」這份犧牲（sacrifice）——字源上與「神聖」（sacred）一詞相關——在現代意識中，將會與人類的物質慾望、快樂主義的生活方式，以及虛無主義的態度正面對抗，因為它們限制了任何與生命整體建立起持續、深層且真實的關係之可能性。即使是簡單的流淚——為世界所呈現的模樣、為人類對彼此及對其他物種的作為而流下眼淚——就能夠觸動有利的反思過程及潛在的轉化（Barbalet, 2005）。根據塔爾納斯（1996, p. 37）的看法，這樣的過渡期就像是靈性上的新生，預告了「世界觀的轉變」，反映出深層的原型轉化模式。

改變之原型層次的存在，顯示人類潛能模式已具體化到能夠創造神話、影響宗教、塑造哲學理念、並且影響許多國家和世代的深度（Jung, 1998）。榮格確實是在巨大的過渡時期體認到「轉化原型」的發生。「這些並不是人格（personalities），而是典型的情境、地點、方式、動物、植物等任何東西，它們象徵著某種改變」（Jung, 1940, p. 89）。不僅是現代人類與心靈和大自然的深層關係出現集體解離，過去更沒有前例顯示集體轉化能以如此巨大的規模發生。這使得目前的時代精神（zeitgeist）成為極具威力的邂逅，人們會發現它越來越難以抗拒、忽略或否認。然而，在集體層次上，意識轉化的基礎是要有意願投入新的學習方式，以及參與漸進的改變步驟，而這場改變將持續一段時間（Blatner, 2004）。

現代意識面臨到要與「內在心靈領域及外在自然疆域」連結的需求（Yunt, 2001, p. 117）。重要的第一步，是要將任何反映出意識轉化的自然顯化，例如靈性危機，視為能支持成長過程及支持靈性持續浮現（**反向轉化**）的有效潛能。我們需要明白靈性危機所具有的療癒及轉化潛力，以期能開始轉變那些塑造人類意識與發展之現代觀念的政治共識。

靈性危機：轉化意識及改變政治

關於人類轉化的任何願景，都必須包括人類具有一股「朝向自我超越（self-transcendence）前進的拉力」的可能性（Walsh & Vaughan, 1983, p.412）。這樣的發展涉及意識狀態，如渥許和夏比洛（Walsh & Shapiro 1983, p.3）所質問的：「我們已經完全發揮潛能了嗎？或者我們的內在還有更高、更深的心理能力？」這些問題挑戰了現代人類在世間定位中傾向一側的意識狀態（Jung, 1964）以及單向度的特質（Marcuse, 1964/1991），包括我們集體對人類潛能的忽略（Walsh & Shapiro, 1983），以及與更廣大的生命生態的隔離。

我們迫切地需要認出我們與生命整體之間的深層連結。埃蘭姆（Elam）對神祕經驗的研究顯示，靈性的交會能為人們開啟更寬廣的意識光譜，並且對宇宙和生態有更強烈的歸屬感。例如有位參與者回憶道：「我的感官強化了……我突然強烈感受到成為一切事物的一部分。那感覺只是一瞬間，並不持久，但它又超越了時間，無窮無盡。」（Elam, 2005, p. 55）這個案例反映的是靈性浮現的過程可能會淹沒個人的自我（ego）／認同（identity）的界限，導致轉化危機（transformational crisis）（Grof & Grof, 1989, 1991, 1993; Lucas, 2006; Watson, 1994）。會接著發生這類靈性危機的前行事件，種類五花八門，包括動手術、發生性關係、生小孩、瀕死、生命過渡階段以及靈性修行（Guiley, 2001, p. 567）。目前的全球危機可能是一種觸發，使得越來越多人體驗到靈性危機（Collins, 2008b）。

榮格對於我們目前全球危機的「緊急狀態」（state of emergency）（Manuel-Navarrete, Kay & Dolderman, 2004, p. 226）以及出現靈性危機之間所存在的關聯性，會怎麼說呢？當他在波林根（Bollingen）建造了塔樓之後，塔樓使他能與自然有更深的融合，作為他個體化（individuation）歷程的一部分，他覺得這是個從「母性的無意識（maternal unconscious）」中誕生的過程。這個心靈－靈性更新的自然過程，使他得以親密地與整個大自然連結，彷彿他正處於一切生命萬物之內（Jung, 1983, p. 252）。大自然與個體化之間的連結能使我們擴展對意識的觀點，繼而導向偶見的合一經驗或**神祕合一**（unio mystica）（Jung, 1954/1993）。然而在現代世界裡，關於人類發展的主流論述並不探討這類連結性的經驗。事實上，經歷著靈性危機的人還可能會接受精神科的治療（Laszlo, Grof & Russell, 2003），由此可見，對於了解在面對轉變的／極端的意識狀態時，主流回應的力量所具有的政治意涵（Collins & Wells, 2006）。

人類有能力體驗更廣闊的宇宙歸屬感（Maslow, 1999），這與將人們限制於單向度生存方式的現代社會－政治心態截然不同（Marcuse, 1964/1991）。因此，人們的心靈會開始試圖透過靈性危機，再度堅持要與意識建立連結，這一點也不令人驚訝。要重新展開集體過程以重申人類與心靈的關係，靈性危機或許正是其核心要素。羅斯特已指出，我們要對這個需求保持開放的心態：「我們需要深入挖掘，找回自己的神話，並且從不在西方文化框架內的其他文化故事中、在生命之網中找到啟發。」（Rust, 2008a, p. 160）

靈性危機應被認真看待為一種轉化的現象，將人類視為有潛力能與心靈及萬物合一、產生連結。然而在現代世界中的靈性真空現象，表示我們普遍處於深度的解離狀態，人類不再視世界為神聖，反而是種可供剝削利用的商品。沙繆斯（1998）對存在於心理－靈性以及社會－政治現實中的轉化潛能，提出令人覺醒的見解，他曾警告世人面對現代世界複雜的問題時，不能只是向整體主義（holism）尋求粗鄙廉價的解答。人類面臨的挑戰該要得到深入的挖掘，為我們集體面對的問題找到永續的解決方案。心理治療領域藉由涉入人們深層的經驗，對政治思想的轉化產生了有價值的貢獻。沙繆斯認為：「個別市民在心中、身體或夢境中，對於她或他所處的政治與社會世界的體驗，能讓我們得到對於那個世界大量的了解。」（Samuels, 1998, p. 361）

人們的深層經驗可以反映出與神聖存在（the numinous）的接觸（Samuels, 1993a），而這在靈性危機中確實明顯可見（Collins, 2008a, 2008b）。若我們認同沙繆斯（1998）所下的結論，即私人之務也是政治之務，我們就無法忽視那些度過靈性危機而得到成長經驗者的轉化敘事中的集體含意（Collins, 2008a）；這與神聖的重生過程，以及主導我們的集體行動與互動的政治願景之轉化，頗堪對照。靈性危機與以消費者為基礎的眾意所呈現的表淺現實完全相反，除非靈性危機能經過個人與集體的處理，否則它們將持續在集體陰影中維持分裂的狀態（split-off），而集體陰影也會持續讓對於神聖接觸的集體否認存在於現代意識之中。然而，沙繆斯（1993b, p. 211）也提醒我們：「只有真實的物質與價值才會產生陰影。」要容許讓遭到忽視或潛抑的事物重回意識，轉化陰影的過程才會發生。問題仍然存在：在集體層次，要如何認定轉化——從表面性的存在轉向更有深度的生活——的發生？這或許是今日人類最不得不面對的問題。

藉由多層次參與引發政治轉化

假使拉茲洛、葛羅夫與羅素（2003）說得沒錯，現代社會正在經歷集體靈性危機，我們就必須思考如何有效地運用這樣的**反向轉化**之流，使更大幅度的集體轉化得以發生。這種基進的觀點，要能看出以下事實的價值：集體覺知因為面臨目前全球危機的挑戰，將會探索出新的生活方式且更深刻地投入現實。史拉特（1999, p. 152）曾問道，要在西方世界更深入地反映出這種轉化過程，在「諸如神話、儀式、連結、靈性及神聖」中，還可以考慮哪些可能性。

轉化的深層過程會涉及一段解構（de-structuring）時期，為了生活而向新潛能、新方向及新目標前進；然而，深層轉化過程往往會令人害怕、引發焦慮（Canda, 1988）。若企圖面對在集體層次發生改變的轉化，將需要設定一些安全的指標，我們認為這可以透過**深度轉型**（deep transitions，見下文）來達成，使轉化能夠獲得更有意義的參與（Canda, 1988）。這進一步確認了透過榮格提出的超越功能（transcendent function）概念（Miller, 2004），來處理意識與非意識過程之間張力的必要性。靈性危機關連到轉化的原型層次（Collins, 2008b），這種轉化需要對這類轉型如何在意識中運作有深度的了解與尊重才能發生。

接受這種可能（in potentia）轉化原型的關鍵，在於覺知的發展（Avens, 1976）。然而在集體的層次上，我們主張只存在有助於引導此類轉變過渡成更具合作性認知的架構，而無法規範如何塑造出轉化。要產生集體轉化關鍵的第一步當是要超越競爭性及個人利益，而朝「所有生命之集體福祉」前進（Csikszentmihalyi, 1933, p. 249）。我們對此轉化之集體程序的需求有兩個層次。第一，人類整體正面臨著前所未有的全球危機，需要合作性的反思與行動，以確保永續生活及未來的生存。第二，每一個人都必須思考自己與此轉化過程的個人關係，以及他們可以如何投入其中。集體轉化的過程並非線性的改變過程，有時甚至會顯得很矛盾；不過，轉化的矛盾所代表的意義本身可能就很有用了。榮格（1989, p. 259）說，接受矛盾是有意義的；藉此對事情的真實狀況提供了更可信的寫照，而非為了維護「意義的一致性」（uniformity of meaning）而緊抱成見。

我們可以在曾經成功面對靈性危機的人身上，目睹轉化的旅程（Collins, 2008a）。這些關於轉化的敘事，能鼓勵他人對於透過培養各種程度的注意力、覺察力、反思能力及超反思能力（trans-reflexivity）（Collins, 2008b），而與更廣大的意識發展出有效關係，保持信任的態度。靈性危機是與意識及生命的自然而深刻的交會；如果它們能教導我們一些什麼，那麼它們所教導的，就是要相信人類有能力在日常生活中達到深度的轉化。以下所概列有關**深度轉型**（deep transition）的六個提案（Collins, Hughes & Samuels, 2010），其認識基礎是，假使此刻人類可以連結到深度生活，我們就更有機會在日後整合靈性的浮現與危機。

深層學習（Deep learning）：反映出人類能透過在日常生活中

運用想像力與創新能力，活出創意的強大潛力（May, 1976）。深層學習涉及對於生活產生興趣與動機（Jarvis, 2005）。學習過程的深度，能將人們的潛力連結到有意義的投注（Moon, 2000）以及轉化的經驗上（Kolb, 1984）。值得一提的是拉丁文的教育（duc re）一詞意指「引發」（bring out）（Wyld, 1961, p.351），這顯示深層學習不僅具有轉化性，也是持續一輩子的過程（Knapper & Cropley, 1985）。

深層公民精神（Deep citizenship）：指出以公民身分投入生活所具有的意義，因為這會自然而然地培養出深層的政治展望。深層公民精神反映的是發現何以為人的過程，以及發現關切自我、他人和世界的過程（Clarke, 1996）。這種觀點下的公民精神，是在個人私密世界的內在生活以及公共參與的外在生活中，與日常生活的政治進行結盟（Samuels, 2001）。深層公民精神並非在特定社會裡的單向度聯合（Marcuse, 1964/1991），而是對生活與存在於世界之中（being-in-the-world）的方式，具有多層次的觀點。

深層民主（Deep democracy）：榮格（1994, p. 236）相信真正的民主是一種心理程序。不過，閔戴爾（Mindell, 2002）與其同事已發展出深層民主中的靈性態度，而這具有強烈的社會－政治意味。深層民主鼓勵多元觀點間的對談及互動，包括有共識和無共識的經驗（Mindell, 2000），而且是立基於以能培養覺察力的引導技巧（Mindell, 2008）。人類若真心想要創造出以多元與尊重所有存在方式為基礎的公平正義的世界，深層民主是不可或缺的要件。

深層文化（Deep culture）：透過與他人在文化上的對話與交流，全球化生活方式在了解多元的世界觀點上，為我們提供了許多挑戰與機會。深層文化的概念，是以促進更多的跨文化溝通與覺察的需求為基礎。深層文化反映的是想要探索與了解人類行為含意之多樣性的渴望，而且強調的是跨文化的學習（Shaules, 2007）。這個觀點是以對文化適應過程（enculturation）如何內化的認知為基礎，使人們有機會發展出自我－他人的覺知（self-other awareness）（Ho, 1995）。

深層生態學（Deep ecology）：如內斯（Naess, 1986）所探討的，深層生態學反映出存在於我們之內以及我們周圍，那份與世界更深、更寬、更廣的關係（Fox, 1990b）。深層生態學超越了對於環境問題的表面關懷，代表著涵蓋範圍更廣泛的哲學觀點（Reser, 1995）。這個觀點使我們在肯定所有生命之間的相互連結性時，有機會反省自己涉足世界的方法（Reason, 2002）。因此人類是鑲嵌在生命的深層生態之中，而不是與之分離。

深層生活方式（Deep occupations）：人們於日常生活中的積極參與，包含著讓意識與覺知演化的可能性，這與他們是否有能力展開有創意且流暢的適應力有關（Collins,2001, 2007b）。日常生活中的心理－靈性發展（Collins, 1998）能夠透過對日常事務的智性參與而發生（Collins, 207c, 2010a, 2010b, 2010c）。人們與無意識過程的連結，可揭露人類日常生活的深度（Collins, 2001, 2004; Nicholls, 2007），同時反映出超個人層面的知解、存在與作為的方式（Collins, 2008c, 2010a; do Rozario, 1997; Kang, 2003）。

我們對於更具生態遠見的集體需求，與我們對於和政治轉化結盟的靈性浮現的需求是一致的。我們無法忽視心靈的療癒潛能（Collins, 2007b）以及政治對於心靈的衝擊（Samuels, 1993a）。在此最重要的第一步，是先接受深層轉化已發生在現代世界許多經歷過靈性危機的人們身上，以使自己適應集體改變的陰影面。在集體轉化的核心中，有個關鍵性的省思，即人類要如何接受更深層的作為與存在方式，以共同創造永續的未來？與更廣闊的生命生態有更深入連結的政治意涵，使人類可以開始為其在世界上的反思及行動的品質負起責任；從而使靈性得以浮現，並且整合靈性危機的轉化效果。

結論

靈性危機似乎是現代意識的轉捩點，又與集體意識中的**反向轉化**有關。在這個全球化的年代，有關轉化的政治必須重新評估人類與包含了所有生命的更廣大生態之間的分離關係。我們認為靈性危機迫使人類面對受到忽視的集體陰影，若是能夠認知陰影的存在，就能促使轉化的轉捩點發生。本章所描述有關深度轉型的六個提案，是政治行動與轉化的整頓點，標示了當代朝向永續生活方式發展時的深層生態議題。

第十三章

「心與靈」：轉型運動中的內在與外在

希拉蕊・普林特斯（Hilary Prentice）

照照鏡子：我們像什麼？

處在這個全球動亂、崩毀、潛力、絕望與希望共存的年代，最令人興奮的面向之一或許是：這個時代正在以「人類究竟是什麼」的深奧問題質問著我們。貪婪、非不得已絕不改變，這是「人類的本質」嗎？我們是具有聰明的科技、能輕鬆地以理智的頭腦解決現有問題的優勢物種嗎？或者我們其實是一群劣質生物，假使不久後我們造成了自己的滅亡，少了人類，地球不僅會復原而且還會變得更好？當人們面臨環境問題上某些充滿挑戰的資訊時，這些是我經常聽見的立即反應。我感覺到，它們的共通點正是：人們稍微開始在面對我們也是某個物種的事實了。

我熱衷於生態心理學將近二十年，出席過許多活動，這些活動基本上都有空間供人們安全地以更深層的方式，探索自己對持續發展的環境危機所產生的反應。除了痛苦的情緒或麻木感（恐懼、憤怒、絕望、懷疑、悲傷、嘲諷），人們通常會對人性產生以下的深層思索：我們的本質為何？我們怎麼會走到這個地步？我們該如何改變？改變得了嗎？是什麼阻礙了改變？以及最終的問題，也就是當我們努力要真實地回應所見所聞時，在每個人身上被喚醒的是什麼？

我的職業是心理治療師，當我與其他治療師於一九九〇年代初期，開始探討心理治療與目前人類在地球上存在狀態的關係時，這些問題立即鮮活了起來。我們很快就發現這些是非常有趣的問題，卻沒有簡單的答案。

生態與心理、外在與內在（我在鏡中看見的五個面向）

對我而言，「生態心理學」一詞含括了最有力的洞見之一；它使得**遭到拆分的**生態與心理得以重新結合。我了解到，在與大地及周遭的生命得以永續、平衡、和諧共處的原民社會中，其信仰、作為和宇宙觀，都豐富地蘊含著人類無法與生育我們的地球相互分離的認知。在與峇里島（Bali）和尼泊爾（Nepal）的薩滿（shamans）相處一段時間後，大衛・亞伯蘭（David Abrams）如此優美地表達出：

> 人類生來就是要進入關係之中……聲音迴盪的大地、覆滿羽毛的身體、長角、奔吼的溪流——這些吐納著的形影是我們的家人，是與我們同甘苦共歡樂的存在。人類的存在史中，絕大多數時候都與感官環境的每一個面向調和出種種關係……我們的集體感受力也從這些關係中得到滋養……其中很單純的前提是……我們只有在與非人類的一切接觸與同樂時，才會是人類。
>
> （Abrams, 1996, p. ix）

相反地，對於我們正以破壞性且無法永續的方式消耗地球的集體否認，顯然和不斷強調我們與地球上其他生命分離的優越心態並存。約翰・席德（John Seed）及許多人，將這種對地球抱持的分離與優越心態稱為「人類中心主義」（anthropocentrism）（Seed, Macy, Fleming & Naess, 1988），而這種心態的運作方式，似乎與人類對於人類的壓迫與剝削呈現驚人的一致性。有趣的是，在主要的不平等事件中佔下風的人，往往被視為「比較土的」（earthier），也是「比較不足」的（如女人、有色人種、鄉下人及一般的工人階級；Prentice, 2002）。

事實上，我發現我們的內在世界與地球的「分裂」或失連之間，存在著許多關係重大的面向。其一是目前主導著全球的西方文化傳統中，科學和科技（專注外在的）與宗教和人道（專注內在的），處於分離狀態。這種分離狀態，是因為科學有能力突然往前躍進，擺脫了過往關於宇宙如何及為何運作之僵化信念的束縛，所促成的。在我們那看似優越的頭腦的定義下，人類似乎成為分離的生命，能夠研究與操弄「無生命」的物質世界——如今這已被用來指稱其他所有的物質及生命型態——卻得以罪而不罰。於是，我們那隨著熱情、智慧、愛或社會正義而成長的情緒反應、夢想、直覺，甚或是神祕面的自我——這一切都可以也應該被分隔開來。

對我來說，這種分離有個明顯的後果，即「工業成長社會」這輛機器的失控，它不在乎道德、後果、永續性或智慧，只是咀嚼著地球上的生命，然後唾而棄之。隨著能力增長，我們操控著被視為無生命而不會受傷的「外在」世界，而這卻大幅剝奪了我們的內在成長，可惜的是，內在的成長原本能使我們明智審慎、有智慧且平衡地運用所發現的一切。理論物理學家、心理學家暨靈性轉變作家彼得・羅素（Peter Russell）如此描述：

> 任何具有使用工具智能的物種，都會進入時間中的一扇窗。允許自我意識浮現的窗口會打開，該物種於是在歷史中開始衝刺。它的內在演化跟得上物質面的發展嗎？它能在受誤導的創造力所製造的副作用強迫這道窗戶關閉之前，達到意識的全然覺醒嗎？
>
> （Russell, 2009, p. 186）

看起來，我們不僅（第一面）將外在「物質」世界（地球）與我們的內在生命分離開來，又（第二面）集體地大幅專注於外在發展而犧牲了內在成長，而且在某種程度上，我們也（第三面）混淆了兩者，以致於傾向從外在尋找只存在於內在的事物。

我過去在成癮領域工作了許多年，目睹過無數人逐漸發覺他們在服用物質（酒精、食物……）或有成癮行為（工作過度、物質擁有、強迫性地照顧他人……）時，真正發生的是什麼。這通常涉及到一方面企圖不去感受（痛苦、悲傷、恐懼、不足感、無意義感、憤怒），另一方面又想要去感受（感覺活著、性感、有權力、自動自發、感覺「嗨」、有掌控力、自由、自信、連結感、臨在感）。這其中的意義意味深長，但簡單來說就是我們身為人類，通常得從自己的各種感受中學習與感覺，而不是逃離感受；並且要帶著完整性和勇氣活出生命，面對內在的魔鬼、接受生活帶來的挑戰，才能有所成長。對我而言，緣木求魚顯然會使人更覺無力。事實上，我從未見過哪個成癮過程的後果，不與最初的意圖恰恰相反的。在許多相關題材的研究者中，瑪麗—珍・羅斯特（2005, 2008b）及闕莉絲・葛蘭汀寧（Chellis Glendenning）也曾探討過個體成癮過程與集體對物慾及消費產品成癮的雷同，或許還包括對化石燃料本身的上癮。

實際上，我們似乎不斷地將內在議題投射到外在世界，並且試圖透過操控世界來解決這些議題。有時候，這牽涉到想要追求那些看似握有我們意欲找尋之內在狀態的事物。有時候，我們會將負面的自我批評投射到某些事物上，然後試圖摧毀或改變那些事物。很神奇的是，當某個敵人成為朋友後，另一個國家看起來就像個新威脅。

向外尋找那終究只存在於內在的事物，這樣的積習或許在關於著名的納斯魯丁（Nasruddin）[1]傳說中可以看出端倪，故事中有人看見這位蘇菲教（Sufi）的聖者在街燈下尋找家門鑰匙。人家問他這是否是他弄丟鑰匙的地方，他回答不是，是在屋子裡丟了鑰匙，但他在外面尋找鑰匙是因為這裡比較亮！他不在屋子（自我）裡找，或在黑暗（陰影）中尋找，眼前看來這麼做好像比較容易，但最終絕對只有挫敗，使他不斷尋找，不斷受苦。

如彼得・羅素所指出的，現代科技的這項錯誤經過放大之後，將會成為大災難：

> 無意識地假設這些需求也能透過改變周遭世界而獲得滿足，我們已將自己的創造能量及科技，投注於尋找更有力的方式，以獲得我們認為自己想要的東西……我們不斷地尋求內在的滿足而強求於世界，使我們消耗掉比實質所需的更多物質。沒有任何其他物種會超出所需地過度消耗。這是因為沒有其他物種具

[1] 譯註：納斯魯丁（Nasruddin）是回教阿拉伯文化傳說中的一位聖者，有許多充滿智慧的故事，饒富深意，常被神祕主義蘇菲教派（Sufi）用作案例來宣揚教義。

有如同我們的內在需求，也沒有工具可以放大牠們所創造的需求。正是這樣的組合，導致我們把地球吸乾耗盡。

（Russell, 2009, p. 62）

同樣的，他在此所指的「我們」是在全球系統中身為消費者角色的我們；有為數眾多的人們是處在相對極端的貧乏物質生活中，工作時數往往高得駭人以支持這樣的系統，他們本身很可能處在嫉羨或怨恨的狀態，而非處在無覺察的自滿與傲慢之中。

我從這個內在／外在的分裂對於改變運動的衝擊，看到了第四個面向。我成年後大半時間相處的人們，都認為人類與地球的福祉主要是由經濟及社會的力量與結構所塑造而成，而目前這些力量與結構造成很多種型態的不平等與壓迫；解決方案則涉及政治與社會的改變，如此為之，相對應的幸福自然會隨著改變而來。我後來在心理治療及內在／靈性成長界中，遇到了相反的信念；即改變不是從外在，而要從內在開始（「和平從我開始」），只有在轉變了我們每個人內在的侵略性或支配性、貪婪或永不滿足的結構，才能開始創造出夢想中的社會。在這顯然堅持著完全相反觀點的兩群人之間，我看見了相當嚴重的隔閡與對彼此的防備。這或許是因為一股想要使事情變得更好、把它做對的急迫感，以及各個「陣營」抱持的洞見所釋放出來的激昂能量使然；但也可能是因為這樣的分裂是如此深層、如此痛苦，以致於我們在生活中一次又一次地呈現出這種分裂。

最後，第五個面向：關於心理治療這樣的個人工作與政治大局之間的關係。我在一九九〇年代加入了「社會責任之心理治療師及諮商師」（Psychotherapists and Counsellors for Social Responsibility,

PCSR, www. pcsr.org.uk）[2]，這個組織希望能找到方法，將在治療室中獲得的洞見帶到更廣大的政治與社會層面上，設法透過對治療工作所處的更大脈絡有所覺察，而為表面上只強烈專注於個人身上的工作帶來平衡。儘管我們經常可輕易在個人治療過程及集體議題（成癮、否認、自戀）中看見對應之處，但卻很難知道該如何處理這個洞察。我們身為個案、冥想者或治療師所執行的寧靜而私密的個人工作，要如何貢獻給廣大的社會及集體的意識狀態？逾百年歷史的心理治療（Hillman & Ventura, 1992）、人本心理學運動（humanistic psychology movement）、過盛的自助運動（self-help movements）及其他各式各樣的運動，如何影響我們的社會？有時候，我會難過地覺得我被召喚去做的——心理治療——是汪洋中小到荒謬的一滴水。但其他許多時候，我對於自己有幸親睹另一個人的勇氣，看見他們轉向內在，談論著對自己而言真實的事物，面對舊有的創傷與情緒中的苦痛、感受、心得、學習與成長時，內心又充滿敬畏。在這種時刻，這份工作尤顯珍貴，我只能相信它除了個人的議題，也對大局有所貢獻。儘管如此，我心中的問題依然存在，即內在與外在的轉化是否能夠更進一步回歸成一體。

「轉型運動」中的內在與外在

我在二〇〇六年搬到距離托特尼斯（Totnes）僅十英里處，

---

[2] 譯註：「社會責任之心理治療師及諮商師」（Psychotherapists and Counsellors for Social Responsibility, PCSR）是從英國由Andrew Samuels（本書第12章作者之一）等人發起的一個由心理治療師、諮商師等所組成，以關懷各種社會議題為目標的組織，而對環境議題的關懷即為其中一個次團體。本書編者Mary-Jayne Rust即為其環境關懷團體重要的一員。

那時羅伯・霍普金斯（Rob Hopkins）與其他人正在這座位於德文郡（Devon）南部的鄉間小鎮開始進行「轉型城鎮托特尼斯」計畫（Transition Town Totnes, TTT），那是一個簡單、正向且吸引人的計畫，目的是促使倚賴石油的生活方式開始轉變為永續的、以人和生活為中心的地方經濟及文化（www.transitiontowntotnes, www.transition-culture.org）。該計畫的基本前提是：改變是不可避免的，而關鍵的選擇在於，我們要從現在開始創造最正面的未來，還是要毫無覺察地朝生態、經濟、社會的災難前進（Hopkins, 2008）。與其將這個問題留給政府處理，他們的概念則是開始從地方做起，在「轉型城鎮托特尼斯」計畫啟動後幾個月內，不同小組開始關注諸如食物、能源、住宅、交通、地方政府及藝術等議題。這個想法快速擴散，在一年內就舉辦了第一屆英國各地區「轉型計畫」的全國研討會。本文撰寫之際，已有近八百個轉型倡議行動在此網絡平台中註冊，這些行動分布於三十多個國家（www.transitionnetwork），而且實際數量可能更多。雖然計畫最初的動力，是源自羅伯對於石油頂點（Peak Oil）重要性的覺察，如今還有另外兩個公認的關鍵驅動因素：氣候變遷及經濟萎縮。

對於身為生態心理學家的我來說，這當然使我感到非常興奮，而且立刻出現組成工作小組的機會。羅伯經常談及轉型的「頭、心、手」（Head, Heart and Hands），我們這個小組則被封為「心與靈」（Heart and Soul），負責「轉型的心理、靈性及意識層面」。最近小組又重新將自己命名為「內在轉型」（Inner Transition），如今世界各地有許多團體採用這兩個以及其他的名字，作為「轉型倡議行動」（Transition Initiatives）的一部分。

在此我們看見的是個非比尋常的機會。對於同一個改變的目標

——人類於地球上要轉型成永續睿智的存在，受到實務性「外在」面向所吸引的人，和受到內在層次所吸引的人，能夠真正在同一張桌子前坐下來一起工作。我們認為這其中並沒有什麼矛盾衝突；外在創造了內在，內在創造了外在。對我而言，在探討內在／外在的失連、失衡與混亂的顯著性這麼久之後，這樣的發展特別令人感到興奮；在實務上，這項工作要如何進行？是會展現強大的成效呢？或者我們必將遭遇困難與挑戰的阻力？

內在是本來固有的？我們的起點

又或者事實上，意識與價值觀上的轉變、情緒識別力，以及某些靈性上的啟發，本來就存在於「轉型運動」的興起之中？我認為情況正是如此。

例如，我們超越了集體的否認，這些集體否認包括化石燃料會達到高峰然後縮減（也認清了氣候變遷是使用化石燃料的結果且必須立即處理）、在資源有限的地球上經濟可以無限成長等等。面對困難的事實，並以正向願景挺身面對，也可能是內在工作的一項特徵。強調正面事物、社群合作、夢想未來的願景，而這個願景不僅能支持人類及其他非人類生命，且其基礎不再是貪婪、不平等、威權或增加物質財富，而是基於可行性、共享、創造力和頌揚。簡言之，其中內含的價值不外乎世界各地靈性教導所包含的內容。

此外，許多事務進行的方式顯然也因為文化中出現各種「內在工作」（inner work）而大幅受到影響。開會時往往會以如「輪番」分享或靜思等方式開始。充滿創意、開放式的安排，如「世界咖啡館」（worldcafe, www.theworldcafe.com）或「開放空間科技」

（open space technology, http://www.openspaceworld.org/）[3]都經常被採用。於是，我們的問題變成，「心與靈」小組還能對任何可能正在發生的事件做些什麼？誰會對此感到興趣、我們要從何開始、我們能做什麼？

全球性意識運動：三股潮流

假使本文前述為真，即我們的外在物質發展，嚴重剝奪了我們成為睿智或覺醒人類的內在成長機會，那麼這個失衡現象的解藥是否也跟著問題出現了呢？許多人主張事實確實如此，來自世界各地的教導與智慧正在協助我們成長、幫助我們找回平衡，這一切可被視為是全球性的意識運動。而我對其中三股潮流特別了解。內在轉型的焦點很可能得借鏡於這三股潮流，而且需要具有強烈的意識存在，才能在面對外在的支配習慣時，將內在引導出來，然後再努力將這遭到分裂的兩邊重新整合起來。

這個意識運動的潮流之一，源自於許多仍然記得，也運用著以地球為中心（earth-centered）的智慧的人，他們並未忘記如何永續地生活在地球上，對他們而言，生態與心靈從來不曾分裂過。在我看來，不認可、不尊敬、不願向他們學習，就是再一次不尊重真正的長者。從奈及利亞（Nigeria）、美國路易斯安那州（Louisiana）、厄瓜多爾（Ecuador）的漏油事件，到氣候變遷、森林砍伐及其他各種污染事件，世界各地的原住民發現他們生活的

[3] 譯註：「世界咖啡館」（worlds café）及「開放空間科技」（open space technology, OST）是兩種供群體討論事項、凝聚團體智慧，共同謀求新方案的活動型態。

土地與環境遭到毀壞以後，正在聯合起來。他們也開始為自己的權利和土地發起運動（www.cwis.org），且往往清楚地發聲，要世界「醒來」。

其中一個案例來自厄瓜多爾叢林深處的阿秋雅（Achuar）社區。他們尋求與工業化世界的結盟，大地媽媽聯盟（Pachamama Alliance）因而誕生：

> 自結盟之初，原住民就敦促我們專注於「改變現代世界的夢」，因為我們的「夢」——過度消費而不顧社會及環境後果——導致世界各地的雨林遭到了破壞。從我們與這些古老文化的合作中，我們開始理解到所謂的「現代」世界真的是處在一種恍神狀態，活在不僅威脅著雨林，也危害著整個地球的健康與福祉的夢境中……為了回應他們的請求，我們發動了「喚醒夢者倡議行動」（Awakening the Dreamer Initiative）。
>
> （www.awakeningthedreamer.org）

大地媽媽聯盟工作的對象，目前遍及南美洲五個不同國家。

潮流之二，是目前有許多人受到有關意識轉化的教導及寫作的吸引，這些內容經常是源自東方的靈性傳統。彼得・羅素提到一個「霍比族（Hopi）的數百年預言……在白人的愚蠢達到最高點時，偉大智慧將會從東方重返。他若能聽從這智慧之語，意識的轉化與人性的重生就會發生。」（Russell, 2009, p. 141）喬安娜・梅西也說了類似的古老圖博預言，在地球命運懸而未決的年代，香巴拉王國（the Kingdom of Shambhala）將會出現。「香巴拉勇士們」（Shambhala Warriors）（你和我）會現身實踐這一切，他們的武器是智慧與慈悲（Insight and Compassion）；他們了解問題乃「意生之身」[4]，由人的心智所生成，可以也必須由人的心智來拆解去除（Macy & Brown, 1998, p. 60）。

目前有無數教導與從事冥想、臨在（presence）、正念（mindfulness）、瑜珈和太極的人，還有各式各樣的新型導師，如托勒（Tolle, 2005）[5]，在許多國家擁有眾多的跟隨者。女性導師的數量也越來越多（Batchelor, 1996; Robinson, 2007）。新成立的世界靈性中心（Center for World Spirituality, www.centerforworldspirituality.com）使眾多走在時代尖端的靈性導師，能與世界各地為數眾多的跟隨者相會。「基於整合原則（integral principles）而誕生的世界靈性中心，是我們這個時代向意識演化所發出的一個重大而緊急的邀請。」（威爾伯[6]，摘錄自www.centerforworldspirituality.com）

還有第三股潮流：尤其是在西方，上個世紀如雨後春筍般出現了許多心理學、心理治療及諮商的學派及實務工作者（Norcross & Goldfried, 1992）。這些領域的共同點是，它們都在試圖了解人類破壞性和功能障礙（dysfunction）的根源，以及童年所受的創傷、虐待、忽視在人生中扮演的角色——並使自己更嫻熟於如何療癒受了傷卻也在傷人的人類心靈。在這場運動中，人們也開始研究和認識，諸如否認與替代作用（displacement）等在現代似乎非常盛行

---

[4] 譯註：「意生身」（Manomaya），佛家用語，指心之意念所化成之身，並非實體之身。又名「意成身」、「意成色身」、「摩奴末耶身」等。

[5] 譯註：艾克哈特・托勒（Eckhart Tolle）。在德國出生的加拿大移民，是近年在美國及世界各地頗具影響力的心靈導師。

[6] 譯註：肯恩・威爾伯（Ken Wilber），創立整合靈性心理學（integral〔spiritual〕psychology）之超個人心理學大師。

的心理「防衛作用」。實務工作者或許能為轉型運動提供技巧及經驗，支持人們度過各種困難與改變的時期、協助處理和理解難以面對的情感、讓我們擺脫集體成癮的生活方式，並帶來更多貢獻。

最終：心與靈的實務工作

起點

首先，被吸引到「轉型運動」的人，原本或許沒想到這是他們會想要參與的活動。我們一開始就組織了一些大型的「演講會議」，邀請了意識運動中著名的講者，如彼得・羅素和瑪麗安・威廉生（Marianne Williamson）。這些會議場場爆滿，許多人是首次參加轉型活動。其中有些人後來投入了實務工作，開始減少他們的碳足跡、參與菜園共享計畫和其他活動，因而找到在現有的生活中為願景扎根的方式。那些未能以外在生活的實踐來具體顯現的內在工作，或可說是微弱到無可救藥的地步。而毫不遲疑地搭飛機到世界的另一端去尋找靈性老師，卻沒有察覺到這趟飛行所產生的衝擊，這種矛盾的情況對許多人來說也變成過去式了。

誰感興趣？

我們「對外召喚」要在托特尼斯開辦活動後，來參加「心與靈」團體的人包括：諮商師、佛教徒、生態心理學家、舞蹈與律動老師、在生命中面對過創傷和困境且在任何一種內在工作與內在成長中找到所需資源的人、基督徒、無神論者、心理治療師、異教徒、靜坐修習者與靜坐老師、成癮工作者、貴格會教友、教練、精神分析師、社工、學校老師、詩人、引導員、調停人員、學習非暴力溝通者、一位美國原住民靈性老師、「正念」老師及修習者、太極、氣功和瑜珈修習者、在女性運動中參與意識提升團體的女性、舉辦兩性難題療癒工作坊的人、跨信仰的神職人員、在監獄中進行暴力替代選項計畫的工作者——還有我們自己的意識教授（Professor of Consciousness）！當然，這一切的重點不在於每個人的職業為何，凡是有興趣的人都歡迎加入我們。

最特別的或許是有這麼多人共聚一堂，共同發掘如何在草根環境運動中參與、貢獻並且因而產生改變。

質問

隨著人們參與過開放式會議、工作坊及其他分享空間後，他們開始為了自己而自問：我們現在所處的心理與靈性狀態為何？其意義為何？我們要往哪裡前進？或許正是因為過去的分裂與否認太過深刻，這樣的質問似乎成為一個不可避免的過程；然而，對我們之中的某些人而言，這個程序的基本架構往往已經擬好了，每次總是會有人說：「我真的不懂我們在這裡做什麼，這一切是如何彼此產生關聯的？」新的討論會因而展開。我們會在不同圈子裡、在小團體中分享，在特定主題的更小工作團體中，在各種排列模式中、在腦力激盪活動中、在同時探討多個內在轉型主題的開放空間日、在大型儀式中，然後就會出現許多的識見和「啊哈！」的頓悟時刻。但一切還是老樣子，同樣的問題還是會出現，或許這證明了我們在此需要處理與消化的事物是如此地多，我們企圖對抗的主流心態又是多麼強而有力。

在矛盾之中，相對的那一端也是對的，許許多多不同的人在不同的活動中，一次又一次地，以完整、簡單、優美的字眼，說出像這樣的心得：「最終，這一切是關於心的改變／價值觀的全然改變／深層的靈性轉變／意識的演化；假使這無法在蓋了那麼多綠能風車的地方發生，我不知道還有哪裡可以」。

平行事件

這使我回想起早年在生態心理學中學到的一件事；生態上的平行事件確實存在著，因此當我們聚集在一起面對這些議題時，同樣的心理或靈性議題本身也會匯集到小組的場域之中。「我想不起來，我們在這裡做什麼、為什麼而做，這一切是怎麼連在一起的？」或許就屬於這類問題。同樣的，我還記得各種平行事件，例如過度擷取（一場活動中接收太多內容），以及必需消化豐盛內容之中的張力；被淹沒的感受；習慣催促和做太多卻又一直說著：要慢下來，要全然處在當下；歸屬感的問題，包括感覺融入或受到排除——我真的屬於這裡嗎？權力與控制議題，以及是否信任這個過程，偶爾會出現對於活動中所付出的愛與辛勞的傷人攻訐；來回擺盪於渺小無力感和自尊自大感之間，自大到覺得「心與靈」團體可以為任何事情理出頭緒，包括能分析整個運動！在平行事件出現時能予以指認，是情緒識別力的一部分，應該能有些幫助。

貢獻

當人們力戰內在與外在轉變的問題，而找到理解的方法之後，對運動大局做出貢獻的各種想法便開始成形，包括諸如以喬安娜・梅西的工作（Macy & Brown, 1998）為基礎的工作坊，或將家族排列（family constellations）的工作坊發展成生態排列（eco-constellations），使人類以外的生命也能參與其中，並且將問題帶到更廣大的層面上。與正念老師建立連結，來自該傳承的冥想與參問方式；還有以土地為基礎的儀式、慶典和美國原住民的教導方式，也都獲得傳承。我們為其他轉型活動，如大型會議與研討會，提供流程上的建議，幫忙在這類活動中促進與打造高度參與的風格。譬如，在觀賞或聆聽了令人痛苦難受的環境資訊影片或演講後，不會隨即展開枯燥的理性討論，或者讓大家直接回家（或去酒吧！）——而是讓大家能有分享感受的空間，使大家在這些議題上能同心，如此一來，群體才能處理掉可能產生的恐懼與疏離感。

我們協助引導小型「家族團體」的設立，有點類似早期女性運動中的意識提升團體，人們在這些團體中聚會，分享想法、感受與經驗，並支持彼此採取實際步驟。這些團體後來大部分融入、由更大型而且非常成功的「轉型街道」（Transition Streets）計畫所取代，在這項計畫中，人們與鄰居最初是為了籌款建置太陽能板而聚集在一起，但透過這項活動，使得社區許多地方也得到建設。另一個成功的計畫是建立「心靈指導方案」（mentoring scheme），由技巧熟練、經驗豐富的諮商師和教練，為其中最活躍的一些人提供持續的支持，給予反思的場合、情緒上的支持，藉此抵禦可能發生的身心耗竭。非常重要的是「內在轉型」已融入目前遍佈全球的「轉型訓練」（Transition Trainings）之中。

成效：一個意識的復原場域？

周遭世界改變與移動的速度非常快，我們將課程貢獻到大潮流裡之後，幾乎不知道它們觸及到誰，又去了哪裡。由於抗拒的阻力來來去去，內在／外在的舞蹈方興未艾，因此要從內部看見「心與靈」在轉型運動中的活躍程度、正向能量、快速成長，以及成效是否具有深遠的貢獻，更加不容易。我感覺到，我們已經以更豐富、更多元、提供了更多支持與轉化力的方式，使許多人對轉型運動的理解，達到比原本更深的層次。

我希望總體而言，我們在此運動中對於社區的復原力、對於創造一個更**有復原力的意識場域**有所貢獻。娜歐蜜・克萊恩（Naomi Klein）曾在公開聚會中說過，在危機中所發生的事情，與哪些想法被棄置在旁很有關係；或許同等重要的是，哪些社群被建置起來，意識的場域又變得多麼具有復原力（愛、慷慨、慈悲、充滿智慧、心胸開放、寬恕）——社群是否能從立基於恐懼與區隔，轉變為立基於愛與連結。

再次照照鏡子：地球仍是我們的靈性老師

在本文之初，我提及一旦開始面對環境艱困的資訊，我們隨即感覺像是在照鏡子般，看見我們人類呈現的某些樣貌。

我繼續談及在照鏡子時，令我印象最深刻的是——在原住民心中，地球與人類心靈並未經歷猛烈的分裂，而是彼此適切地相互交錯。我們不言而喻地明白自己是生命之網的一部分，我們加諸於生命之網的，就是加諸於我們自身的，因為萬物彼此相連。在這種存在狀態中，人人都知道不可取用超過所需，學習像孩子般地彼此分享。地球並非無生命體，它充滿了靈性，我們自己也是，因此傷害地球，會立即使人感覺到像是自己受了傷一樣疼痛。我們的生命，約莫就是性靈的完整與成長——這不是我們把一切投射到周遭世界中，而是清楚地看著世界、看見它全部的美，而正是這份美滋養了我們的靈魂。能來到地球是一份非凡的禮物，我們有的是感恩、臨在與崇敬。

大靈啊，
我在風中聽見的聲音，
賜與全世界生命的祢，
聆聽著我！
讓我走在美之中，令我的眼
永遠凝視著紫紅的夕陽。使
我的雙手尊敬你所創造的事物
我的耳朵機伶地聆聽你的聲音。
讓我學習你藏在
每片葉子、每顆石頭中的課題……
使我永遠準備好帶著潔淨的手
正直的眼來到你面前。
如此，當生命如西下的夕陽般褪去時，我的
靈能無愧地來到你面前。

（美洲原住民，收錄於Exley, 1997, n.p.）

我探索了在遠離原住民智慧的文化中，內在／外在分裂狀態的某些面向，在此分裂中，我們一直專注於外在，且將內在與外在相混淆，喪失了對周遭一切事物神聖性的覺察，一如我們喪失了對自身內在成長的專注一般。西方心理學及東方的靈性教導可以幫助我們療癒，重返內在。然而，兩者在某種程度上都受到人類中心主義的影響，與地球失去連結或自視優越於地球。生態心理學自然是在努力地修正這個現象，而以地球為中心且體現此信念的靈性教導

（www.Greenspirit.com）及原住民教導，也付出了相同的努力。我們若是專注於內在工作而未能面對外在、地球上所發生的事物，我們將會再次創造出分裂與傷痛，而非療癒。

我描述了在實務上促成內在與外在改變，並在**轉型運動**中將此改變與地球結合在一起的努力。這場轉型運動正在許多地方發生中。

最終，當我們看著自己在地球上的模樣時，我在鏡中看見的是一個靈性導師，對我們述說著我們在這靈性旅途上需要知道的一切，告訴我們該如何往前走。這個洞見在多年前就令我興奮不已，但我直到最近才看見其中更深層的意義：對原住民而言，地球是我們的老師，**這始終不曾改變過**。此刻，地球為我們具現出人類變得多麼失衡，多麼地不明智，而我們又需要發展出怎樣的「靈性」特質，才能轉變現況、重新找回平衡。

祖父啊，
看看我們殘破的模樣。
我們知道在一切造物之中
只有人類一族
遠離了神聖之途。
我們知道是我們這一族
分離了
是我們這一族
必須重聚在一起
走在神聖之途上。
祖父啊，

神聖的祢，

教導我們愛、慈悲與榮耀

使我們得以療癒地球

療癒彼此。

（北美洲奧吉布韋族祈禱文〔Ojibway Prayer〕, 收錄於Exley, 1997, n.p.）

第十四章
「萬一那是真的……」

傑洛米・伯恩斯坦（Jerome Bernstein）

我們只會聽聞到自己願意敞開心去注意的事物。

多年前我與一位我稱為漢娜的女士在會談（關於她的故事可見於Bernstein, 2005, ch2）。當時我們已經諮商會談了一年半。在這次會談中，漢娜對我大怒到拿起她的鞋開始在地上用力敲打——大半是為了阻止自己拿鞋打我。她會生氣，是因為她分享了關於兩頭牛被送上卡車、載運到市場的一次深刻經驗。我則把她的經驗詮釋得比起事實更具象徵意味。

兩年前，一位十歲男童的父親向我描述，他的兒子對他說：「我寧願當一隻動物勝過當小男孩。我比較喜歡動物。」我追問下去，他說兒子與他分享這份親密感時，並沒有不愉快，生活看起來適應得很好，也和朋友相處愉快。但若有選擇話，比起和人在一起，他會更想選擇與動物在一起，尤其是在野外時。這位父親想知道，我是否覺得他應該對此做些什麼。

我和一位在一年半的治療會談中不曾看著我的眼睛的個案坐在一塊，突然間，她向地面彎下身子，以近乎呢喃的聲調和我分享了她與她的馬一段深層而私密的溝通。然後她陷入沉默。一會兒之後，她側眼看著我，說道：「你覺得那很瘋狂嗎？」我說不會，我不認為她或她所說的故事是瘋狂的。經過漫長的幾分鐘之後，她坐挺身子，正視著我的眼睛說：「好，我想我可以信任你。」此後，我與這位邊界人格女士（Borderland woman）一起進行了三年精彩的工作，她在過去十年的治療中，一次也不曾對她的治療師提起她任何的超理性經驗（transrational experiences）。

另一個人寫信告訴我，從小開始，每當她觸摸到門，門板的木頭就會告訴她關於那些組成它的樹木們的事。

在和一位男士的首次會談中，他說：「樹林與大自然是我的第二個教堂。」他接著繼續描述大自然，尤其是他與狗的連結，是他最深層的靈性交融經驗，也是唯一能使他感到安全與快樂的所在。大自然顯然是他的特選教堂。

多年來，我發現這類故事並不如表面看來的那麼不尋常。確實，這和我們身為臨床治療師，願意敞開自己聽見什麼有關。上述這些人沒有一個瘋了，他們的經驗並非病態。他們所呈現的，與我受到的訓練所認識的臨床側寫大不相同，這最終也在我腦海中引發了關於我們所認為何謂正常及何謂病態行為的質疑。這些人所展現的是我所謂的「邊界意識」（Borderland consciousness）。

邊界意識是由自我（ego）之外的力量形塑而成，使自己對於所有活生生的系統都是相互關聯、相互依靠的事實，更能敞開心胸來接受——尤其當這牽涉到人類在心靈上與所謂的「自然世界」（natural world）分離時更是如此。邊界意識倒不是反映出病狀，它似乎更代表著一種正在改變我們集體文化經驗及意識覺察本質的新興意識型式——而且我認為改變得相當快速。它的主要特徵，是除了我們較熟悉且習慣的理性左腦現象之外，還有領悟式的（apprehending）右腦現象，我稱之為「超理性經驗」。邊界意識的經驗大多是透過意像、隱喻、神話詩篇以及身體等維度來表達，而不是以定義了西方文化特質的那種偏向左腦的理性因果線性和口語模式來表達。

邊界人格能感知與接收來自夢境、幻影、他們自己與「自然世界」之間直接的「直覺」訊息等無意識心靈的溝通。邊界人格者與自然世界之間所具有的是一種親密關係，其中存在著個人與植物、動物、岩石、地球和祖靈之間雙向的溝通。他們更能體驗到與大自然的「合一」，而不是分離，而且不僅是當他們處於自然之中時。我所描述的是他們隨時隨地的心靈真實狀態。從這點看來，他們的心靈經驗比較類似從未體驗過與大自然分離的原住民心靈。這些經驗既非妄想、解離，也非幻覺。而是超理性的經驗。他們持有一種我們需要認定與敬重的新意識狀態。

這種觀念對於我們理性的二元心態造成很大的挑戰。不必敬重他們所見的實相，以及他們為所有生命的神聖性所帶來的訊息，而把邊界人格貼上病態標籤，這對我們來說容易多了，也比較不那麼駭人。

《紐約時代雜誌》（NY Times Magazine）一篇由查爾斯・薛伯特（Charles Siebert）撰寫的文章，描述了下加利福尼亞（Baja California）外海的灰鯨似乎正在尋求與人類的連結——即使在被人類逼迫到瀕臨絕種的境地後還是一樣。文章中揣測到，或許鯨魚身上對人類存在著某種「知道原諒」的元素。或許是吧。

在我看來，這不僅僅是原諒我們，牠們正力圖使我們神聖化，因為牠們知道我們已經和自身物種的靈魂，以及靈魂在神的世界中的地位失去聯繫。我們在人類的物慾主義和貪婪成癮之中，忘卻了自己的神聖。彷彿，鯨魚記得這一切，而且正企圖把它帶回來給我們。這是邊界人格者了解且體驗到的真相層面。這種觀念值得我們反思，因為，萬一事實真是如此呢？

邊界人格會展現出以下特質：

- 邊界人格與自然具有深層而原初的連結。他們多數與動物及／或土地的關係比與人的關係更覺自在。
- 邊界人格都具有超理性經驗，諸如與植物和動物溝通，且對地球遭受的折磨能感同身受。
- 許多邊界人格在童年或成年後有創傷經驗。也有許多人沒有。
- 不同於邊緣性人格（Borderline personality），邊界人格擁有穩定的身分認同。
- 他們多數會隱藏自己的邊界特質——往往對他們的治療師也隱而不說——害怕會被貼上「瘋狂」或怪異的標籤。這導致他們過著平行和偽裝的生活——隱匿的邊界人格生活（是他們主要的身分認同），以及世俗世界中的生活。
- 他們大多感到孤立，缺乏社群感與歸屬感，因為他們並未察覺到有許多人和他們一樣。
- 他們對邊界實相的體驗都是神聖的。
- 多數人在身體層面會有過度敏銳的傾向。許多人會經歷環境疾病（Environmental Illness）。但也有許多人不會。
- 我所接觸的所有邊界人格者，即便能夠放棄，也百分之百不願意放棄這份連結——即使這能減輕他們所受的苦。
- 雖然許多人自認為是大自然的「金絲雀」[1]，多數人對於他們被賦予的轉化任務的急迫性，仍一片茫然。

[1] 譯註：從前礦工帶金絲雀入礦坑，以測試礦坑中是否有毒氣，在此是擔任發現災難的前哨之意，即指邊界人格者所受的苦反映著地球的災難。

我在書中（Bernstein, 2005）的第一部提出我的理論，說明我們認為是高度發展及充滿科技炫光的西方式自我（ego），是如何以我們在心靈上與自然根源的分裂為代價而生成。伊甸園的故事給予很好的總結：人吃了智慧之樹的果實後，被逐出了伊甸園永不得歸。我們獲得知識、科學和科技；在這場交易中我們失去了與地球活生生的連結，從此將地球視為物件，一種可被利用與劫掠的商品。

我不認為邊界意識是重返到過去我們曾經擁有的心靈狀態——不是盧梭式的極樂（Rousseauesque bliss）[2]、梭羅（Thoureau）式的世界或新時代（New Age）的自然崇拜。反之，我將此視為是演化過程所產生的新興意識型式。

當我們使用「演化」一詞時，腦子傾向於自動往生物演化方向思考。那確實是達爾文關注的焦點。然而心靈也和生物性一樣會演化，在我的觀點中，心靈是演化過程中演化最快速的層面，因為它直接影響到**智人**這個物種。因此，邊界意識並非回到過去狀態的退化過程，而是在發展上往前進展。

我將邊界意識視為一種來自集體無意識的補償反應，為我們橫衝直撞奔向物種自殺之路提供了另一道選擇。在此，我是指我們由科技餵養成習，對物慾的耽溺將我們以越來越快的速度往前趕集，造成全球暖化失控，導致我們邁向終極的物種滅絕命運。

事實上是**我們**這個物種，以及成千上萬其他物種一起面臨滅絕的威脅。我們究竟是怎麼回事，**智人**這個物種是怎麼回事——我們意識的型式是怎麼回事——使我們能目睹著自我滅絕，還一如往常

[2] 譯註：指法國畫家亨利．盧梭（Henri Julien Félix Rousseau），其畫作尤以叢林主題著稱，畫風多歸於純真、原始風格。

地繼續過生活，彷彿國王真有穿著新衣一般？

這使我必須談到「統治」（dominion）。越來越顯見的是，我們是因為《聖經》指定人來統治，而使我們面臨了自我毀滅的迫近。統治及其對人類在物種階級上的堅持，在心理上固存於一神論宗教以及由此衍生而來的文化中。仁心厚道的統治並沒有比傲慢的統治好多少。它仍是統治，不論它披的是哪種外衣。

某些環境運動人士開始了解到，我們的科學和科技充其量只能教導我們如何制止自己進一步去惡化全球暖化和破壞生態。認為我們知道如何療癒地球的信念，在我看來仍太傲慢，也是我們在文化上對統治成癮的另一項特徵。其實，我們並沒有療癒地球的智慧，地球對於如何自我療癒才自有其智慧。但假使我們能夠學會控制自己成癮的破壞性，站到一邊不擋路，使地球得以自我重建，或許我們這個物種就能得到療癒。

在近期一篇文章（Mahall & Bormann, 2010）中，美國加州大學聖塔芭芭拉（UC Santa Barbara）分校的生物學家馬霍（B.E. Mahall）及耶魯（Yale）大學森林生態學榮譽退職教授伯爾曼（F. H. Bormann）寫道：

> 地球有一套自己的規矩……根深蒂固於物理與化學法則中……我們用來與世界互動的人類中心經濟模式，忽略也證實了它與地球法則不相容，因此會直接與這些法則產生衝擊。
>
> ……我們需要將自己視為大自然的一分子，受大自然（而非經濟）所規範，蒙恩於大自然……我們需要看見我們在大自然中的生存得仰賴許多我們無法自行執行的功能，少了這些功能我們將無法生存……（短視的人類中心主義破壞了）這些功能，

到了會使地球變得不適合人類居住的程度。

這是兩位科學家所表達的觀點。他們是透過科學來聆聽——透過生物學、物理和化學。這很重要。然而，科學與科技並不包含心靈。但同時間，這些作者卻說「我們需要將自己視為大自然的一分子，甚至，**蒙恩**於大自然」，不論他們有意與否，他們已進一步朝向將心靈納入他們的科學中發展。我會斷言，不論他們是否有察覺到，他們也認為我們必須在集體上學會**聆聽心靈／聆聽地球**。

這又讓我回到邊界人格的主題上……

我在將近四十年來與納瓦霍（Navajo）[3]文化及其傳統醫藥工作的接觸經驗中，以及從我與納瓦霍醫者強生・丹尼生（Johnson Dennison）的友誼與學習中，所學會的眾多事物之一——或許是最重要的事物——就是以不同的方式傾聽。強生・丹尼生經常提醒我，西方文化嚴重患有「趕快病」（Hurry-Up Sickness），而被納瓦霍族稱為「比里嘎阿那斯」（Biligaanas）的非原住民群眾，意為不懂得如何傾聽。這兩件事，就其在各層次和各個面向的意義上，是西方文化需要向原住民文化及傳統醫藥學習的。

去年十二月，在由我引導的兩個邊界人格團體中，強生・丹尼生為其中一個團體進行了一場療癒儀式。儀式的前半部在週六晚間進行，後半部在週日早上伴隨著日出而舉行。接下來的三個月裡，團隊成員在團體討論中最常提起的兩個熱門主題就是「趕快病」和「傾聽」。在眾多話題中，另外兩個不斷浮現的主題是「喚醒身

[3] 譯註：納瓦霍（Navajo）是分布在美國西南部的印第安原住民族，為北美現存最大的美洲原住民族群。

體；將雙腳根植於並與土地接觸」，以及對大自然的依附與合一。其中一位參與者說：「我所是的這個人依附於動物與大自然——透過我的身體及和土地的接觸，我找到回家的路。」

邊界人格反映出在西方心靈與自然之間，一段活生生的關係正逐漸重新連結。為了感到安全，這群人經常自稱「金絲雀」，負責偵測受到圍困與攻擊的地球所經歷的症狀與苦難。許多人會在身體上經歷各種遭到毒害與創傷的地球所呈現的症狀。許多人承受著西方醫學稱為環境疾病的各種顯化症狀，包括另外被稱為多重化學物質敏感症（Multiple Chemical Sensitivities）、慢性疲勞症候群（Chronic Fatigue Syndrome）、纖維肌痛症（fibromyalgia）、難解的自體免疫障礙（auto-immune disorders）。他們對於地球所受苦難的認同代價很高，多數覺得自己陷入難題，在地球給予的祝福中也感受到地球的苦痛。

與邊界人格者工作時，我在個別個案及兩個團體中的臨床工作焦點，是協助他們在心靈上產生轉變，從身陷於人類物種對地球之統治關係的病理狀態中，轉移到與大自然互惠對等的狀態中。我能說所有邊界人格者都知道這個事實，但是要從身陷於統治與互惠衝突的感受中產生心理與情緒上的轉變，是多數人面臨的難處，也是我們工作的核心。這涉及要學習到一個人可以透過回報來支持地球的療癒，不僅是透過他們所選擇的生活方式、透過他們的尊敬、祈禱與意念——這些他們早已自然而然地做著——也要能夠在這麼做的同時，不再產生共生（symbiotic）關係，因為在此關係中，他們在心理上和身體上接收了地球的症狀，也接收了因為人類文化對地球的輕蔑與粗魯的破壞而產生的罪惡感。我認為，是我們身為人類理所當然帶有的這份集體罪惡感，最終抵消了我們自身的神聖感。

從愧疚感的觀點看來，我認為邊界人格者無意識地為我們的文化和人類整體承受了這些罪惡感，這是他們的犧牲、他們為了療癒我們集體的深刻傷口所做的貢獻。而這是我與強生・丹尼生的工作之所以重要的原因：他為我的個別個案及邊界人格團體所舉行的納瓦霍儀式，幫助邊界人格者得能連結到自己應得的權利，即與地球建立一段互惠而療癒的關係。這些儀式減緩了他們為所有人類承受的集體罪惡的負擔，也賦予他們來自神聖部落（Holy People）的祝福。

在納瓦霍語言中沒有代表「罪疚」的用語。在西方心靈中這個名詞所代表的意義，在我看來，似乎在納瓦霍語裡代表祝福、美與和諧的用詞中獲得療癒——尤其是當這場體驗是從腳開始的由下而上，而非從頭開始的由上而下。這是這些儀式贈與的禮物。

強生・丹尼生說過：「療癒個人即是療癒世界。」我完全認同此說。在與邊界人格者的工作經驗中，我學到在療癒他們的過程中最重要的部分，是學會透過故事、透過他們與互惠的含意之間深刻的連結，把他們從傾聽地球所得知的關於地球的智慧重新安置於世界中。這是他們的奮鬥掙扎——也是他們的天賦禮物。

我們的世界——我們在世界各地所播下的西方文明及文化種子——以空洞的權力和表面上為經濟權宜之計的原則在運作著。尤其是，它已經與其自然世界中的靈性根源分離開來。

「對等互惠」是一種截然不同的力量。它是由所有的有生命與無生命的存在間之親緣關係的精神所引導。我認為使互惠作用具有結合力的要素是尊重。

與其繼續深入討論「互惠作用」，我想分享一位我治療工作中的邊界人格者的夢。以下是她的夢境：

我站在一位有錢女士家中的門廳。安、芭芭拉、喬依絲和我正在閒聊。這是個富裕的家。

突然間，喬治（夢者的丈夫）從門口衝進來，上氣不接下氣地對我說：「我們在玩危險邊緣遊戲。我需要知道這個問題的答案。」那位有錢的女士喬依絲對喬治說：「答案是『什麼是非洲之眼（The Eye of Africa）[4]？』」

在做了這個夢之前，這位邊界人格者從未聽過「非洲之眼」。她在會談中提起這個夢，說道：「你聽過『非洲之眼』嗎？」我說我沒聽過。她說：「顯然真的有非洲之眼。」她已經用谷歌搜尋器查詢過了。

「非洲之眼」是位於現今茅利塔尼亞（Mauritania）境內的一處天然地質形成，直徑約三十一英里。直到一九六五年六月，次軌道太空飛行問世時，它才被看到，像是「地球的眼睛」那樣回視著人類。對這位夢者來說，非洲之眼不僅要求互惠，也在觀察者的心中點燃了互惠的火光。非洲之眼彷彿提出了這個問題：「你們這個物種是怎麼回事？你們以為可以把我當成無生命物來蹂躪我，彷彿我沒有靈，彷彿這樣沒有關係？」接著，我的個案又說：「現在我們知道了。現在我們知道地球知道我們知道了。這是有關係的——非常深切的關係。我再也無法和過去一樣了。我們永遠無法像過去那樣。」

[4] 譯註：非洲之眼（The Eye of Africa）是位在茅利塔尼亞（Mauritania）撒哈拉沙漠中的一種稱為「理查特結構」（Richat Structure）的特殊地質景觀，直徑約三十一英里（五十公里）。有關其成因及為何形狀能如此渾圓，仍是地質學上的謎團。

第五部

做些什麼——具影響力的態度

第十五章

回到大自然，然後又回到辦公室

湯姆・克朗普頓（Tom Crompton）

像氣候變遷這般的環境挑戰，如果缺乏普羅大眾對這些議題的強烈表態，包括民眾對政府施加相應的壓力、要求採取更積極的行動，就無法產生程度相稱的回應。不論民眾的關切與壓力是否有表達出來，例如透過生活方式的劇烈改變，或以直接參與倡議行動等方式來表達；許多證據顯示，民眾心中所認定重要的特定目標與價值，將是得到相稱回應的基礎。

價值、環境認同及環境上的擔憂

一組被社會心理學家稱為「內在」（intrinsic）目標，以及另一組被稱為「自我超越」（self-transcendent）的價值觀，在此特別重要。內在目標包括對個人成長、與他人結盟、及對社群感受的關切。自我超越的價值，則包括對於所有人類與自然的關懷（Grouzet et al., 2005; Schwartz, 1992, 2006）。

社會心理學家利用多種不同的調查方式，發現個體越是重視內在目標以及自我超越的價值，他們對人類以外的大自然（other-than-human nature）越會展現出正向的態度與行為（也就是更關心對環境造成的破壞，或其他物種的價值；投入更多行動，諸如資源回收、使用大眾交通工具等；以更少的資源來維持自己的生活方式）。透過以自然資源管理困境的模擬遊戲來自行回報相關態度及行為的研究，以及國家層級的檔案資料，這項基本發現已被證實為真（見Crompton, 2010之文獻回顧）。

在許多國家都能發現，自我超越的價值觀是生態中心關懷（ecocentric concern，以動植物固有價值為中心）以及將人類視為大自然成員傾向（相對於將人類視為大自然的管理者或消費者）的有力預測指標（Schultz & Zelezny, 1999）。在思考這些發現時，研究人員認為：「在認知上，自我超越反映出對自我（self）的一種更寬廣的認知表徵（representation），呈現出一個人在自我概念中涵括其他人和其他生物的程度。」（Schultz & Zelezny, 1999, p. 263）

與此結果一致的是，研究也發現自我超越的價值觀與「以特殊連結的觀感覺察世界」的傾向有關，不論這是與他人、自然、地方或宇宙的連結皆然（Hyland, Wheeler, Kamble & Masters, 2010, pp. 313-314）。這是透過「有時候僅僅是身處於美麗的地方，就能令我感受到喜悅」或「我對大自然的某部分，如花朵、樹木或山巒，從未感受到任何特殊連結」等問卷題目的回應，對這類傾向所進行的評估（Hyland, Wheeler, Kamble & Masters, 2010）。

因此可以想見，與大自然連結的相關研究，已確認這類連結感與人們對待環境的態度及行為有強烈的關聯性（Frantz, Mayer, Norton & Rock, 2005; Mayer & Frantz, 2004; Schultz, 2001）。例如，在一項針對十四個國家人民的大型跨文化研究中顯示，與自然的連結是友善環境行為（pro-environmental behavior）最強烈也最一致的動機預測因子。

社會及行為科學家運用了關於價值觀與友善環境行為的研究成

果，引介了「環境認同」（environmental identity）的概念。克萊頓（Clayton, 2003）將此概念定義如下：

> 在歷史、情感依附及／或相似性的基礎下，一種與非人類的自然環境之某部分相連的感受，而這會影響到我們對世界的觀感與作為……環境認同近似於集體認同（如國家或種族認同），給予我們一種連結感……以及對我們自己與他物之相似性的認定。
>
> （Clayton, 2003, pp. 45-46）

魏斯・休茲（Wes Schultz）在詳盡描述對環境認同的認知時寫道：

> 個人對自我的概念，以及人們認為自己是獨立的、或與其他人相互倚賴、或與所有生物皆相互依存的程度，與對環境關懷的關係密切。從這個觀點看來，對於環境議題的關懷，是兩個人之間相互連結性的延伸。
>
> （Schultz, 2000, p. 394）

近年來，多項研究已開始以認同感做為架構，檢視友善環境行為及環境保護態度（Bragg, 1996; Clayton, 2003; Hirsh & Dolderman, 2007; Kals, Schumacher & Montada, 1999; Light, 2000; Neisser, 1995; Reist, 2004; Schultz, 2002; Zavestoski, 2003）。

內在目標、自我超越的價值觀、與自然的連結以及環境認同之間，似乎是彼此相關且互相連結的概念。而且在面對環境問題時，這些概念顯然具有重要的意涵。有證據顯示內在目標、自我超越的價值觀以及與自然的連結——包括「特殊連結」的感覺——與「對於環境問題的深切關注」和「以更高層次的動機來協助面對這些問題」等表現，彼此相互關聯。

當然毫無疑問的，我們也可以藉由訴求於認同感的其他價值觀或其他面向，來提升特定的友善環境態度及行為。清楚的例子像是，經濟因素對養家活口的人來說，可以成為採取改善能源效率做法的重要動機——比方裝設閣樓隔溫層。但是，這種思路存在著許多問題。首先，以省錢為訴求讓人們採用對環境友善的方法，可能會強化人們對財務面向的重視。但在許多其他案例中，友善環境的選擇可能需要耗費更多成本。此外，只為了財務上的考量而採取對環境友善的做法，有可能反而弄巧成拙。假使我純粹是為了省錢而在閣樓添加隔溫層，而不是因為氣候變遷帶來的挑戰，採取行動以作為集體回應的一部分，我很可能就會把省下來的錢用來買便宜機票到巴塞隆納（Barcelona）渡週末，抵銷了因此產生的環境利益。第三，許多涵蓋範圍廣大的研究顯示，每個人都會有一套普遍而動態的價值觀系統，以致於在提升某些價值觀時，往往會降低相反價值觀的重要性——也減少他們在生活中依相反價值觀行動的動機。所以，訴諸自我增強（self-enhancement）的價值觀——如財務上的考量——會削減採用其他友善環境及利於社會（pro-social）的行為動機；這是因為自我增強的價值觀，與可鞏固對社會及環境關懷的自我超越價值觀，乃是彼此相對的。第四點，為了外在目標而作為的動機，在一段時間後會較難以持續。研究發現當人們投入各種行為時（包括友善環境的行為），若這些行為是為了依循內在目標（例如一種「社群」的感受）時，其行為較能持久。本文的篇幅不足，無法詳加探討這些論點，其他文獻有完整的討論（Crompton, 2008; Crompton, 2010; Crompton & Kasser, 2009; Thøgersen & Crompton, 2009）。

綜合上述，這些研究結果顯示提倡內在目標及自我超越的價值觀，以及與自然更深切的連結感，可能提升對環境的關懷——並引發與這種關懷相符的行為。另一方面，強調外在目標及自我增強的價值觀，有時在個別案例中很有效，但很可能減弱了處理環境問題時所需之周全而持久的承諾。

非常重要的是，我們要認知到這些研究發現的意涵並不止於對環境問題的關懷。基於其他議題（如全球性的貧窮或對兒童的忽略）而強化內在目標及自我超越的價值，似乎也可能增加對環境議題的關切。相對地，由於和環境問題之間的關聯性而強化這些目標及價值，也可增強對於社會或發展議題的關切。這是個關鍵性的重點，因為它能為各種團體開啟可能性，呈現出對於社會或環境關懷的多樣性，為啟動與強化內在目標及自我超越價值觀找到共同努力的目標。關於這點在其他文獻中有完整的描述（Crompton, 2010）。不過，本文後半段的焦點將放在與大自然建立更強連結的各種做法上。所有為環境議題工作的人，都為建立這份連結做出了適當的貢獻。而在努力貢獻之後，他們可以從這樣的信念得到滿足感：他們不僅在協助建立對於環境問題的持久關懷，也是在協助強化對於各種社會及發展議題的關心。

個人經驗與環境認同

若要滋養與自然之間的連結，最顯見的一項做法就是提倡新型態的戶外學習。有很好的證據顯示，教育活動能提升友善環境的行為（Rickinson, 2001; Zelezny, 1999）。然而，要試圖使一個人——通常是兒童——與自然環境之間建立某種連結感，似乎需要某種特定類型的教育方法。會促進隔離感、物化或有距離感的教育活動，不太可能灌輸這類連結感。反之，所需要的是親身參與、非指導性、探索式的個人經驗。

欣賞性的經驗（如賞鳥、健行、觀星）往往能與環境關懷產生特別的正向關聯（Ewert, Place & Sibthorp, 2005; Kahn, 2006; Nabhan & Trimble, 1994）。其他研究人員認為，單純花時間待在自然地區可能還不夠；還需要「經過規劃的自我反思或環境覺察的機會」（Rickinson et al., 2004, p. 29）。

社會心理學家魏斯理・休茲（Wesley Schultz）寫道：

> 「在林中健行、前往自然公園的班級旅行、家庭露營（住帳篷而非休旅露營車）、學生可以看見並且觸摸動物的動物展示活動，或打造鳥窩、庭園等，都可以製造出更強的相互連結感及融入感（inclusion）。反之，到動物園裡看動物被關在籠中、觀賞動物表演或受馴的演出、在教室中透過抽象教學聆聽關於動物或自然的資訊，或進行會破壞環境的消遣行為（如越野摩托車、水上摩托車、雪上摩托車）能獲得的相互連結感較少……」
>
> （Schultz, 2000, p. 403）

童年的自然經驗應該要成為兒童教育的核心元素之一——如此，當青少年離開正規教育時，心中就能具有概念式的架構，使他們有能力和自己的自然經驗繼續產生關連，產生一套語彙能自在地討論他們與自然的關係，以及幫助他們認同即便居住在都市裡也仍浸淫在自然中的教育經驗（如透過他們呼吸的空氣和飲用的水）。

許多報告顯示，童年早期的戶外活動經驗對於日後的生活態度與價值觀的建立具有重要影響（Chawla, 1999; Louv, 2006）。確實，為數眾多的環境運動人士經常強調，童年是他們與自然環境關係的基礎根源（Degenhardt, 2002; Tanner, 1980）。不過這個領域的研究仍相當稀少，且通常是透過回溯的研究方法來蒐集資料。即便如此，童年多花時間處於自然環境中，似乎與環境面向的結果之間具有正向關聯，包括態度、行為及成年職涯選擇等（Bixler, Floyd & Hammitt, 2002; Wells & Lekies, 2006）。

成人的戶外學習則需要採取不同的做法。例如，保育組織世界自然基金會（WWF）將來自公部門、私部門和第三部門的領導人物組團，帶到蘇格蘭（Scotland）的荒野地區進行為期數日的「生態心理學」避靜之旅，作為其「自然改變計畫」（Natural Change Project）的一部分（WWF, 2009; Key & Kerr，本書）。這個計畫使參與者投入在多種運用了超個人（transpersonal）及生態心理學取向的體驗式活動中，也運用了心理治療的技巧來引導。活動的核心是一場在荒野之中自黎明到黃昏的獨處經驗。這種與自然單獨相處的際遇，具有相當悠遠且多樣的文化歷史——經常因為與美洲原住民有關而大受歡迎，但也被過度簡單化。參與過這些活動的成員幾乎一致回應說，他們對於事物的輕重緩急產生顯著的改變，在某些案例中，這個經驗促使他們在生命中做出重大改變——譬如轉換職場。

無疑地，無論是為兒童或成人而舉辦，這種經驗都頗具後勁，而且效果持久。在某些案例中，這些經驗顯然會影響多年後做出的決定。然而對許多人來說，個人一旦返回日常生活作息，該經驗的衝擊很快就會消退。「自然改變計畫」試圖透過讓參與者加入歷時數個月的課程，來減緩衝擊消退的效應。儘管如此，這類型活動仍不免會與主流文化脈絡對陣，因為在許多方面，後者會侵蝕那些在直接與接觸自然後所強化的價值觀。

回到教室或辦公室

社會心理學家提姆・凱瑟（Tim Kasser）對於影響人們價值觀的要素，以及價值觀和行為之間的關係進行了深入研究。他認為將某人帶離課堂或職場去參與戶外學習課程或荒野靜修，就像將孩子帶離受虐的家庭環境去接受諮商會談一樣。在諮商會談中，孩子的諮商師非常清楚知道會談一結束，小女孩就會被接走，送回家中——或許是回到施暴或酗酒的父母身邊。或許在諮商會談時可以做很多事來幫助小女孩；但是在這短暫的時間裡，還可以做些什麼具有更長效果的事，讓小女孩於再度淪入日常生活環境中的數日之後，仍能持續幫助她呢？同樣地，參與荒野靜修的成員，可能會報告自己所獲得的重要個人體驗。但若要使這些體驗對其態度與行為產生持久性的改變，在個人重新沈浸於家庭、工作或學校環境時，它們必須能夠經得起考驗（Kasser，私人通訊）。

這類經驗的影響就像玻璃上的指印，會逐漸消褪。但在一個無法認可這些經驗意義的文化脈絡中——這類經驗消褪的速度可能更快些；這種文化會壓抑關於這類經驗的對談，反駁它們的重要性，或者會努力強化那些與自然連結感採取敵對立場的價值觀和認同感的其他面向。

最明顯的是，人們需要能更公開地談論這些經驗及其影響。然而在經常會否認這類經驗的社會背景下，單以這種方式來談論這類經驗本身，就需要相當大的勇氣。

但我們必須再進一步——開始阻截那些對立於支持自然連結感的價值觀與認同感的文化影響力。我們已經知道，讓個人執著於社會地位、名望或對他人的支配權等自我增強式價值觀的因素，也很可能會消減個人對於自我超越價值觀的重視程度，並且消蝕掉採取友善環境行為的動機（Maio, Pakizeh, Cheung & Rees, 2009; Sheldon, Nichols & Kasser, 2011）。

一旦對於個人價值觀的結構有所認識，就會察覺到存在著一個困難的挑戰。儘管教育性的經驗或荒野靜修都相當可貴，但我們似乎無法預期這類做法一定可以促使人們普遍且長期地關切環境問題。至少在以強化外在目標與自我增強價值觀為務的文化脈絡中，致力於這些方法仍然難以引發對環境問題的普遍關切。因為在此文化脈絡中的目標與價值，與具有較強自然連結感的內在目標及自我超越價值觀是相互對立的。

諸如競爭性的教育環境、許多工作職場的文化、薪資結構及誘因計畫，以及政府施行的眾多公共政策的先後順序等，現代社會的種種面向都例示著自我增強式的價值觀。其中，媒體的角色可能是重要關鍵。我將於接下來的篇幅中，檢視媒體影響力中的一個層面，即電視的影響。

許多研究發現，觀看電視和自我增強式的價值觀之間具有正向關聯（見Good, 2007採訪內容）。另一項研究則檢視了觀看電視對環境態度的衝擊。有足夠的證據顯示，觀看電視和對環境問題的冷漠有關聯，包括較不關心環境問題、對環境相關「社會行動」的活動力較低，在面對環境問題時感到較為無力改變（Shanahan, 1993; Shanahan, Morgan & Stenbjerre, 1997）。當然可預期的是，大幅觀看電視會增加自我增強價值觀的盛行程度，而自我增強的價值觀與對環境的關心兩者為負相關。古德（Good, 2007）循著這條線，繼續調查物慾主義是否為觀看電視與對環境問題冷漠的中介因素。（社會心理學家所定義及衡量的「物慾主義」，與自我提升價值觀有密切關聯。）古德發現觀看電視和物慾主義兩者為正關聯——根據早期研究，這種結果乃在預期之中。不意外的是，她也發現物慾主義與對環境的關切之間存在著負向的關聯。最後，她發現「物質主義確實中介著電視與人們對自然環境態度之間的關係。」（Good, 2007, p. 376）

然而，諸多顯示這類關聯性的研究，並無法檢驗出觀看電視和物慾主義之間關係的本質：有可能較偏向物慾主義傾向的人，不論其原因為何，就是會選擇多看電視。其他研究則聚焦於觀看大量電視的效果，然後提出證據，顯示這個舉動本身導致人們變得更傾向於物慾主義（Shrum, Burroughs & Rindfleisch, 2005）。或許這些研究的結果都是可想而知的——許多電視廣告和受歡迎的電視節目（如【誰是接班人】*The Apprentice*[1]，或【X音素】*The X Factor*[2]）都以財務上的成功、社會地位和名望作為模範價值觀。

這麼看來，電視似乎是個深具文化影響力的例子，它促進自我

---

[1] 譯註：誰是接班人（The Apprentice）是美國的實境電視影集，節目的製作人暨主持人是一位地產大亨，要從參賽者中挑選學徒，節目中的勝利者可得到該公司為期一年，年薪25萬美元的合約。

[2] 譯註：X音素（The X Factor）是英國的歌唱選秀節目，優勝者往往可以獲得唱片合約。

增強式的價值觀，並且漸進地削減自我超越式價值觀的重要性。因此，大量暴露於商業電視的影響，很可能會減弱觀眾對環境的認同感。

檢視過社會中各種塑造與促進自我增強式價值觀的方法後，關注此議題的人士或可倡議一套政策介入方式，使大眾對於社會及環境議題產生更廣泛的關注。例如，就電視的案例而言，一個可能的回應方式是發動倡議行動，鼓勵有責任感的電視公司及經紀公司在商業電視上廣告時，不要塑造外在目標與自我增強式的價值觀。

儘管增加人們與自然接觸的機會相當重要——尤其是能激發自我反思的接觸方式——但這類接觸的好處很可能會遭受多種文化影響力的侵蝕，商業電視只是其中的一個例子。不論各種幫助人們與自然建立連結感的做法有多成功，單是建立連結感，似乎不足以產生足夠的公眾壓力，來促成與我們所面對之環境挑戰規模對等的政策介入。這些對於環境問題的關注，必須同時投入持續性的宣導活動，支持那些能提升「內在目標」與「自我超越價值觀」的企業實務作為及政府政策——並減抑那些強化了外在目標與自我增強價值觀的作法與政策。

作者向提姆・凱瑟、戴夫・基（Dave Key）、魏斯・休茲致謝，感謝與他們的對話促成了本文描述之各個觀點。

第十六章

否認、犧牲及生態自我

珊德拉・懷特（Sandra White）

從二〇〇九年間的一些研究可看出，儘管有越來越多證據顯示氣候變遷是真實事件，且關鍵的大部分乃人為所致，但在英國，接受此事的人口比例正在下降當中（Norgaard, 2009; Cropmton & Kasser, 2009）。這就是所謂的「否認氣候變遷」（climate change denial），後續的意見調查顯示這個現象仍在持續增長（BBC, 2010）。即使人們普遍接受氣候變遷正在加速，但由於金融危機的發生，政府投注於氣候變遷的資源以及媒體對此的關注，還是隨之下降。在某些地區，這兩個現象促使人們更努力地告知大眾關於氣候變遷更清晰的科學訊息。然而，我們發現提供更完善的資訊並未降低此種否認現象的普遍性。

為了幫助我們思考如何更有效地處理在氣候變遷及生態永續性脈絡中的否認態度，我首先將在本章中深入探討否認的心理，其目的及其運作方式為何。在此所提出的想法以及對否認的理解，是源自於神經生物學；在這個層次上，氣候變遷在空間或時間上還不夠急迫到足以觸發「戰或逃」的反應，反而，這個問題的規模大到令人不知所措，致使許多人處在停機、凍結的反應中。

基於環境運動在面對普羅大眾時，是主張透過減少他們的碳足跡（carbon footprints）來「為整體利益而犧牲」，我將接著借用榮格（1969）所定義的「犧牲」（sacrifice）原型來進行檢視。如此一來就有需要檢視古老的儀式作法，比較過去與今日的儀式內容。由於了解當今的脈絡反映的乃是西方文明走了幾千年的道路，使我開始將伊甸園的創世紀故事納入，藉此提出在心理學上關於現代人要投入氣候變遷與生態永續性議題有多困難的問題。最後，我將帶入生態心理學，這部分將為舒緩困難提供重大的貢獻。

運用心理學及生態心理學的觀點，來探討如何使英國社會各部門投入氣候變遷及生態永續性的問題，並不意味著我把問題界定在個人行為層次，因為我不如此認為。這是系統性的問題，其中有許多包括人類特質、文化常態，乃至於科技、法律、經濟與政治需求等環環相扣的要素。但對於否認的現象加以了解，將能提供更多基礎來思考如何牽動改變。

否認

在任何背景脈絡中，「否認」都是一種心理學術語，指的是心智的防衛機轉（defence mechanism），保護我們不必面對知情後無法應對的事物，因為適合的內在資源尚未到位，有時連外在資源也尚未齊全。否認現象的發生和意識的選擇無關，這是天生且必要的心理防衛措施，用來對應非自主性的身體系統，此系統在需要時就會啟動，並不需要我們的知曉或同意。

對失落的恐懼，是觸動否認最強有力的機制之一。對西方文明來說，追求生態永續的世界所預示的是，人們所深信且成就了許多世紀的事物，將可能產生重大改變，這暗示著我們的集體認同感的根基將要改變。對多數人來說，生態永續性讓他們受到失去寶貴事物的威脅，例如失去在我們的社會中往往象徵著地位的汽車，以及水電等公共服務。

我發展出一套比喻，詳細地將「否認」所涉及的機制概念化。當否認被啟動時，腦海中一道活動快門會砰然關閉，將腦海一分為二。前端仍然存有大量情緒、認知和動機的能量可用來發動兩件事：第一是緊握並且增加受到威脅的珍貴事物，第二是反制並繼而試圖摧毀威脅的來源。在活動快門後方被封閉起來無法使用的是同樣多的能量，無意識地被用來消除無法忍受的衝突感受。此時所恐懼的已不僅是失落，還有要面對現代人類活動造成破壞的規模之鉅，並經歷因此所產生的極度痛苦。此外，未能減輕人類破壞帶來的衝擊，也在心中創造出難以忍受的罪惡與羞愧感，這些都根植於一個核心慾望，即希望自己在社會中是個本性良善而有價值的人。若無法與這些感受保持連結，就會缺乏改變的動力，否認也將持續握有支配力。

在此比喻中的另一個元素，是當活動快門關閉時，會同時創造出一個讓人真心相信的故事。這個故事或許不理性又或許很理性；這都無關緊要。故事的唯一目的是在個人的身分認同遭到重大威脅時，負責收藏與維護對事物正當性的核心感受（core sense of validity）。這類故事包括「氣候變遷是太陽黑子活躍所致」，及「我們只該在確認所有事實、確知所有後果之後才能行動。」後者聽起來很理性，但它明顯地與政治及經濟決策的產生過程背道而馳。挑戰這些故事通常只會徒勞無功，因為故事的目的不是要理解外在的現實狀態，反之，是為了維持個人內在的正當感。

這一切之所以重要，是因為在心理學上，否認所提供的保護至關緊要——而這正是難題所在。此刻，我們處在兩股彼此相對，卻同樣合理、同樣基於強烈需求的能量衝擊中：亦即處在需要保護地球的體系不受進一步摧毀的實體需求，以及人們需要保護自己的正當感的心理需求之間。儘管終極而言，守護地球和守護自己這兩者之間顯然並無衝突，但喪失個人認同感的具體危機感阻礙了這個層次的認知。追根究柢，否認的防禦措施之所以會啟動，是因為人們需要在面對日漸增加的關於人類破壞力的證據時，仍能保有內在的良善感。

於是，否認帶來的衝擊是使會增加排放量的行為倍增，並且使人類心智中那平凡卻不可或缺的要素——良心，失去功能。身為社群生物，當人類正常運作時，懊惱、罪惡感和羞愧感會啟動良心，確保能適當地自律，以使社會凝聚力、相互尊重以及體貼關心等膠合力量得以維持正常。從這個角度看來，或許我們的首要工作不再是針對氣候變遷提供更完整的資訊，而是要面對「如何才能使否認的機制緩和下來？」的問題。當威脅消逝，或因新的慾望出現而使威脅不再讓人感覺重要，或當心理資源擴大到使人有能力面對該項威脅、與之產生關聯感並且加以對應時，否認的機制方可減緩。若是能將個人的認同感及正當感視為「威脅」來源，而非氣候變遷本身，然後思考如何喚醒新的渴望，或使心理資源得以擴張，兩者都有可能使否認作用緩和下來。

犧牲

在否認當家時，「為整體利益犧牲」的勸誡似乎並不管用。雖然稍後在談論伊甸園的篇幅時會有更完整的討論，在此值得先提一下的是，人們心中存在著一種集體的、有必要且在心理上名正言順的隱退狀態，對我來說這相當於一種「山寨伊甸園」（ersatz

Eden），是一種在無意識中建構出來的極樂天真的人為狀態，人們無意識地處在這個狀態中，藉此保護自己純真與良善的感受，直到環境條件產生變化而出現其他的可能性為止。

把犧牲當作原型（archetype）來探討，能使我們更了解想要有所改變時，我們還需要些什麼。榮格認為，原型是一種以潛能的形態存在於集體心靈的深層，是人類與生俱來的行為模式：

> 原型是對一個主題（motif）產生各種再現（representations）的傾向——這些再現的細節或許變化很大，卻不喪失其基本模式……它們確實是一種本能的趨向（trend）。
>
> （Jung, 1978, p.58）

例如，一位女性和母親相處的經驗，會深化且形塑出她對存於自身內在之母親原型的關連性。當她的寶寶受孕成形，需要一位母親時，她若覺得自己能夠成為母親，一切都會很順利。若非如此，她可能會墮胎或遺棄新生兒。因此，原型是一種嵌於心智深處的潛能，一種與生俱來的行為模式，在情勢所需、條件符合時，這項潛能就會啟動。將此運用於全球暖化，目前的情勢需要人們有所犧牲，但適當的條件是否已經俱足？

《牛津英語字典》將犧牲的動詞定義為「降服或放棄（某事物）以獲得某種更大的優勢或更珍視的目標」；名詞定義為「對有價值或所欲之事物的摧毀或放棄，以求擁有某物，它具有或被視為具有更高或更重要的陳義；為了奉獻於關注的人事物而承受的失落；奉獻或放棄的事物。」

假使我們是為了「更珍視」或需要我們「奉獻」的事物而犧

牲，那麼要使犧牲可能發生，就必須有愛的存在。父母為了孩子而持續做出犧牲，是這個詞彙在日常用語的一例。然而，全球暖化將導致子女身處更惡劣生活環境的可能性，並未使多數父母在行為上產生必要的改變。我猜想，即便有千百萬名賞鳥人士、園藝人士喜愛著自然的某些面向，但那份能使人自願在生活中做出重大調整的、對大自然懷著愛的關係，並不普遍存在。

我也認為「更高或更重要的主張」這個概念具有重大意義，我將藉由檢視人類與動物被犧牲奉獻給眾神的古老儀式，來深入探索這一點。在以人作為祭品的儀式中，我們無從想像被犧牲者及其家人為了忠誠與奉獻，要經歷什麼樣的恐怖與苦惱。儘管人類學家對於這類儀式提出了各種詮釋，還是可以看出其中的主題。犧牲儀式會發生在重大的時間點上，例如要展開一趟長途旅行，或在新季節開始之初，為了應付暴躁無常的神靈，祈求恩典、展現忠誠所做的取悅式祈請。最好的才會被奉獻給最重要的任務，並以神靈的好惡為準。儀式會當著整個社群的面前執行，社群也了解並贊同犧牲所代表的一切。儀式性的犧牲表達了他們共同的世界觀，也使社群更團結，以防犧牲變得徒勞無功。每個成員透過目睹各項儀式來參與其中，亦分享隨之而來的饗宴，如此一來，儀式的特定目的才能整合到全體成員心中。這些事件標示的是，平凡的人類生命與某種更大而神祕的事物之間，一種強有力的、動態的虔敬關係。

在文明的時代中，我們很容易在回顧過往時將這樣的現象貶低為迷信與野蠻。在目前盛行的世俗文化中，我們缺乏堪與前段所述相比擬的、某種能使我們全體有意識地參與其中的關係，而得到與超越自己的事物連結的普遍而共享的經驗。我們可以把某些古老的神靈詮釋為大自然、天氣和氣候的擬人化（personification）。佛洛依德在五十多年前就已適切地描述了今日人們對於地球這些面向的集體態度；

> 文明的主要任務、其存在的理由，便是要為我們防禦大自然。我們都知道就此而言，文明在許多方面已經做得很好，而且顯然隨著時間的進展，它還會做得更好。但並沒有人會處在大自然已經消失的幻想之中；也很少人敢期待她會有完全臣服於人類的一天。其中似乎有某種譏諷著人類各種掌控的因子存在；大地會震動，會開裂，會埋葬所有人的生命和成果；水會淹沒，將一切沈入混亂之中；風暴會吹散擋路的一切事物……大自然透過這些力量來對抗我們，壯觀、殘酷、毫不寬容；她將我們想要透過文明的力量而躲開的脆弱感與無助感，再次帶回我們的思緒中。
>
> （Freud, 1961, pp. 15-16）

在二〇一一年日本東北海岸的大地震與海嘯，以及美國密蘇里州賈普林（Joplin, Missouri）的龍捲風事件後，佛洛依德這些描述更顯得一針見血。

我們無法想像古老文化會想要「征服」他們的神靈。或許是在面對大自然的浩瀚與真實的大毀滅時，無意識地想要抵銷難以忍受的「脆弱與無助」感，西方文化在許多世紀以來對於文明的追求，已然打造出一條道路，其基礎是建立在人類是「隔離於」且「優於」早期人們所敬畏之力量的概念上。這使我們多數人與更廣大的世界脫離了關係，卻不知道自己仍是其中的一份子。（我所謂的「我們」是指主流文化的常態，並無意否定恭敬且投入地與地球共存的人士。）在此時回頭，與大自然展開一段更具敬意的關係，從現代性的觀點來看，既怪誕又退步。在這些情況下，對多數人而言並沒有一套眾人可共享，且能緊密凝聚、脈絡一致的參考架構；在此參考架構中，人們可以充滿愛或恐懼地做出犧牲，他們的目的為眾人所理解、被同理地見證，大家共同維護著這樣的犧牲。所以，在集體層次上，這個原型仍處於休眠狀態。

是否可能並非由於否認作用的盛行而使犧牲無法實現，真相反而是：當促成犧牲的條件不俱足時，否認成了必要的心理求助手段？在古老心態的核心，存在著一段與廣大整體之間的複雜關係，這段關係受到既有集體形式的認定，經由文化上的表現，為人們共有的希望與恐懼提供了涵納的容器。少了這種得到集體明確表彰、可資啟動社群團結的複雜關係，導致現代的孤單個體缺乏必要的心理資源讓愛與恐懼都能有意識地得到覺察與表達。涵容機制的缺乏，使否認的快門更有可能關閉，相對地增加了我們對於維護自我感故事的需求。在今天，孤單的個人也經歷著與自然分離的狀態；於此狀態中，人們長久以來無法體察到有意識地與其他物種和周遭更大的體系維持尊重關係，所能帶來的益處。

重訪伊甸園，尋找生態自我

創世故事、歷史早期敘述世界如何成型的神話傳說等等，描寫了人類在世界中的位置，通常也描述了要把生活過好需面對的關鍵心理任務。其中或許包含了今日的我們難以理解的複雜想法。有趣的是，問世至今有四個世紀的《欽定本聖經》（King James Bible）[1]引起了許多人的注意，因為它為西方世界追逐文明的方法提供了文化上的基礎。我們的創世故事起源於具有特殊地景和文化規範的中東地區，然而它卻在西方的心靈中生根，顯示它具有相當深層的心理共鳴與意義。根據榮格的「假設，每個宗教都是對於某特定且顯著的心理狀態的自發性表達」（1969, 160段），則重訪伊甸園正是時候。不過，榮格也非常謹慎地清楚說明，他並非要將宗教的象徵或經驗定義為純粹的心理狀態，也不是在評論他所觀察到的現象對於宗教的重要性（Jung, 1969, 第2段）。我是基於這樣的精神，而以心理學觀點來審視伊甸園的故事，以作為諸多可能尋求答案的方向之一。

我看過許多描繪伊甸園的畫，彷彿做夢般坐在這個故事面前。運用聯想而非線性的因果關係，幫助我以不同方式來思考其中的事件。將那些圖畫當成從集體無意識中浮現之原型意象的具體展現，我替這創世故事找到了或許與我們的困境有關的新思考方式。

在故事中（Genesis, 2, 4-3, 24），亞當（Adam）和夏娃（Eve）是上帝在世界中最先創造的人類，他們住在伊甸園裡。他們只被禁止一件事，就是不可去吃分別善惡樹（Tree of Knowledge of Good and Evil）的果實。蛇誘惑夏娃違背了上帝的戒令，她又說服亞當也做了一樣的事，致使上帝大怒，對三者施懲。他們吃了後來被認為是蘋果的果實，將他們推入了自我意識（self-consciousness）之中，因而首度有了感到羞恥的能力，上帝害怕他們會繼續吃下生命樹（Tree of Life）的果實而永生不死，所以把他們逐出伊甸園，禁止他們回去。為了防止他們再度進入伊甸園，上帝在東門靠近生命樹之處，安設了兩名基路伯（cherubs）[2]和一把

---

[1] 譯註：《欽定本聖經》（King James Bible）或稱詹姆士王聖經，是由英王詹姆斯一世下令翻譯的英文版本聖經，於1611年出版。

[2] 譯註：基路伯（cherubs）亦天使之意。從聖經經文採用音譯。

火焰之劍來守護生命樹。圖畫中，遭放逐的亞當與夏娃顯得十分淒涼。

我特別注意的是那個「蘋果時刻」，以及它使人從一種意識狀態進入另一種意識狀態的轉變；也對於上帝在他們吃了分別善惡樹的果實後，立即聯想到生命樹，還有兩人被逐出伊甸園後的絕望狀態等等感到興趣。我將在人類與整個自然界關係的脈絡中探討這些主題。

在文化上，我們很明白伊甸園的故事是以神話的方式，描述人類心智從最初如嬰兒期般與世界合一的狀態中，進入到自己是分離的個體、動機與權責的意識狀態。隨著分離而來的是線性的時間，以及那令人感到恐懼的有限生命。簡單來說，線性功能（linear function）帶來了邏輯、推論和理解因果關係所需的能力，這與分別善惡樹有緊密關係。

各個深層心理學派已教導我們許多關於嬰兒生活在無邊界感中的經驗，一種一切都彼此無縫相連的經驗。照護環境的架構於是變得非常關鍵，因為缺少邊界的嬰兒會接收每件事，並且與周遭發生的每個變化產生感官共鳴，好壞皆應。這樣的第一階段為日後同理心的發展提供了基礎，這個能力使他能想像並且感受他人的經驗，因為自己的內在仍存有共鳴的回音。

在我的想像中，若亞當與夏娃是以類似無縫相連的狀態融入於伊甸園，對於自己分離的個體性毫無覺察，那麼他們所體驗到的共鳴與和諧感就不屬於人類領域，而是與一切生命的共鳴。隨著時間的進展，從文化角度看來，伊甸園開始與「樂園」（paradise）產生關聯，一個喜樂而永恆的和諧之地，在視覺上呈現的是充滿各種生物與色彩、美麗蓊鬱的景色。圖畫中描繪出第一對人類在豐盛的各式生命中，處於祥和的狀態，而這在某種程度上解釋了他們必須離開伊甸園時為何展現出極端悲苦的模樣。

近年來，電視影集【部落】（The Tribe）使我印象深刻，劇中的人類學家布魯斯・派瑞（Bruce Parry）拜訪了世界各地許多不同的原住民社群，比起工業化的人們，他們的生活更接近大自然的無常。派瑞一貫地評論著他和這些活在生存邊緣的人相處時，所接觸到的滿足與快樂的特質，我很想知道這是不是因為他們更直接地融入於更廣闊的自然世界中。他們與生死間那交互作用的親密接觸，很可能造就了他們在更大的生命循環中，對於任何個體的生死，也包括自己的生死，抱持著更豁達的觀感。或許這就是他們滿足感的根源。

當榮格描述著他於美國新墨西哥州拜訪的布韋洛族印第安人（Pueblo Indians）在每天清晨所進行的幫助太陽升起的儀式時（Jung, 1993, pp. 274-282），他所欲呈現的，是在明白自己是大自然循環中不可或缺且參與其中之一份子的共同心態下，人們可以得到什麼。那些人渴望能參與維持太陽繼續升起的能力、以溫暖和光芒為地球帶來生命的儀式，顯露出他們與超越自身地平線外的整個世界的相互連結感。他們對於自己不過是整體計畫中微小部分的理解，在自身對於生命的延續仍然扮演重要角色的感受中獲得了平衡。這是非常精微的意識狀態。部落對於日常儀式的專注投入，提供了一種容器，使人們對生命本身的愛與敬意的表達能具體成形，並且抵銷了在有限生命中與整體分離的恐怖感。

現代西方文化並無對等的概念架構，可為個體的生活提供支持，使之成為包含了整個大自然之更大整體中，綿延不絕的生命之一份子而貢獻其中。反之，它強調的是分離。如今對我而言，這個態度的根源乃起始於伊甸園的故事。「樂園」（paradise）一詞在其最古老的伊朗文中，指的是四面為牆的封閉空間，而我所看到的許多圖畫都將伊甸園描繪成有圍牆的庭園，牆外別是另一種風景。有時候圍牆是無法穿越的，這是上帝為了保護生命樹，透過在東門安設基路伯和火焰之劍而強化的特質。

然而對我來說非常重要的是，上帝一得知亞當與夏娃吃了蘋果後，快速地聯想到生命樹一事。祂創造了分離意識與生命本身之間的連結，明白一種具有新性質的威脅出現了。這個威脅被認為是危險的，也就是假使亞當和夏娃也吃了生命樹的果實，他們將會「永遠活著」（Genesis 3.2）。祂為了預防此事發生於是將他們逐出。如今，就如我們所知，人類的工業化和人口成長的聯合效應，正威脅著人類賴以維生的地球體系，因此在照字面意義解讀《聖經》故事時，我們可以說上帝的策略奏效了。

我們也可以同樣地但不那麼依字面意義來思考，上帝意圖使亞當與夏娃在其新的分離狀態中無法染指生命樹這件事。我們這些工業化的人類，帶著近似神祇般的力量，現在手中握有已演化至如此複雜狀態的整體生命的未來。這樣看來，正如希臘悲劇中，令人擔憂的預言正是因為採取了想預防它發生的步驟而成真一般，則上帝的策略失敗了。

由於我認為我們的創生故事值得被認真看待，我想提出不同的詮釋，並且借用亞當與夏娃在伊甸園外絕望的意象，特別是由湯姆士・柯爾（Thomas Cole）於一八二八年所繪製的〈逐出伊甸園〉（Expulsion from the Garden of Eden）一圖（http://www.mfa.org/collections/object/expulsion-from-the-garden-of-eden-33060），圖中有一座石橋連接岩石拱門，亞當與夏娃剛經由拱門離開。伊甸園散發著光芒，點亮了部分橋面，引人留戀。外面的世界既黑暗、荒蕪又險惡——自然說明了為何離開伊甸園是如此悲慘之事。柯爾的畫所傳達的是，無法活在和萬物處於完整互連與共鳴的品質中，是一種墮落退化的狀態。由於相信我們已無法回到伊甸園，我們的文化將自身與我們渴望何物的真知切割開來，因而創造出對於權力、財富、酒精等成癮的狀態——這些都是用來取代與美麗豐饒的整體保持連結時所得到的滋養，但卻是無法令人滿足的替代品。我們或許就像被切成兩半的蘋果——與自身分離開來——很快便腐敗了。

我也思索著，或許基路伯與火焰的障礙並不是種禁令，而是在描述分離的意識一旦出現，事實上就不可能再生活於與整體保有全然無痕相連的狀態。然而，邊界的本質也很弔詭，它們既分隔也連結。因著上帝對於分離意識和生命樹之間的瞬間聯想，我們可以推斷的是在創世故事中所描述的心理任務，是要藉由這個分離且有限的生命，帶著我們真切的個人需求、慾望及恐懼，在這極度困難的狀態中找到與所有生命保持連結的方式。基路伯和火焰之劍也描繪出了這項挑戰有多麼艱鉅。西方世界在缺乏這種願景的狀態下打造出文明，其經濟、科學與技術的方法皆根植於和整體大自然分離的感受，因此，其破壞性的面向一直遭到忽視。對我而言，柯爾的拱門和伊甸園散發出的引人留戀之光所傳達的是，我們的心理工作是要觸及並以這兩種意識狀態來生活，允許兩者交互作用來形塑我們對「文明」與「進步」的定義。

這是為何身為歌手／作詞者的瓊妮・米歇爾（Joni Mitchell）認為我們需要回到伊甸園中。我們若能再次認知到我們是活生生的珍貴整體中的一份子，就能找到使犧牲具有意義的脈絡。當原住民以儀式感謝他們獵殺的生物，因為牠在他們的需求下「犧牲了自己」時，他們認可了個人與整體之間的舞蹈，也使之變得神聖。當他們為那生物認可這場舞蹈時，他們也為自己認可了這場舞蹈，並且在生與死的廣大自然循環中找到自身有限生命的位置。摩根（Morgan, 1995）和亞歷山大（Alexander, 2005）透過倡導原住民的實際做法，將西方讀者帶進這種宇宙觀之中。缺少這重要的感知，缺乏認同地球的能力，缺乏了解我們個人的死亡餵養了生命的演化，一如其他所有物種的死亡一般，我認為西方世界會不可避免地走向自我膨脹以及認同於我們自己創造的產物上。一旦我們只認同於自己，在面對氣候變遷和生態永續性時所需要做的「減產」時，感覺就會像是要斷手斷腳，因而引發否認作用。

榮格如此描述重回伊甸園的感覺：

> 在波林根（Bollingen）[3]，我處於自己真實的生命之中，深入地成為自己……有時，我覺得自己往外擴展到整片土地上、進入萬物之中，我活在每棵樹中、在每道水波的拍濺中、在來來去去的白雲和動物之中、在季節的更迭之中。
>
> （Jung, 1993, p. 252）

在對心理治療師公會的一場有關生態心理學的演講（Rust, 2008a）中，瑪麗—珍・羅斯特引用了這段敘述，以及我在前文也引用了的一段佛洛依德關於文明與自然的文字；比對兩者後我們可以發現，若要改變我們的工業社會處理事物的方式，需要先進行一些心靈的旅程。

[3] 譯註：波林根（Bollingen）位於瑞士，榮格晚年在此建造塔樓，本段即在描寫當時的生活。

生態心理學提供各種實作方法來支援這趟旅程，當我們使自己交織於萬古千年演化而成的大自然中，會為我們鞏固身為完整全人的經驗。在此領域中，挪威的生態哲學家阿恩・內斯（Arne Naess）對於生態自我（Ecological Self）的主張（Naess, 1988, p. 20）強調同理心的重要，因為當我們認同包括非人類及人類在內的他者時，就會在擴大的自我感（sense of self）中養成同理心。在我的經驗中，這種高度的敏銳感會使我們變得不同，並喚醒新的渴望：想找到改變文明發展方向的方法，這方法能避免摧毀生命的基礎與結構，也紮根於我們對同住在這世界的其他生物的同理心之中。

有了如此廣大的心理資源，否認作用的快門就能鬆開來，允許良知進場，並和恐懼、需求、慾望、驕傲、熱情以及渴望，產生動態的關係。相對於只鼓勵與強化分離意識所提供的心理能力，我可以想見，西方開始同樣地培養能使我們獲得完整相互連結的人類特質，使我們的心理力量能服務更浩大的生命演化大計，讓我們深知自己是壯麗生態中的一份子。在此我們需要犧牲的，是我們將與萬物分離視為優勢的集體幻覺。布韋洛印第安人的晨間儀式是個美麗的示範，以莊嚴和有創意的方式來參與對個體以外生命的維護，個體能從更寬廣的自我感中升起，同時明白自己在這浩瀚系統中的微小地位。對我而言，這就是伊甸園真實的光芒，等待、邀約著願意將生態心理學納入其改變旅程的人們。

第十七章

脆弱的認同感與消費：運用「碳對話」改變人們與「物品」的關係

蘿絲瑪麗・藍黛爾（Rosemary Randall）

引言

諸多作者（如Hamilton, 2004; Layard, 2005; O. James, 2007）已討論過高層次的物質消費並不會使人們感到滿足的論點。此外，很清楚的是支持這種消費層次的經濟成長並無法長久永續。（案例請見Daly, 1977; Jackson, 2009; Victor, 2008）。然而，要改變事情此時的狀態恐怕很困難。來自精神分析和心理治療的觀察理解，提示著即使沒有經濟成長的需求和廣告的壓力，身分認同感（identity）和「物品」（stuff）之間的關係，仍然可能複雜到使人無法簡單地拒絕「富裕流感」（affluenza）[1]的生活風格。

在本章中，我會將晚期現代（late modernity）的消費模式和心理治療的趨勢等概念連結在一起，這些概念是來自精神分析學中關於人們與其物件的關係，以及氣候變遷帶來的挑戰。我認為試圖說服大眾以更永續的方式生活，可能會觸及個人認同的深層危機感。最後，我將描述如何以「碳對話」（Carbon Conversations）計畫作為其中一個策略，這或可幫助——但並非解決—我們以面對其中部

[1] 譯註：Affluenza係組合富裕（affluence）與流行性感冒（influenza）之新詞，以嘲諷人們一窩蜂地追求金錢財富和物質享受。

分的困境。

前奏：外太空刺蝟

耶誕節：禮物時節。姪女興奮地看著我打開她為我選的禮物。它在包裝紙下嗡嗡作響，然後跳到我手中。我拆開包裝，是個半球形、圓鼓鼓、軟軟的以綠色塑膠製成的某種外太空刺蝟。「試試看！」她鼓勵著我。我驚訝地凝視著它。這是一個以電池發電的足部按摩機。我只能想到，又有多少天分和資源被浪費在創造一個毫無意義的物品上。但姪女興奮地手舞足蹈。她為我選了這個禮物。這是同理心和認同感的凱旋勝利。她踩遍了購物中心，尋找某種她覺得會適合我的心情和慾望的物品，而市場提供了這個完美的答案——不求人足部按摩機，隨時可用，沒有哪個不幸的按摩師需要冒著被壞脾氣的姑姑咬掉腦袋的危險。我回過神，面帶微笑，玩弄起這個奇怪的東西。一位叔叔把它像足球那樣滑到廚房地板另一端。姪女被觸怒了，把它取回來熱心地放在我的腳下，連地板也震動著。耶誕節一整天，她不時地表示她對於這個禮物有多麼恰當而感到相當滿意。誰不會被這樣的禮物感動而開心呢？我表面上微笑著，內心既失望又不開心。

將姪女的興奮之情和我的乖戾回應並置在一起，可以看到二十一世紀所要面對的一項難題：對於這世界所能製造的事物感到開心好奇，以及對於其背後的真正代價充滿不悅的厭倦，這差異極端的兩種心境。

然而，這卻是我和姪女共通之處。我們倆都相信禮物要恰當，而且可能要有足夠的技巧才能使禮物恰到好處。我們都生活在包括個人期待也在快速改變的世界之中，你以為熟知的人，可能已經改變了他們的渴望和死忠的目標、去年的夢想早就換到一件你從未聽過的新事物上。禮物必須完美地搭配收禮者不斷轉變的認同與慾望。要送到對，恐怕很困難。

晚期現代性

當代文化有時也被描述成自戀（narcissistic）的文化（Lasch, 1979），而目前是「晚期現代性」（late modernity）、「高度現代性」（high modernity）（Giddens, 1991）或「液態現代性」（liquid modernity）（Bauman, 2000）的階段之一，此時關於焦慮、選擇和身分認同的問題，正支配著個人生活。在鮑曼（Bauman）和紀登斯（Giddens）所描述的情境中，現代時期所具有的強烈而堅定的參考點，包括界定清楚的角色、地方、權利和責任，都被各種相互競爭且令人困惑的選擇取而代之。身分認同成為個人對自我的專案計劃，「我是誰？」和「我想成為什麼？」變成正當且急迫的提問。

平行對照於這種社會科學上的分析，心理治療及精神分析已將其焦點從佛洛伊德對慾望的抑制與潛抑的關注，轉移到關於專注在自我感（selfhood）與認同感的問題上。鮑曼描述那些為了自我決定(self-determination)及自我實現（self-fulfilment）而購物，在持續不斷的挑選責任中漂流的焦慮消費者，帶著崩潰、羞愧和不確定感來到諮商室。他們的自我感（sense of self）不再是個穩定而確切的背景，而是脆弱的，甚至被拉到舞台中心、佔據且干擾著舞台。基本依附的根基似乎充滿不確定性。

心理治療師注意到來會談的人們憂慮煩惱的程度增加了。一九八〇年代中期到二〇〇五年之間，我在大學諮商中心工作時注意到這個轉變，從以相對穩定的「我」的起落為主的問題，轉移到對於「我」的本質產生質疑的問題上——包括飲食障礙（eating disorders）、自我傷害、性別不確定感等生理自我的不穩定性，以及邊緣狀態（borderline state）和人格障礙（personality disorders）等心理自我之不穩定性。

在講求彈性的世界裡，結構僵硬而固定的認同是一種劣勢。在二十一世紀，適應力勝於一切。能做選擇、保持彈性、為自己做決定是一種理想狀態。但這種情況的缺點是焦慮、困惑和不確定感。我的選擇正確嗎？我能融入嗎？什麼才能真正地展現出我自己？這種不確定、不自信的自我，是行銷人員的美夢。他們可以輕鬆說服這種人，每一種新產品都是要在社交場合被接受、或達到個人成就時，所不可或缺的。身分認同變成是某種採購得來的東西，透過生活風格（lifestyle）的選擇與購買來撐持，並隨著每一波新潮流而變形。

間奏：漂流的靈魂

瑪汀娜就要結婚了。這是她的第三次婚姻，她希望這次的選擇是正確的。我是她諮詢過的一連串專家之一。投入婚禮規劃，不代表只有預期中的禮服裁縫師、髮型師、花藝師、外燴廚師、攝影師等，還多了生活規劃師、婚禮策劃師、營養師、個人訓練師和按摩師。瑪汀娜對於婚禮或婚姻能否成功，都毫無自信。她缺乏自尊、內心充滿懷疑。這究竟是她去找一連串專家意見的肇因，或者是找了專家後的結果，我並不清楚。她想知道我是否能幫助她，或者催眠治療（hypnotherapy）會比較有用。她是個漂流在選擇之海的靈魂。

脆弱的自我

菲爾歐・摩倫（Phil Mollon）在他的著書《脆弱的自我》（The Fragile Self, Mollon, 1993）中，針對這些問題提供了有效的檢視架構。摩倫為自戀（narcissism）條列出以下特色：

1. 分化不完整的自我感；
2. 個人動因感（sense of personal agency）[2]微弱；
3. 自我形象（self-image）不佳，或許伴隨著自大的自我形象；
4. 心智功能有缺乏組織性（disorganization）的傾向；
5. 無視自身的經驗，而過度注重他人對自己的觀感；
6. 有躲在自負自足（self-sufficiency）假象中的傾向；
7. 對於自身根源及傳承的不確定感。（Mollon, 1993, p. 178）

處在這類脆弱狀態的人，需要周遭環境能不斷給予同理的回

[2] 譯註：人們在環境中既受到環境的限制，同時也能選擇與改變環境情勢。心理學家Bandura將個體根據其意圖而產生行動的機制稱為「人類動因」（human agency），又可分成個人動因（personal agency）、代理動因（proxy agency）與集體動因（collective agency）三種形式，其中，「個人動因」係指個體透過自身的行動以達成目的之機制；若是藉由他人或集體的行動來達成自身的目的，則稱為「代理動因」或「集體動因」。

應。他們一直到長大成人後，都還需要感覺得到自己被完全地認可和理解。這種人缺乏了聳聳肩而不在乎他人輕忽怠慢的堅強特質。脆弱的自我無法面對限制、界限或挫折。

這些問題較輕微的症狀，都呈現在現代各種自助書的內容中。諸如《自信心隨身書》（*The Little Book of Confidence*, Jeffers, 1999）、《學習愛自己》（*Learning to Love Yourself*, Wegscheider-Cruse, 1991）及《克服自尊的低落》（*Overcoming Low Self-esteem*, Fennell, 2009）等書名，顯示了人們針對這種種困擾所尋求的協助已有其市場。

我認為，人們會把他們和市場的關係，做為彌補得不到同理回應的一種方式。他們會尋求各種服務、生活風格或物品，它們可以支持脆弱的自我（ego)、能映現並且確認現實感、或能體現個人不確定的身分特質。消費商品先是引誘他們，然後又使這些不幸的顧客失望。自我（self）的意義與物品產生混淆。人們所渴望、理想化的各種自我面向都被投射到受歡迎的物品中，而自我遭排斥的部分則被詆毀為過時的流行。去年的設計衣款躲在衣櫥深處責難地發出嘲笑。大塊頭手機則化身為羞愧的標誌。

把詆毀的面具分派給某物，會把對自我不滿的面向投射其上，這必然會使它遭到排斥。某些自認博學者對節能燈泡的描述，就利用了這種歷程。（案例請見Derbyshire, 2009。）這種燈泡被形容成又冷又暗、不值得、不受歡迎又不方便的東西，真是人們各種面向之自我詆毀的完美容器。將節能燈泡介紹給大眾時，我會被告知這項產品既無益還又蠢又醜。另一方面，人們理想化的自我則被投射到被視為安全、溫暖、可靠、可愛又明亮的舊式白熱燈泡中。

在此過程中，物品不是用來象徵一個渴望或不想要的成果，而是成為了自我的一部分。下面這個發生在我臨床工作中的故事說明了這一點。

間奏：暖爐傳奇

柯琳非常生氣。她辦了一場聚會，有位朋友攜伴前來。這個男人懶洋洋地靠在她的阿咖（Aga）爐具上，暖著他的屁股，神氣活現地談論著氣候變遷。柯琳很清楚她心愛的阿咖爐具是發明史上效率最差的炊食、暖屋器具。她讀過喬治・蒙比爾特（George Monbiot, 2009）寫的一篇文章，描述阿咖爐具製釋放出大量的碳，並且抨擊使用這種爐具的人不負責任。柯琳以挑戰的口吻對那男人說：「我猜你要告訴我該把我心愛的阿咖換掉。」一場爭辯因而產生。這下子，換柯琳為了自己脾氣爆發、憤怒到目空一切感到羞愧。她自我辯白地對我說，她的阿咖是家中的核心，使人們感受到誠摯的歡迎，並在她低潮時撫慰了她，它的溫暖擴散至整間屋子。要她捨棄阿咖就和要她剁掉小指頭一樣難。相對之下，她那不受歡迎的客人則是個自認優越、缺乏吸引力而只會掃興的人。

在柯琳的憤怒背後，其實是那年耶誕節她兩個成年子女都沒有回家而產生的悲傷。在孩子分別為九歲和十一歲時，一場難受的離婚使孩子們在成長過程中，與母親的關係充滿憤怒與疏離。大家都過得不好。柯琳一會兒責備孩子們不知感恩，一會兒又痛責自己是個差勁的母親。

只要稍微解開柯琳的故事，即可察覺到那組阿咖爐具有著非常像人類的特質。它有顆溫暖的心、撫慰並歡迎著人們、它良善的影響充滿了整間屋子。相對之下，有另一個人——愛批判、不吸引人、只會掃興——想要摧毀這些美好的特質。柯琳害怕她會喪失母性特質，這是被她理想化和宣示著，卻不確定自己是否真正擁有的特質。阿咖不僅是這些母性能力的象徵，也具體顯現、甚至變得等同於這些能力。她想像那個討厭的客人會把阿咖扛起來丟出屋子，只留下空虛、耗竭，不再擁有撫慰泉源的她。阿咖其實就是她的母性特質，也是她所亟需的母親的同理回應。在此，象徵作用失敗了。用菲爾歐．摩倫（1993）的話來說，柯琳所承受的是一種分化上的失敗，自尊心低落是被某種程度的浮誇、對崩潰的恐懼，以及在遭到輕蔑時的自戀性憤怒等所掩蓋（分類中的1、3、4和6）。

變遷的問題

氣候變遷對情緒的衝擊往往會被低估，而在一個以物慾主義與個人主義為主流文化價值的社會中，要以更永續的方式來生活，所面臨的困難也同樣被低估了。降低碳排放的公共策略，對於社會、政治和個人所需改變的實際程度，往往遲疑不談。在早年的一篇論文中（Randall, 2009b），我探討了這與失落和悲傷之間的關係。假使，如晚期現代的分析師所示，我們生活在一個透過與物質商品的關係，來支持隨時可變且認同不穩定的世界中，那麼任何質疑或挑戰這些生活風格的要求，都很可能會遭到排拒。如果生活風格的採購是用以支撐脆弱的自我感，那麼改變的要求就可能會產生使個人崩解的威脅，因此也會遭到抗拒。自戀性脆弱感、經濟成長和高度物質消費於相互強化的系統中緊密交扣，在這樣的一種文化中，我們能期待人們願意投入多少呢？

「碳對話」（Carbon Coversations）（www.carbonconversations.org及Randall, 2009a）是我所創建的計畫，這是劍橋碳足跡（Cambridge Carbon Footprint）慈善工作的一部分。如今這項計畫已在全英國各地執行。

碳對話團體的目標，是幫助人們面對氣候變遷的現實狀態，並降低個人對於氣候變遷所造成的衝擊。這些團體的目的是要面對，而非避開，當人們開始理解到個人和這個問題的牽連之深時，所浮現出來的複雜情緒議題。

運用團體來提供支持、促進改變的做法歷史悠遠。最早使用「團體動力」（group dynamics）一詞的庫爾特・勒溫（Kurt Lewin）於一九四〇年代寫到他利用團體討論，鼓勵母親餵食寶寶鮮奶和柳橙汁的實驗（Lewin, 1947）。桃樂絲・史托克・惠特克（Dorothy Stock Whitaker）在《運用團體助人》（*Using Groups to Help People*, 1985）一書中詳細描述，將團體運用在具有共同困擾的各類人士身上——從燒燙傷患者、受刑人之妻，到要進入初中過渡期中的孩子們。近來，「心理教育」（psychoeducation）一詞也被用來描述這類工作（Brown, 2011）。這些方法在使用治療技巧的程度多寡各有不同，但全都運用了諸如理解團體的過程、提供空間、支持人們開口談話、為自己所面臨的問題找出自己的解決方法，這類的基本元素。

「碳對話」通常是由社區團體中的志工負責運作。其中許多使用這種方法的人在過去幾乎沒有引導團體的經驗，對於氣候變遷及減碳行動也只有粗淺認識。「碳對話」引導員的雙重需求，是要有深入研究的可靠資訊，以及可幫助自助團體轉型成某種更接近專業執行經驗的支援與訓練。

透過製作碳對話計畫中眾所周知的教材——碳對話手冊、引導員的指南及三組遊戲包，解決了第一項需求。這本經過專業編輯、設計和圖解的手冊很吸引人，每位團體成員都分發到一本。它提供關於氣候變遷、家庭能源、交通、食物和消費等基本資訊，但其立基點，是碳排的來源如何深嵌於社會結構以及個人生活與渴望中的複雜型態。儘管其中包含了如何測量與監控主要碳足跡項目的說明，也列出許多後續的資訊來源，手冊的重點卻在於如何建立更永續的生活風格的過程，及因此而可能出現的心理及家庭衝突。

然而比這些教材更重要的，是要能幫助引導員組成團體，以及能有效地面對某些隨之而來的情緒議題以及防衛反應的訓練與支援配套。所有團體都由參與其　中的成員共同引導。準引導員們會接受一天關於團體工作和活動引導的體驗訓練。在運作第一個團體時，他們要參與三次聚焦於團體過程及參與者反應的指導課程。在訓練與受指導的過程中，他們會被鼓勵要去觀察團體進程，並且反思自己的反應。他們的目標是要創造出一個空間，讓人們能自在地表達這些困難議題帶來的感受。他們自己身為參與者的經驗，以及計畫對於反思的強調和所提供的支援，可幫助他們發展出應對各種負面與正面反應的技巧，並且幫助人們疏通這些反應。引導員手冊中提供了備案，手冊中包括每次會議的計畫、氣候變遷心理學的資訊、團體進程以及常見的團體問題。

團體運作方式

每個團體有六到八人，在三到四個月之間聚會六次。先是五次隔週的會議，然後休會一次，六週後再重聚一次。

在團體開始之前，引導員要計算每位成員的碳足跡。這使得每位成員在英國每人十二噸碳足跡的平均值裡，了解自己所處的位置；同時會告知大家一個令人不舒服的事實，即想要永續，碳足跡大約是在一到兩噸之間。在這個階段，個人資訊並不須與團體分享。人們通常對計算的結果感到很焦慮。大多數人都希望做個好公民。他們可能害怕被人發現自己想要的太多，或者對於他們在生活中遇到的限制不被理解一事感到焦慮。

在第一次聚會中，會混用兩人一組及團體活動的模式來幫助人們認識彼此，探索他們與自然世界的連結、因氣候變遷而必須產生的改變，以及人們對於低碳未來的願景。聚會最後，引導員會提出一個概念，即實際可行的目標是讓人們將目標設定於在五年內將個人的碳足跡減半。碳足跡與平均值差不多的人，目標是減到六噸；碳足跡達二十四噸的人，則要嘗試減半到十二噸。

人們與家庭能源、旅行、食物和購物有了搏鬥經驗後，在後續的聚會中交織了實務作法、人們的感受，以及改變對他們有何意義等各項討論。人們分享最喜歡的旅程、心愛的採購物品，和值得回憶的美食等各種故事。有人談到，如果別人看到他開小車，他會感到羞恥——「他們會認為我失業了。」另一位則意外地發現，讓家中溫度保持在攝氏二十二度與她的性自信有關——套頭毛衣令人看起來過時老氣。第三位則動人地談到，他想與兄弟姊妹比較誰擁有最大、最美、最華麗房舍的強迫念頭。

當這類故事得到聆聽、分享與探索時，人們可以開始處理其中的衝突，並在他們所做出的改變上感受到支持。失落感獲得認可。新的社交基準得到強化。

這些團體以相當微妙的方式運作著。它們不是治療（至少引導員大部份不是治療師），參與者也不是為了讓別人詮釋自己的生活和心靈而來。團體也不具教育性質。引導員不是老師，縱使參與者經常會對他們從團體中習得的事物表示感激，他們所指的也並非所獲得的實質資訊。每次聚會時，都有某種特定的情緒效價（emotional valency）[3]。失落和身分認同的主題會反覆出現，但在初次聚會中，隱憂感、焦慮感和罪惡感通常最為顯著。在「家庭能源」聚會中，關於舒適、自主權和安全的議題會浮現。在關於旅行的聚會中，憤怒、挫折和無能為力的感受最常見，此外會伴隨著特殊的請求，以及想要成為例外的渴望。關於食物的聚會通常是比較愉快的場景，而關於消費的聚會則很棘手，關於身分認同、羞愧、貪婪等議題無可避免地出現。

間奏：失落

珍很大方地談論著失落。她一直計畫要到泰國做一趟大旅行，但加入團體後，她決定不去了。她期待了一輩子的旅行現在必須暫停。她的語氣中存在著某種自我懲罰的意味。對於她不該擁有她想要的事物一事，她接受得太快了。她轉移陣地，以迎合符合大眾利益的概念。旅行不是能夠擴展心智，使我們更寬容嗎？她在尋找一個還是可以去旅行的好理由——這感覺很像庫布勒－羅斯（Kubler-Ross, 1970）所描述的哀悼階段之

[3] 譯註：情緒效價（emotional valency），指一件事物有引動特定情緒的特質，如後文所述，特定主題往往引動特定類別的情緒；有時「情緒效價」則單指不同方向的情緒，即正向、中性或負向三大類情緒。

一，在哀悼過程中，人們會開始與更高的力量討價還價[4]，只為了延後不可避免之事——只要再一次旅行、再一次機會、再過一個生日就好。

史蒂芬回應道，他在國外的旅行使他感到成長許多。我提醒，珍聽到這個會很難受，因為她直到現在仍沒有足夠的錢去旅行。傑克（Jake）談到他一輩子只搭過兩次飛機，第一次搭飛機時他感到不可思議。他們正在偏離最初與失落主題的關聯性。我說了一個關於我祖母感到失落的故事，她要與最愛的兒子分離，因為他在一九五〇年移民到美國。她花了六年時間才存到船票錢去看他。團體出現了一段較安靜的片刻，大家共同分享著某些他們所感受到的悲傷想法，我們都認同這是個很難受的主題。

消費主題的聚會

在六場隔週的聚會中，第五場關於消費與浪費的聚會，往往最棘手，卻也最有回饋。有些挑戰性的回應還滿實用的。由於製造和運輸所使用的能源，碳元素深入於所有我們購買的事物中——包括服務和物品。雖然把採購內容從高耗能物品轉移到低耗能物品上或許會有幫助，但要降低個人造成的衝擊，只能從減少金錢上的總花費來著手。（見Berners-Lee（2010）所提供的各種物品與服務

---

[4] 譯註：伊麗莎白．庫布勒．羅斯（Elisabeth Kubler-Ross）將哀悼死亡或失落的過程，區分成五個階段：否認、憤怒、討價還價、憂鬱、接受。

耗碳強度的例子。一般而言，收入與碳排放之間存在著強烈的關聯性——收入越高者，碳排放量往往越高。見Biaocchi, Minx, and Hubacek（2010）的一段關於哪些因素會造成衝擊的有趣討論。）然而，這其中較大的挑戰在於心理層面，原因在本章稍早已談論過。身份認同、羞愧感、成就感、懊悔及義務等，是這些聚會中常見的主軸。不過至此階段，成員之間的信任感已然建立，討論變得更開放，才有可能開始探索這些議題。

聚會一開始，就先請成員分享某個令他們感到開心和令他們後悔的採購回憶。後悔的物件通常如曇花一現——在衝動下購買了，卻是令人失望、無價值或劣質的物品。與此相關的感受不僅是後悔，還有愧疚。有時還有一絲憤慨，有時語氣中帶著懺悔之意。當人們後悔地談到潛伏在櫥櫃深處的氣泡水機、麵包機、三明治機時，往往會出現一陣笑聲，使氣氛變得輕鬆些。有價值的採購則是透過各種管道發生——運氣、挖寶的本領、仔細規劃等。這類故事往往讓人感覺到物品被以複合的方式使用著——一輛展現出主人性格的自行車、一座代表某人價值觀的庭園、每回穿上都會回憶起某件特別事件的衣服。人類學家丹尼爾・米勒（Daniel Miller, 2010）在他的書《物品》（Stuff）中，強調人們既創造生活中的實體物品，也被生活中的實體物品所創造。我們既非無能的奴隸，也非自由的原動力，而是將我們與採購物品間的關係個人化，適應、破壞又創造這些關係。人們既創造文化，也屈服在文化中，在此文化裡「物品」是一個非常重要的因素。

這場對話會使成員更深入下階段的活動。成員開始兩人一組地談論起他們購買的理由。一張即席寫下的清單，可以提醒並且揭露採購理由的複合性——需求、安全感、焦慮、好奇心、認可感、自尊、地位、感覺富足、憂鬱、錯覺、貪小便宜……團體繼續討論到祖父母以及人們擁有較少財物的年代。沒有能力購買他人所擁有的物品，使人聯想到社交上的孤立與羞愧感，但人們與他們所購買的實體物品及服務之間的關係，差別迴異。個人關係簡單明瞭的人，似乎也能夠享受他們所購買的物件，他們對於心愛物件的依附感很明顯，但這是一種關於分化（differentiation）和分離（separation）的關係。自我投入其中，但是仍有界限且保持完整。個人關係最混亂的人，與物品間似乎也具有最混亂的關係。

間奏：羞愧還是愉悅？

二十歲的葛蘭達遲疑地談到，她在青少年時期憎惡著自己的外表。嬰兒肥和青春痘使她感到困窘，所以她每個週六都在搜尋能使她脫離憂鬱或重建自尊的T恤、鞋子和化妝品。我問團體中是否有人也對此感到共鳴，其中一位女士點頭，分享了類似的故事。葛蘭達鬆了一口氣，臉上恢復笑容。團體繼續針對自尊心低落和購物的故事談了幾分鐘。在分享這種常見經驗後，有種令人寬心的感覺。「羞愧」這個字眼被提了出來，談話內容隨之產生變化。高登談到，女兒控訴他毀了她的生活，因為他強迫家人住在寒酸的房子裡。「有時候我不喜歡自己。」他說道：「我變得執著於東西的來源、它真正的成本是什麼等等。」馬可斯則挑戰地說：「想要好東西、因為擁有而驕傲，哪裡錯了呢？」曼珠想到祖母的故事，說當她成為鄰居中第一個擁有雙槽洗衣機的人時，有多麼開心。對話轉移到對生活中的物質程度所感受到羞愧、驕傲、愉悅、愧疚等主題上。能夠談論這些伴隨消費主義而來的感受，有種令人鬆了口氣的感覺。

引導員接著轉移成員的注意力，到目前所知在物品中含有碳排放的資訊上。這些事實一點也不美好。衣服和毫無意義的小玩意兒只是冰山的一角。美化居家和建築工程、廚房改裝、假期與飯店、健身中心、看電影、足球、新車、各種服務及物品——全都含有排碳的衝擊。所謂的反彈效應（rebound effect）指的是在某處省下的錢卻在另一個地方造成衝擊。要能永續生活，表示必須以更少的物資來過生活。反彈效應是一種經濟學概念，描述的是增加能源效能會如何導致更大的用量——例如更有效率的汽車引擎，會使得更長程的旅行變得更可行；隔熱效果更好的房子，會使暖氣溫度開得更高或開的時間更久。間接的反彈效應所描述的，是某種物品的成本下降會導致其他物品消費量上升的現象——例如，買二手成衣可能會讓人從收入中擠出多餘的錢，再去購買原本得放棄的具有相同或更高碳成本的新衣服。相關解釋與討論請參見阿爾科特（Alcott, 2005）的文章。

團體的心境往往會在此時轉移。了解到收入是碳排放的強力指標，對於薪水收入高的人來說並不好受。人們會產生防衛感。在時間上變的富足和壓力的減輕，不盡然是吸引人的補償方式。有些以前認為自己並不在乎地位的人，此時發現他們或許是在乎的。假使團體中有人傾向於謹守其極簡的生活風格，這將是個難以處理的時刻。要在這些衝突被表達出來的過程中仍維持住整個團體，是一項需要小心因應的任務。

間奏：貪婪與常態

勞伯很憤慨。他說：「我的薪水全用在繳房貸和帳單上。」他認為自己很窮，雖然他的收入在平均之上。阿尼附和了。他也沒做什麼太奢侈的事情：就是很一般的那些事。曼珠問道：「我們貪心嗎？」葛蘭達說：「感覺像是我們受邀到一個很棒的派對中，我們很開心受邀，而沒有注意到外面發生著什麼事。」潘則說了一個童年的故事，在一場家庭聚會中，一位阿姨給了她最後一塊餅乾，她收下之後，母親卻告訴她此時正確的作法是把餅乾留給客人吃。我回應道，當你只是做著正常的舉動，卻被人指控貪心時，感受會很糟。勞伯開始有所反思。他說問題不在於奢侈浪費——而在所有我們認為很普通的事物上。

團體以引導式的冥想進入尾聲，請成員利用想像力，回到他們在十五或二十年前居住過的家，追溯其中所有的物品後來發生什麼事——地毯、家具、各種小東西、衣服和裝飾品。其中有什麼東西是他們至今仍然擁有的嗎？哪些被留下來珍藏著？哪些被贈送出去了？重複使用的？回收的？排拒的？送到垃圾場的？人們張開眼睛後，開始分享心愛的、保留下來的、失去的和拋棄的物品的各種故事。通常隨著這個活動，團體的心境會開朗些，再度放輕鬆。最後，團體結束於談論改變的計畫，以及討論下次重聚聚會的計畫。

衝擊

顯然個人對於減碳的行動，會受限於都市基礎建設、能源供給與政策上的缺陷。在缺乏國家與全球層級的行動、且缺乏湯姆・克朗普頓（Tom Crompton）在《共同肇因》（Common Cause, Crompton, 2010）的報告中所描述的那種重大的文化轉變下，將個人的碳足跡減半是最可能達成的目標；克朗普頓在報告中要求英國社會重新調整主流價值，不再向物質主義看齊，而要邁向對「大於自己的」議題有真誠關懷的方向。儘管如此，許多參與碳對話成員的成果還是令人刮目相看。潘・麥克連（Pam McLean）近期的研究發現，人們在參加碳對話後，立即省下三噸的碳足跡（McLean, 2011）。

然而，更有趣的一項限制是本章稍早所描述的心理限制——個人身分認同與消費之間的關係。當人們與物質世界的基本關係很健康時，似乎就有可能改變、放棄和哀悼無法永續的物件，考慮縮減生活所需而使「更少」感覺起來像「更多」。儘管如此，對許多人來說，他們與聚寶盆般的市場可能性之間的關係，不僅較難處理，且更深深具有菲爾歐・摩倫所描述的自戀特質（Mollon, 1993）。在現代文化中，這對許多人而言算是常態。在碳對話團體中的討論，能幫助某些人反思並且從與「物品」的不永續關係中脫離，但也只能是更深層的文化改變大計中的元件之一而已。

終曲：恐龍

伊凡說：「這個得捨棄了。」他拿著那頭野獸的照片，一輛運動休旅車（Range Rover Sport），它倍受關愛、光鮮亮麗，同時大方展現：破表的碳排放量。他解釋：「這是以前的我。我以前會去越野，那代表一種男人的作風、驕傲感。後來我發現，我大部分是用它來載孩子上學、開去上班。我感到很悲傷，因為它是我第一輛真正豪華的汽車。但我得捨去它了。它已經不再是我。它是隻恐龍。」

第十八章

自然改變計畫

大衛・基（David Key）及瑪格麗特・柯爾（Margaret Kerr）

引言

一九〇三年，蘇格蘭裔保育人士約翰・繆爾（John Muir）帶著西奧多・羅斯福總統（Theodore Roosevelt）前往美國加州的優勝美地峽谷（Yosemite valley）露營。

這趟經驗使羅斯福設立了五座國家公園……還有一百五十座國家森林公園、五十一座鳥類保護區、四座禁獵區、十八座國家保護區、二十四項墾務計畫（reclamation projects）及成立美國森林署（US Forest Service）。羅斯福總統的經驗也使他開始提倡：為了眼前的利益而剝削國家資源是不民主的舉動。他寫道：「為最多數人帶來最大利益，也適用於還在時間之流中孕育的人數。」（Roosevelt, 1916, p. 300）很難想像有比這更強而有力的社會與環境成果——這一切都源自於在山中度過的三天！

本章要描述的是世界自然基金會（WWF）的自然改變計畫（Natural Change Project），這項計畫發展出以戶外體驗作為個人及社會改變途徑的原理——約翰・繆爾和西奧多・羅斯福的例子，為此做出精彩的示範。依循這項原理，自然改變計畫邀請了社會上具有影響力的人士來參與，提供他們一場可能改變一生的荒野經驗。

在說明計畫的背景之後，我們會描述計畫的目標、創造出此計畫的人物，以及部分促成此計畫的理論觀點。接著，我們將探索計畫中各項方案的內容，如何引導活動，並描述它可以產生的成效。

背景

朱兒絲・魏斯頓（Jules Weston）是世界自然基金會蘇格蘭分會的傳媒經理，她於二〇〇六年參加了由大衛・基和瑪麗—珍・羅斯特所帶領的一梯生態治療（ecotherapy）訓練課程。朱兒絲自己在這課程中的轉化經驗使她產生想要籌辦類似活動的念頭，以做為世界自然基金會的一項傳媒計畫。如果一群具有影響力的蘇格蘭人士能有類似的經驗，並願意公開談論這些經驗，她希望這可以激發許多人去實踐自己的潛能，朝向更永續的未來而做出改變。

朱兒絲詢問大衛・基是否能為世界自然基金會蘇格蘭分會設計活動。於是促成現在所知的自然改變計畫。

自然改變計畫誕生在環境行動史上一個有趣的時間點上。有人提出「傳統」倡議做法——使用挑戰性言詞及駭人影像——不見得是激發人們採取行動的好方法（Crompton & Kasser, 2009）。越來越清楚的是這種倡議手段往往會使人們充滿恐懼與愧疚感而不知所措，因而啟動以否認及逃避為基礎的應對措施（Freud, 1936; Lazarus, 1991; Zeidner & Endler, 1996）。諷刺的是這些應對方式往往涉及了環境破壞行為——例如為了尋求安全感而消耗更多資源（Homburg et al., 2007）。

為了尋找促成改變的更「正面」的方法，有些組織開始使用社會行銷技巧——藉由駕馭消費社會的運作機制，來促進友善環境的行為。研究人員發現，社會行銷手法在個人行為的某些領域成功地鼓勵了周邊的小規模改變（Crompton, 2008）。然而，由於這些運作機制運用的是消費主義心理學，這些做法也可能使消費者式的心理更深入於社會之中（Lakoff, 2006）。

我們對消費者文化的預設與態度，是許多不永續的生活方式與行為的根基（Cushman, 1990; Kanner & Gomes, 1995）。而環保運動在企圖挑戰消費主義時，目前既有的方法似乎具有在無意間強化其肇因根源的風險。

一九九〇年代早期出現的生態心理學，開始藉由揭露消費主義的這些預設及心理過程，來為此僵局提供一條出路。在消費者心理學的核心，存在著一種將人類視為與自然分離且優於自然的自我觀感……彷彿自然界就只是為了人類的利益而存在。這種分離而優越的自我觀念在工業文化中如此地無所不在，以致於我們經常將之視為理所當然（Naess, 1986; Washburn, 1995）。生態心理學則認為，假使我們想要處理的議題，是為達永續生活目標，社會所必須達到的改變程度、規模和速度，那麼挑戰這個分離自我的觀念就是非常重要的工作。

自然改變計畫以生態心理學為根基，意圖療癒分離的自我、使之變得完整。在這個療癒過程中，我們開始經驗到自己是與大自然相互連結的一部份。它創造了我們與整個大自然之間的感恩、愛與合為一體的關係，激發了我們想為生態平衡而努力的意願。

自然改變計畫透過作用於這樣的自我感而刺激社會行動，為活出永續性所需的改變與領導力提供了獨特的觀點。

目的

自然改變計畫的目的，是催化和支持個人、文化以及結構上的改變，朝向更長久的生態永續性而發展。

計畫的運作方式，在個人層次是透過催化與支持個人改變，在文化層次是透過創造出轉化的故事，在結構層次則是透過發展出社會改變所需的嶄新領導與行動方式來進行。這三個層次在某些方面各有其獨特之處，但在其他方面它們又彼此密不可分。

催化與支持個人改變是計畫的首要目標，但我們也很小心地不去存有預期心態、有所期待或要求。參與者純粹是被邀請來探索自己在過程中所開展出的體驗。弔詭的是，這恰好創造了讓改變發生的最優越條件，正如完形治療師阿爾伯特・貝瑟（Albert Beisser）所說言：

> 改變並不會透過個人或他人對其意圖的強制而發生……因為我們不認為有能代替當事人改變的角色存在，才使得有意義且有條理的改變可能發生。
>
> （Beisser, 1970, p. 77）

這個計畫鼓勵參與者創作出個人自己的轉化故事。寫作的習慣能幫助每個人反思且深化他們對於所經歷之改變的理解。在此過程中所創造出來的故事也能在文化層次上運作，在參與者執業的社群以及更廣大的領域中，發展出為了達到永續狀態所需之社會改變的語言。

在計畫過程中，參與者在自然改變計畫的官網（www.

naturalchange.org.uk）上持續運作的部落格中傳達了他們的經驗。由於他們的經驗已深化，每個人都描述了他們所經歷的微妙而複雜的心理變化——不僅透過一般的散文，還透過視覺和詩詞的型態來展現。他們透過攝影、影片、雕塑、大地藝術、素描、彩繪及表演，發展出豐富而鮮活的故事。

在結構層次上，自然改變計畫的工作對象，是在其組織中位居領導地位的人士。如同約翰・繆爾和西奧多・羅斯福的例子所示，權力擁有者的個人經驗會影響政策的制訂。自然改變計畫要做到的，不僅是激勵個人以更永續的方式生活，也要支持個體將其個人的轉化應用到社會行動及領導能力中，以走向更永續的未來。

一些引人注目的軼事，也顯示參與者在故事中所描述的個人轉化後來催生了社會行動。將個人轉化應用於領導永續性行動，也在自然改變計畫以外的專業領域中發生（Key, 2003），本章稍後會討論到的心理學理論，預測到了這些行動的發生。為了對此進行正式的調查，有多項計劃針對參與者在完成自然改變計畫後，對於永續未來的行動與領導的投入狀態，進行了縱貫研究。

人物

自然改變計畫最初是由朱兒絲・魏斯頓以及大衛・基於二〇〇八年所創辦。心理治療師瑪格麗特・柯爾在計畫成立之際隨即加入團隊。負責廚房工作的人，在第一次活動中是阿米・弗爾頓（Amie Fulton），在第二次活動中是勞伯・麥坎那（Rob McKenna），這個重要的角色提供了大家在生理的和情緒上的滋養。每次計畫開始執行，會由朱兒絲擔任計畫經理，我們也共同擔任引導員。

第一次活動的七位受邀者，是遴選自蘇格蘭的健康照護、教育、私人、青少年、藝術和非營利組織等部門。在被邀集來參與計畫之時，這些參與者沒有一位是在永續未來的領域積極活動。其中一位參與者也是位研究人員，負責將團體的經驗呈現在第一份自然改變報告中（WWF, 2009）。第二次活動則從蘇格蘭的教育界挑選了十一人——他們全都對學校的課程規劃、老師的專業發展及教育政策走向具有影響力。

計畫中的方案都歷時六個月。第一個方案於二〇〇八年展開，第二次則於二〇一〇年展開。本文寫作時共有十八人參加過活動，他們的故事已透過自然改變計劃網站分享到全球各地。

理論

深究過生態心理學文獻，以及透過我們自己多年來的專業實務工作，我們發現唯有當互相連結的廣闊自我——相對於日常侷限於皮囊內的自我觀——有被當作基本資料來運用時，才能理解心靈與自然最深層的經驗（Kerr & Key, 2012）。

影響我們工作的中心哲學之一，是阿恩・內斯（Arne Naess, 1989）反映出這份相互連結感的「完形本體論」（gestalt ontology）。內斯的觀點在原住民對於自我的描述中可以找到共鳴，兩者都認為自我是不斷改變的生態脈絡中不可或缺的一部分（例如Armstrong, 1995; Bernstein, 2005; Kailo, 1998; Williams, 1997），而在佛教觀念中的「緣起」（dependent arising）（HH The Dalai Lama, 1997）亦然。

以此哲理為基礎，自然改變計畫挑戰著「自我本位」（egoic）心理學對永續生活的取向，自我本位心理學將人類視為對於分離的「非人類」世界具有影響力的理性決策者。自我本位取向訴諸的是負責在世界中建立與進行「身分認同計畫」（identity project）的各種心靈部分（Washburn, 1995）。這些參與身分認同計畫的自我的部分，可能處在不同的成熟階段中。在此，溝通分析（transactional analysis）架構中的「自我狀態」（ego states）對於說明在面對生態困境時常見的自我反應很有幫助（Fox, 1990a; Stewart & Joines, 1987）（表一）。

如稍早所描述的，近來證據顯示訴諸於自我（ego）所關切事物的傳統環境保護倡議方式，對於激發人們在生活上做出友善環境的改變，在成果上很有限，甚至可能產生不良後果。例如，以溝通分析術語來說，批判型父母責難與羞辱的策略，會導致順應型的孩子產生否認、表面上的順從和憤怒抗拒等反應。撫育型父母的社會行銷勸誘手法，可能也會從順應型孩子的自我狀態中誘發出競爭反應。另一方面，理性－科學型成人的手法，雖能激發某些人，卻似乎缺乏了催化深層改變的情緒性能量。

深層生態學運動（Deep Ecology movement）的支持者，尤其是福克斯（Fox, 1990a），認為要催化對環境友善行為深層且持久的動機，就必須以相互連結性為基礎，將自我本位取向轉移到超個人（transpersonal）取向。福克斯將深層的「認同作用」（identification）或與我們的生態脈絡之間的關係，視為這種「超個人生態學」（transpersonal ecology）的基礎（亦可見Sessions, 1995）。

經歷了自然改變計劃的旅程，將促使自我本位的自我感轉變

表一、溝通分析自我狀態與環境主義

溝通分析中的自我狀態	溝通分析中的描述	具體呈現於環境主義時	自然改變計畫參與者的觀點
批判型父母 Critical parent	批判的、懲罰的、迫害的、教訓的。命令「應該」做什麼。	責難與羞愧。提出「末日與黑暗」的警告。	「我鄙視生態運動中某些苦行者般的節儉（我覺得這樣一點都不滋養），討厭別人要我對自己知情的選擇感到愧疚。」
撫育型父母 Nurturing parent	（過度）保護、拯救、具有扼殺的潛能。以更崇高力量的姿態照護著。	管理與保育——「看顧著」世界。	「因為最近這幾天記得在餵鳥器放食物的都是我先生，而不是我，所以覺得很慚愧。」
成人 Adult	在想法、感受和行為上給予理性、有意識的平衡表達。對於此時此地的狀態能給予同情而適切的回應	基於理性判斷及研究結果來採取政治與科學行動。	「有重大的轉變發生。我想我過去是基於知性上的理智而非其他原因，在執行我的回收責任、擔心環境狀態……現在，我這麼做是因為我想要做，因為這很重要、這有關係——確實有很重大的關係。
自由型孩子 Free child	具實驗精神的、愛玩耍的、沈浸於自我的探索與表達之中。通常不會承擔起對他人的責任。	戶外休閒活動、園藝、藝術與工藝和其他「逃離現實」活動，通常會在使人覺得與大自然親近的地方。	「通常，每年到了這個時候，我會有衝到鄉下去享用自然環境的需求。但現在我一天比一天還興奮地從我的閣樓公寓看著幾棵樹，每天一點一滴地改變著，綠芽開始填滿樹枝間的空隙。」
順應型孩子 Adapted child	因恐懼的驅動而防衛、順從、屈服。因憤怒的驅動而被動地抗拒。	千方百計地鑽漏洞。因罪惡感而順從。否認——「躲避」問題；「有什麼用」。好戰的抗拒姿態。	「我被告知我應該擔心，如果我盡到義務就是個好市民，所以我做了。」

成超個人與相互連結的自我感。就這個層面來說，這與許多個體化（individuation）及靈性洞察很相似（Firman and Gila, 1997; Jung, 1963; Preece, 2006; Underhill, 1993/1910; Washburn, 1995）。單就這一點來看，自然改變計畫的過程就很值得做為個人療癒與轉化的途徑。不過，這只是成果之一而已。假使我們的自我感能夠經由超個人經驗擴展到包含整個大自然，就能產生一股對世界強有力的嶄新理解。我們於是能以地球整體生命系統的一部分生活著，而非與之分離。從這份對於我們與大自然相互連結的知識中，就會浮現出想要採取行動為大自然做些什麼的願望。

活動引導

超個人經驗的力量強大，發生在自然改變計畫中的超個人經驗必須在和善慈悲、合乎道德的架構中產生。一如個人中心治療（person-centred therapy）（Rogers, 1980）的核心條件一般，某些特質對於自然改變計劃的過程也非常重要。這些特質包括同情心、公平、尊重、信任與社群感——它們成為團體規範（norms）（Yalom, 1970），作用於引導員與團體之間、團體之中、計畫團隊成員之間、以及很重要的，在每個人與地球實體之間的關係中。

為了要與計畫的哲學基礎維持一致，我們將焦點強烈地擺在「是」（being）而非「做」（doing）之上。這意味著雖然我們有各種組成計畫的關鍵活動，但我們對於要如何引導活動，和要提供哪些活動同等重視。

諸如共同諮商、聚焦（focusing）（Gendlin, 1978）、專注冥想、在大地中沈思、獨處時間、薩滿旅程（shamanic journeying）

以及運用圖象工作等共同進行的實務工作，都能幫助身為引導者的我們，仔細傾聽團體的需求和團體歷程中的微妙轉變。我們在工作坊的各堂課之間、在每個工作坊之前與之後，同樣會併行這些修習。這使得反思修練和同儕督導的循環能持續進行。這也使我們能開啟自己的敏銳度，不僅是對參與者，也對彼此，以及對我們工作的場域保持敏銳覺察。

內容

「自然改變」課程是由兩個各自為期一週的住宿工作坊所組成。兩個工作坊相隔四個月，都在荒野地區進行。在這些住宿工作坊展開之前與之後，也進行一連串在都會中的單日聚會。

在第一場住宿工作坊之前，團體先相聚一天，彼此自我介紹，也為他們的第一趟荒野探險做準備。

我們從一開始就使用反思的方式進行團體工作。在第一週之始，我們提供了共同諮商的活動，使參與者得以仔細且坦然地傾聽彼此表達需求。緊接著是一段行走時間，此時團體逐漸放慢步調，變得安靜，開始體驗周遭的土地。在這段行走中，他們有時間可以安靜坐下——透過引導式的專注冥想方式，獨自坐著。

這個經驗是為隔天的獨處做準備——從黎明到黃昏，獨自在大地上的某處禁語度過一天。團體在黃昏歸返後，到隔天清晨仍持續保持安靜。隔天，成員會分享他們的故事。說故事過程的結構與內容，創造了一個神聖而崇敬的空間，使每個人都能深入聆聽故事內容。第一場工作坊的重點在於個人的療癒——以及個人與土地和海洋之間的關係。

介於兩場工作坊之間的日子具有橋樑作用，此時運作的重點，是將自我從個人的向外轉移到社會的，然後再到生態的自我（見下頁圖一）。這項工作涉及了對自我模式具有創意的、體驗式的和理論上的探索，以及對消費主義和認同感的檢視。儘管從個人世界擴展觀點是自然改變過程極為重要的一部分，我們仍從經驗中發現，催促或囑咐這項轉變過渡期的發生並非明智之舉。假使轉變的時機還沒成熟，任何尚未被處理好的個人創傷將會變成煞車，阻擋其對後續社會行動的參與。

在兩場工作坊之間，我們請求參與者在都市環境中花短暫的時間「獨處」，並且搜尋關於社會改變運動的故事，以為下次的工作坊做準備。

在第二場工作坊中，參與者分享他們在都市獨處的故事及發現。於這週剛開始時，團體先探索在面臨生態困境時，理想世界與非理想世界的情節各是如何。首先透過引導式觀想來進行，然後在紙上畫出圖像，並且在深思中聆聽彼此的回應。接下來還有一段時間要獨自在大地上度過以沈思這個主題，並在歸來後分享故事。

參與者接著分享了他們在搜尋社會改變運動時的發現。他們是在該區的步行旅程中說著這些故事。接著是進一步在土地上獨處，反思個人行動的動機——依循著哪裡是「……你深切的喜悅和世界深切的渴望交會之處？」（Buechner, 1993, p. 119）的命題來進行。

在這週尾聲，參與者展開對改變過程的深度探索，最初是透過一堂大地藝術創作課的呈現來個別進行。然後是集體的，創造出社會改變的團體模型。最後以一場關於個人及集體行動潛在途徑的討論來結束這一週，這個朝行動前進的動作會在接下來的幾週，以及最後的單日工作坊中加以強化。

圖一、生態本我

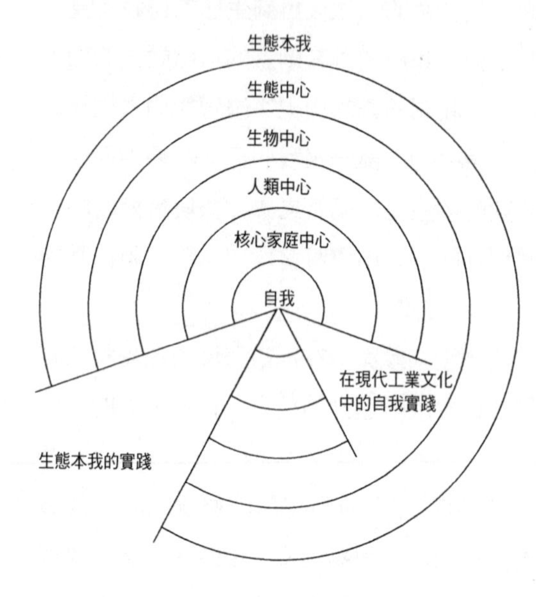

自我（ego）：
關切及於個人的「身分認同計畫」中

核心家庭中心（nucleocentric）：
關切延伸到家庭

人類中心（anthropocentric）：
關切延伸到某些人或全人類

生物中心（biocentric）：
關切延伸到某些或所有型態的生命

生態中心（ecocentric）：
關切延伸到所有生命型態及維繫生命的生態系統

生態本我（ecological Self）：
具備生態中心世界觀的本我感（sense of Self）[1]

改變

來自於自然改變計畫中的各項轉變，無法輕易地以傳統「勾方格」式的成果測量法來明確指出。參與者確實啟動了新計畫，體驗到生活方式的改變。然而，改變的本質比這些行為上的成果更為複雜。這是非常有系統且個人的轉化過程。改變的過程是持續發生且非因果性的——一部分是內在自我的重組；一部分是外在的重組，

[1] 譯註：此處作者使用首字母大寫之 Self，故從榮格學派之習慣，將小寫的 self 譯為指個人部份心理面向的「自我」，而將 Self 譯為指個人心靈深處與世界意識相連的「本我」。

在過程中參與者與同儕之間形成了持續演化的社群，深化了他們的經驗、理解和行動。

一位自然改變計畫的參與者如此描述：

所以……有用嗎？是這每個人都在問的問題……

簡單的「表面」回答是有的。有的，我告訴人們，它使我更覺察。是的，它使我更全面地思索身為人類，我們與周遭自然的關係，以及與自然之間相互連結的主題。是的，它使我的舉動不同——從改變購物習慣，到在工作上引入新的永續性採購政策，再到餵食野鳥。

雖然這是真實的回答，卻也是個方便之答。更複雜的答案也是，有的，它有用，可是……

……在某些程度上，這很難說得清楚，因為其衝擊由內而外，在每個層次上都影響著我。

……在某些方面，這使我的生活更艱難，而不是更容易——關於你在這世界中的價值這樣深層的問題，會讓一個女孩子覺得怎樣，你知道的。

……在某些方面，這導致了很大的挫折感——尤其是關於使大眾投入處理環境保護問題的議題。對於許多重要「綠色」團體對付這個議題的方式，有種讓我很想稱之為妄想的元素存在。

……在某些方面，這使我必須不舒服地面對過去所做選擇的真相，但同樣的也給我工具來善待自己，了解並原諒，且能領會到何謂真的身為人類……

在自然改變計畫中，一個關鍵的議題是我們要在計畫中擔任參與者，之後又成為社會行動者的這段旅程——下一步則是我們這些「從各界選出的領導者」，要將我們所學的串聯下去，將我們的「個人改變」付諸行動到真材實料的實務工作上。這是個比我們任何人最初預所期還要更沈重的責任——至少對我來說是如此。對了，「真材實料」一詞真是要命的說法……使你得停下來想一想……

這是很有趣的步驟——對於我們所共同走過與經歷的，有股想要「維持住團隊」的感受，然而之後踏入更廣闊世界中的責任是如此強烈、如此必要——這世界需要我們付出更多。

……首先，自然改變計畫把心還給了我。對此，我將永遠永遠抱持深深的感激。

其次，我準備好了。準備要行動了。準備好踏入世界了。

還有更多改變正在進行中——更深層的改變。石頭已經擲入水中，強而有力的漣漪正在擴散。只不過有時候，那些漣漪會比你——或其他人——所預期的，花上更久的時間才擴散出去。

（Macdonald, 2010）

第六部

該怎麼做——臨床實務

第十九章

「無不治」：走向生態式的療法

尼可・托頓（Nick Totton）

引言

直到前不久，能左執生態薰陶的思考與感受方式（「生態心理學」），右引心理治療與諮商實務（「治療」），而對兩者之間的關係做出縝密思考者仍為數不多。除了某些例外，人們通常傾向於將治療概念注入生態心理學，或將生態心理學概念放入治療之中，而沒能真正地將兩者融合成某種新的整體。簡單舉個例子，實務工作者想在戶外與個案進行治療時，會發現傳統的治療架構與邊界的觀念並不適用；但他們大多朝**調整**架構的方向思考，而不是徹底**重新建構**——確實地重構整個「架構」的象徵（metaphor）。我的著書《荒野治療》（*Wild Therapy*, Totton, 2011）的目標之一，即是想為治療朝生態式的方向重新建構。本文的內容算是介於該著作的後記、補充及重新思考之間，並且只著重於《荒野治療》的某部分，即真正在生態實務上的發展。

在寫書時，我察覺到要使治療具有生態性的思考與感受，必須改變治療的某些核心態度。但我也發現，生態式治療的元素已存在於現行領域中，只是往往沒被看出來。因此我在書中嘗試指出這些內含的元素，將它們用一貫的方式串連起來，用以描述這種既新興亦既存的治療方式——一種生態系統治療（ecosystemic therapy）。

它體認到人類並非孤獨地處於宇宙之中，而是與共享地球的其他物種和存在體保有深層連結，並且相互依存；它也體認到精緻的生命力會從自發而生與順勢而行的能力中湧現，而非從想控制自我與他人的角力中顯現。

我認為包含前述在內的多種體認，是源自於生態學家和許多治療師共有的態度。以下的清單與我在《荒野治療》（Totton, 2011, p. 184）中提供的清單雖有不同，但兩者之間存在著對話交流，書中的較像是一組可成為實務做法的敘述清單，包括對於從具體現實（embodiment）到對於超越人類以外（more-than-human）等元素的注意；而本文中的清單則是進一步思考後的產物，是一組在實務作為上應以之為基礎的核心認知。

- 一如生態系統，治療沒有目標。
- 一切彼此相連：透過全然做為它自己（itself），每一項存在皆共同創造著整體。
- 這種共同創造是自發性的，任何來自外在的介入通常會造成損害。
- 仔細近看時，其實是沒有所謂的外在。生態學與治療都在挑戰「外在」（outsideness）的錯覺。

我將逐一檢視這些陳述，並試圖對其在實務應用上的意涵舉出一些例子。

治療沒有目標

在生態上非常重要的一項認知是，生態系統不是「為了」任何事物而存在。它們沒有目標、沒有意圖；它們全然無目的。生命整體那非凡的豐富性與複雜性，是某些源自生命本身極單純特徵的表現與開展。其本質基本上是以數學為基礎，可以說數學似乎是對宇宙唯一恰當的描述：複雜理論（Complexity Theory）顯示了簡單小演算法的反覆演算——**也就是**「操作指南」，但在真實生態系統中，操作指南是透過演化而成，而非已知數，**因此**會導致複雜精巧而不可預期的後果：在幾乎空無一物之中創造出萬物。

有些人似乎覺得這種認知事物的方式很嚇人，是一種認為整個世界全然無意義的描述。就我個人來說，我覺得實令人驚嘆的是：生命不是由某人或某物製造出來的，生命是以自助的方式，**製造出自己**。沃夫・辛格爾（Wolf Singer, 2005）把大腦描述成一個沒有指揮的管弦樂團。而整個存在，似乎就是個沒有指揮的管弦樂團，一場相互共創的持續行動。「意義」與「目的」是截然不同的：生命沒有**目的**，但它具有數不盡的**意義**，所有你能在其中找到的意義。

這與治療有何關係？我認為治療重要的功能之一——**這**通常不會被特別明說——**就**是將意義從目的中鬆綁開來，幫助人們探索他們可以生活在沒有「應該」和「理當」中的可能性；這些可能性包括：沒有要與事先建立的檢查表來核對的「正確」決定，只有任何我們發現自己做了的決定；沒什麼是我們被設定應該去做的，沒什麼是我們被設定應該成為的人；生命的意義就是我們體驗到它所具有之意義。對於目的的消除，其中一個面向是治療也放棄自身的任何目的感。這或許很矛盾，在某種程度上它的確是：前面所述的可被視為，我認為治療的目的正在於消除「目的」的意向！雖然，我所談的是**功能**而非目的，是治療實質上做的，而非它「應該」做的。目的的消除，**在不被當作目標時**，往往會在治療實務中展現出來。

我在較早的文章中寫道：

> 治療實務，從某種觀點上看來，是治療師為達到治療的渴望而持續不斷的努力——要覺察並放下，自己對於個案和現實狀態必須以特定方式存在的偏見、判斷、期望及要求。這就是身為治療師，對我們而言為何以及如何能是件好事，就如同對於個案而言可能也是好的。然而，治療始終存在的矛盾在於，它只有在面對與拋棄想要對他人有好處的意圖時，才能為人帶來好處。依照改變的矛盾理論（paradoxical theory of change）（Beisser, 1970）所推論出的必然結果是：改變不僅在個案停止試圖改變時發生——也在治療師停止試圖改變他們時發生。
>
> （Totton, 2007, pp. 24-25）

身為個案，我們將自己在生活中習慣體驗到的需求投射到治療師身上，從中，也從我們對它的阻抗中，我們建構了自己的認同。阿圖塞（Althusser, 1971; 亦見Bulter, 1993）將之稱為「召喚」（interpellation），可粗略翻譯成「吆喝」（hailing）——「喂，你！」——一種警察吆喝嫌犯的方法。假使我們反覆被以特定的方式稱呼，我們就會將那個身分認同承攬起來，也承攬了各種與它相關的必要條件。維持這種受質問的自我，遂成為大量焦慮與壓力的來源。

於是身為治療師，我們面臨了一個難題。我們該強化這樣的召喚，以個案習慣的方式來「吆喝」他們，鼓勵他們成為他們被告知所是／該是的人嗎？或者我們反而應該給予建議，說他們是／可以成為不同的人，一個新的人——符合**我們自己**所想像那人應該是的模樣？我個人認為，這兩種選項都不特別吸引人——不過在實務上我當然也可能不經意地做了其中一項。但是，當我們選擇了任一選項時，那都是基於這對個案有好處的意向而做，不論這意向多麼隱微模糊。

帕羅（一個綜合虛擬的人物）來找我，因為他「感到憂鬱」。我們探索了其中的意義之後，發現主要是他對於採取任何行動，都感到困難重重。這意味著他似乎是冷淡無情的；事實上他什麼都是，但絕非無情——他內心充滿各種沸騰的衝動，而每一個衝動都立即被另一個指令阻擋或撤銷：要乖、要好、在跳出去前先察看、不要犯錯⋯⋯

明顯可為，也或許確實能有效改變其行為的做法，是諸如此說：「難怪你會憂鬱！如果每個人都要達到那樣的標準，任誰都會憂鬱不已！但是你可以選擇忽視那些指令，為你『不好』的那部分，為你是人、也會犯錯的那個部分挺身而出⋯⋯」——等等之類。較不常見的，當然也值得考慮嘗試的，是告訴他：「嗯，是呀，我看出問題所在——犯錯的感覺糟透了——最好是**完全不動，別冒任何風險**。」——支持這種受困的感受，希望能扶助它前進到它可自然脫離之處。

不過，我認為這些做法——兩者當然都在我身上發生過——在某種程度上，對任何有合理同情心的人來說，都是對受困感所製造出的那種討厭的不自在感的反應，促使我們急切地想要改變情況。坐在帕羅身邊的我，非常清楚他所面臨的難題與內在的我產生了多少共鳴：我自己有多少成分是受限於類似的內在訊息，即使我（通常）比較能夠克服它們。

於是我發現第三種做法是坦率地談論——既彆扭又遲疑地——他的難題對我產生的影響；談論自己的衝動與對歸屬於更大群體的需求，其間是多麼難以調解；以及在試圖弄清楚我們確實「真心想要」的是什麼時，有多麼令人困惑。（這麼做時，我正在與自己要成為精練治療師的訓令對抗中。）在帕羅習慣服從於群體意願的點上，我通常是輕蔑以待；但兩種做法都不甚令人滿意。

歷經幾次虛晃的觸動後，我又倒退回隱微地告訴他該怎麼做的老方法——也就是，擔任他內在批判者的角色——於是我們來到一個可以共同護持、分享處境之苦痛的狀態。從這分享之中，新事物誕生了，不僅出現在帕羅心中，也在我心中：一種不僅是心智上的、而且也具體顯現的新領悟，即在接受我們既不可能真的使個人和群體完全達成和解，同時也不可能將兩者分離的事實之後；個體與群體之間的張力就可以開始變得有創造性，成為我們的能量可以施力的場域。

一切彼此相連

我特意選擇了上述的小故事，因為其中沒有特定的生態或環境內容。我想要解釋，生態性思考可以如何應用到「一般的」治療中；更準確地說來，我想說明的是我們不僅可以不具目標地從事治療師的工作，以及治療若要變得具有生態思維，群體與個體之間的關係需要如何重新概念化。治療極度傾向於採取典型的西方觀點，認為個體是至高無上的，而我們的工作是要將個體從限制他們自我表達的約束與情勢中解放出來。這個說法既是也非；它還需要經歷正反合（thesis, antithesis and synthesis）的辯證過程，才能到達另一個境界。

無疑地，治療在傳統上一直受到「個體相對於群體」的典範之苦。在治療史上的某些階段，它傾向於支持群體，並以「調整適當」或「適應良好」之名，鼓勵個體順從於群體（Totton, 2000, pp. 96-97, 106-107）；在其他階段，它傾向於鼓勵個體反抗，找出其假想中的「真實自我」（real self）（Geller, 1982）。這些立場都是片面的，兩者皆以個體與群體相互對立的假設為基礎。

然而，生態式的看法——且不僅這派看法是如此——鼓勵我們將個體與群體視為互補，甚至是相互共同創造出來的（Totton, 2011, pp. 28-30; Macy, 1991b）。少了（各）群體，身為其中一員的個體將無法存在或被理解；同樣地，少了組成群體的個體，群體也無法存在或被理解。每個人都會將自己的整個關係脈絡全帶到治療室中——就像摩根瑟勒（Morgenthaler）和派林（Parin）在西非的精神分析田野工作時，發現他們的「受分析對象」常常真的就把朋友和親戚帶到會談中：

> 與預期的相反……群體沒有執行任何禁止功能。反而鼓勵那少婦，甚至鼓勵那位分析師，他們雙方要有更強烈且更親密的關係。沒多久，他們透過公開的要求，以語言和各種姿勢，透露了她想與分析師發生性關係的期望。
>
> （Morgenthaler & Parin, 1964, p. 447）

每個治療室中都有更大群體的代表們正在彼此相會。個案的家庭、社交網絡、政治或靈性組織、文化和階級群體：全都不只遭逢了治療師的專業網絡——這一層我們還能自在以對——同時也和治療師的家庭、社交網絡、政治與靈性組織、文化與階級群體相遇，這就不那麼令人自在了。這可以說是在第一個網絡某處的某個或多個問題，找到途徑進入了第二個網絡，期望這樣的交會能有所幫助。但一切終究彼此相連：個案與治療師代表的是一個龐大網絡中的兩個點，這個網絡將自己折疊起來，使這兩點能夠彼此接觸，企圖進行自我療癒——或許就像是一個人把燙到的手指含到嘴裡一樣？

這不是我們平常看待事物的方式；質疑這樣做如何或是否有幫助，是合理的提問。我認為這有幫助，因為它促使我們仰賴集體的智慧——而智慧是在**我們之內**顯露。實際上，我們是被選為適合此情況的治療師——而這個選擇基本上無關乎我們的技術或能力，而是取決於我們關連到更大網絡中**所處的位置**。某種程度上，我們所屬的網絡協助架構了我們的無意識（unconscious），或至少架構了我們的前意識（preconscious）。因此，試圖隱藏我們自己的個性或立場所在並無好處：因為這些正是我們要對情勢有所貢獻之處。

我們若再以帕羅為例，在會談中我們所帶入的諸多群體，還有英國人和義大利人、循規蹈矩者和叛逆者、天主教徒和異教徒、無政府主義者和社會主義者、同性戀男和異性戀男、咖啡廳文化和家庭文化。要相互打交道的還有屬於義大利阿爾卑斯山脈與市鎮的米蘭（Milan），和屬於市郊的倫敦及鄉間的約克夏（Yorkshire）。這所有的相遇，會在我們工作的不同階段顯現其重要性。我認為對治療師來說，得經過一番掙扎才能超越這些對比**對於個案**而言很重要的概念，然後察覺到它們**對於治療師**也很重要。我們很容易想要保護自己的主觀性（subjectivity），把它當作中性的介質，讓個案的主觀性能在其中展現，接受檢視；但這與實際狀況相去甚遠。透過願意將自己在文化與社會網絡中的立場展現在治療情境中，我們建立了保持開放性、不具防禦性的基調，這將促使個案也跟進做出同樣的舉動。

我在此所談的內容，可以被解讀為類似越來越廣為人知的關係取向（relational approach）（Haugh & Paul, 2008; Mitchell & Aron, 1999）；當然也包括關係取向的工作與思考方式。然而我想要提出的是個體更進一步的去中心化（decentring）。治療不僅是關於關係；而在此所謂的關係不只是存在於個體之間，也是存在於眾多世界之間的關係，在某些時刻，我們能直接察覺到這些世界如何利用兩個個體來達成某種更大規模的事務。

不過於此同時，我們也需要持有相對的看法：即我們仍然得完全地透過個體的身分來感受與行動，才能對整體的發展有所貢獻。在生態系統中，每個生物都是為了延續自己的需求而行動，透過個體行動的重重堆疊，這整個沒有指揮的管弦樂團才能在完美的同步狀態中出現。我們在團體過程中也看到同樣的事情發生：如同大多數引導員所知，當每位參與者全然地選邊站時——即使，或許尤其是當這麼做對於團體會產生干擾或引起不快時——整個團體才得以成形並且成長。在選擇自己的立場站定之後，每一個個體都代表著群體場域中的某一元素（Mindell, 1992, Ch. 2）。信任群體就是信任我們自己；信任我們自己就是信任群體。個體性（individuality）既重要也虛幻。（我這部分的論調，正與安德魯・沙繆斯〔Andrew Samuels, 2011〕關於個體性的近期著作相對應。）

治療的框架（frame）和所有的框架與邊界（boundary）一樣，都扭曲了現實狀態，因為現實狀態是連續不斷，而非分離片段的。然而一如許多框架和邊界，治療框架在將我們想聚焦的現實層面框限起來、隔離出來時非常有用，例如出現在治療室中的兩人——只要我們對此隔離狀態別太認真、別太盲目崇拜、以為它比生活中每一片刻的需求更重要。帕羅和我曾經一起參訪過一座天主教堂。另一回，我們討論要去某家咖啡廳，但從未真正付諸實行。這些並不是隨性或異想天開的冒險活動，而是將我引介到帕羅世界中不同面向的重要方式。這些只有在我們於治療室的隔離空間中形成強固的治療關係後，才有可能——而且我認為，也很必要。

我們要將什麼樣的框架應用於治療上，端視我們想要探索的是現實狀態的哪個或哪些面向而定。目前我們工作的主流模式，即那神祕治療二人組的神聖隔離狀態，是衍生自、也適用於早期童年經驗的焦點上，此經驗（對許多人而言）是被隔離在母嬰雙人組之內：治療模式主要是以此焦點發展而成。然而假使我們要探索的是個案在更廣大的社會文化結構中的位置，或他們與非人類（other-than-human）及超越人類（more-than-human）世界的關係時，這種模式恐怕沒有幫助。我甚至認為當工作的焦點是在家庭中的伊底帕斯（oedipal）議題上，而非前伊底帕斯（pre-oedipal）議題時，對架構進行某些調整將會有些幫助。

值得點出的是「框架」與「邊界」都是**空間上的比喻**。若運用它們，就相當於是在治療時指定特定的概念，藉以告訴我們該如何表現：這會在我們的腦海中創造出物體般的邊界或臨界點的圖像，而它們可以被像物體般地跨越或不跨越、抹除或保留。假使我們使用不同的空間比喻——譬如重力場，引力在中心最強，會往外逐漸消減到無法察覺但又非全然消失，這會如何改變我們的知覺呢？或者，我們可以將它概念化成某種非空間式的表達，譬如變成像一套交流協定，或者像肌肉張力，或者像不同的意識狀態，或者，最恰當的說法是複雜系統（complex system）中的吸子（attractor）（Piers, Muller & Brent, 2007）。這些聽起來都很怪異，但它們之所以怪異，又有多少成分是因為它們並不為人所熟悉呢？

自發性共同創造

對生態覺知力（ecological awareness）來說，強調自發性（spontaneity）和強調連結性（connectedness）是一樣重要的。兩者都是源自系統理論（systems theory）而生，系統理論將世界視為一組複雜、自我組織、具適應性的系統，其中沒有任何事物是以線性的方式**造成**任何其他事物發生，而是一切事物和其他所有事物相互**回應**。這與佛教概念中的**緣起**（paticca samuppada，dependent co-arising）非常相近（Macy, 1991）。因此，企圖將自己與世界隔離開來，並對之施予控制，終究只會自我挫敗——如我們已在當前生態危機中所目睹的一樣。

我們在諮商室中也天天看見同樣的現象。在我看來，個案帶來的困境中有很大一部分是關於可控性（controllability）的錯覺。他們帶著自己可以也應該能控制他們自己的身體、感受、思緒、行為、關係……的信念而來。這種信念的另一面，自然是一種隱含的信念，認為他人也能控制**他們**：事實上，控制著我們各個面向生命進程的，應該是被內化的他人——而且從不同的角度看來，是被內化的他人之頑強與違抗，在這些生命進程中發作出來。

我們認同的是哪個面向的自己，又認同了他人的哪個面向，到最後並不重要；重點是我們在單一整體的不同面向之間體驗到分裂。我們企圖指揮那沒有指揮者的管弦樂團，製造出無數的失調狀態，因為在進程的各個層面之間會出現許多延遲耽擱。由於事實上並沒有一個支配一切的**我**（Self）在擔任指揮工作（Dennett, 1991; Nørretranders, 1999），所以實況就像一位低音管樂手、一位小提琴手、一位打擊樂手和幾位長笛手全都企圖要指揮，同時還要演奏自己的部分。於是就出現了一場混亂，不怎麼好的混亂。然而，若是任其自然發展，管弦樂團會協調出**自己的步調**，一如生態系統、一如宇宙。

並無外在

支配一切的我的概念，事實上等同於**外在**的概念，這個立足之地不屬複雜整體的一部分，卻又允許我們了解與控制它。根據帕普斯（Pappus）所述，阿基米德（Archimedes）曾說：「給我一個支點，我將舉起地球。」（Partington, 1996, p. 24）。但這樣的點並不存在：在我們自己的參考架構之外，並沒有讓我們可以「客觀」地觀看事物的外在基點存在。愛因斯坦以物理學為我們說明過；但要我們在情感上和關係上理解這一點，似乎困難許多。

我在《荒野治療》中寫道：

> 人類從狩獵採集社會轉變成農業社會的過程中，開始試圖掌握

> 對世界、對彼此、對非人類及超越人類世界的控制。這麼做，是在將我們自己與世界分裂開來——事實上，這讓世界成了我們的「環境」，而非我們不可與之分離的整體。我們在娥蘇拉・勒瑰恩（Ursula LeGuin）盪氣迴腸的詞句中，學會活在「世界之外」（LeGuin, 1988, p. 153）。當我們試圖控制世界時，我們使它成為他者，使它因而變得危險駭人。我們越是企圖掌控它，看似越接近目標，我們的目標就退得越遠。
>
> （Totton, 2011, p. 2）

我無法寫出比這更好的說詞，但我想補充這段話與治療實務的關係。許多人來尋求治療是為了尋求協助以控制他們的生活；許多實務工作者也試圖提供他們控制感。事實上，我們幾乎無法不被「這可以辦到」的愉快假象所吸引；但這是個假象，是個會製造大問題的假象。當然，我們可以把生活處理得更好或更糟（治療師能提供一些有用的訣竅）；譬如，我們可以用金錢或健康的生活方式，讓我們自己和家人遠離麻煩。生活在西歐國家，讓我們從一開始就擁有好幾層的防護罩。但我們無法預防不好的事情發生；我們肯定無法阻止自己的身體、情感和關係，依照它們自身的步調而變化、以被我們視為不會被「外在世界」所選擇的方式而變化。以為我們辦得到的想法，在短時間內能寬慰人心，但也是個沈重的負擔；而且使我們沒有能力對抗大災難。

我經常以老子的話語作為這種想法的解藥，既然我才剛提到娥蘇拉・勒瑰恩，以下這兩段話就取自她的翻譯（LeGuin, 1998, pp. 6-8）。

為無為（當你為無為）[1]

則無不治（則無一失序）

——《道德經》，第三章

天地之間（天與地）

其猶橐籥乎（行如風箱）：

虛而不屈（空而有構）

動而愈出（動時，給出無盡）。

——《道德經》，第五章

「為無為」是《道德經》中反覆出現的一句話。如勒瑰恩所寫：「這是種能徹底改變思緒的想法，它改變了心智。」（LeGuin, 1998, p. 6）即一切所需都不需費力就能發生，順著自己的步調而生。「為無為」捕捉了個體與群體之間的矛盾：為自己選邊站時，知道這是為群體選邊站。在辯證上，這個句子是平衡的：「為／無／為」是陰陽的概念，「天地之間」是生態系統的進程：它「其由橐籥乎」，即有力地往前推進，然而沒有目標，「動而愈出」也並非慷慨大方。它只是如是。在我的經驗裡，治療中強而有力的轉化片刻，都是關於「只是如是」。

在我與帕羅工作的尾聲，有一刻，我們再度回到困頓、自我責備、憤怒和絕望的循環之中，至此，我們兩人對這樣的循環已經非常熟悉。停頓一下，無為，我們捕捉到彼此的目光；然後同時咯咯

[1] 譯註：括弧中為對英文之再譯，原文書中即勒瑰恩對《道德經》的英文翻譯。

地笑了出來，哼出聲音。「像這樣的事情啊（And so on）……」帕羅低聲地說。「像這樣的事情啊。」我附和。我不認為在那刻之後，帕羅還能再把他的困頓狀態看得太嚴重，或還能硬是把它歸在外在世界中。

結論

我在本章中完全不曾提及在許多人眼中，生態療法所應具備的主要特色，即帶著個案到戶外，「進入自然」（彷彿我們曾經出離自然）。儘管個案和我有時候會在戶外工作，對我來說，這似乎是在治療工作產生更關鍵轉變時必然的結果。你當然有可能到戶外時，也把室內帶著走！——也就是說，扛著傳統治療架構上山下海、穿越灌叢和荊棘，勞動筋骨、磨破皮肉。同樣地，把戶外帶到室內也是完全可能的：坐在諮商室的椅子上，用生態式的方法來工作。我經常主張，要從事身體心理治療（body psychotherapy）並不一定要——儘管當然也可以——涉及觸摸、站著或躺下，甚至是對身體做出任何明確的指涉。同樣地，生態式的治療，即我所稱的荒野治療（Totton, 2011）不一定要——儘管當然也可以——涉及走到戶外，甚或討論環境主題。而且在走出戶外時，來到大街上和走進森林裡都算！

我衷心認為本章及《荒野治療》所探討的概念，對於治療有深刻的意涵，一如它們對生活也有重大的含意。我不認為我在理論或實務上已徹底探討了一切；我當然也不會說這些想法是屬於我的，它們已經以文字的方式存在了數千年，在口傳上則存在了更久的時間。但我們已有一段時間不曾關注這些概念了；我認為，我們需要開始對此加以思考，不僅是為了治療實務的發展，也是為了學習如何去珍惜我們所生活其中、並身為一份子的這個傷痕累累的世界。

第二十章

危險邊緣：修復心靈的幹細胞

克里斯・羅伯森（Chris Robertson）

> 所有問題都與故事有關。我們此刻會大難臨頭，是因為我們缺了個好故事。我們處在故事與故事之間。述說我們在這世間角色的舊有故事，已不再有效。而我們尚未學得新的故事。
>
> ——湯瑪士・貝瑞（Thomas Berry, 1990）

傑森是個心胸寬大的年輕人，這卻常使他守不住自己的立場。他在治療中扮演的是他這些經驗的受害者。事情「發生」到他身上，而這些事很不公平。我們進行了溫和的探索，以了解他可能做了哪些事而使他一直陷在這種處境，結果徒勞無功。他執著於不公平的問題，不肯鬆口。治療關係陷入一個危險的僵局。他希望我認同他的處境——而我想給他的是解構這處境的可能性。

我可以試圖展開一場不同的對話——討論我們卡在哪裡：一種後設敘事法（meta-narrative），試圖使我們之間隱藏的心理動力浮出表面。或者，我可以放棄這種意識層次的對話，轉而介紹想像、身體經驗或比喻／故事，用新鮮的方式使傑森投入，使他的無意識在治療中得到更強而有力的位置。這將開啟一個允許故事朝各個不同方向發展的空間——**並不是**隨機的發展，但肯定會是一段包含著目前未察覺內容的混沌複雜的發展。

我認為此刻，在生態心理學試圖促使大眾關注人類所面臨的集體危機時，似乎也面臨了類似的僵局。努力解釋我們疏離的根源為何、威嚇人們必須與我們真正相互依存的狀態重新連結等等，這類意識層面的對話很難對我們的集體情結產生衝擊。我希望藉由來回探討治療情境與地球危機的平行過程，也透過想像的故事和敘述式的故事，能顯示出生態心理學的觀點可以為生態議題和諮商室帶來些什麼。

阿恩・內斯（Arne Naess）認為，我們若要從早期的生態行動主義再往前進展，將需要有更深層的分析——一種強調我們和所有物種在關係上與生俱來的相互依存性的**深層生態學**（deep ecology）。

在那之後，許多重要文獻做出了這類分析，包括：

- 否認地球的問題並非一種新現象，這依循著典型的歷史模式。參見賈德・戴蒙（Jared Diamond）的《大崩壞：人類社會的明天》（*Collapse: How Societies Choose to Fail or Survive*，Diamond, 2006，中譯本由時報出版）。
- 在從口語轉變成文字書寫的文化轉變中，所產生的抽象化和解離化。參見大衛・亞伯蘭（David Abram）的《感官的魔咒》（*The Spell of the Sensuous*，Abram, 1996）及休・布洛第（Hugh Brody）的《伊甸園的另一端》（*The Oth-er Side of Eden*，Brody, 2002b）。
- 與我們的動物本質疏離，及隨著自我心智（ego mind）的預想能力而來的對於控制與支配的幻想。參見傑洛米・伯恩斯坦

（Jerome Bernstein）的《邊境生活》（*Living in the Borderland*，Bernstein, 2005）。

- 宗教與牛頓科學之間的共謀，貶低自然，允許對神聖場域、其他物種及原住民進行殘酷的褻瀆污辱。參見喬安娜・梅西（Joanna Macy）的《視世界如愛人，視世界如自己》（*World as Lover, World as Self*，Macy, 1991b）。
- 當代西方文化的自戀主義，認為自己是地球演化過程的顛峰（自以為凌越其他物種的人類中心主義式優越感），透過這種文化情結，認為人類的需求是至高無上的。參見阿恩・內斯的《像山一樣思考》（*Thinking like a Moun-tain*，Seed, Macy, Fleming & Naess, 1993，中譯本由紅桌文化出版）。
- 消費上的貪婪、永不滿足的飢渴，像失控的飲食障礙症（eating disorder）一般驅動著現代資本主義社會。參見瑪麗－珍・羅斯特的〈消費地球〉（Consuming the earth，Rust, 2008b）。

這些都是有深入洞見的文獻，對於人類為何堅持繼續自我毀滅行為提出某種程度的理解。然而它們全都指向人類犯了什麼錯。我雖然同意我們確實具有對其他生物、對地球和對我們自己相當危險的暴力破壞行為，但我們或許需要透過不同的脈絡來理解這種行為——少一點典型診斷中「哪裡出錯了」的思維，多從故事的角度來思考。

我若將故事稍加轉變，變成談論是什麼**困擾**著我們，而非哪裡**出錯**了，我們得到的故事就會有不同的基調。我會談論的是物種消失時我所經歷的痛苦，或我對遭受大規模破壞的原住民文化所感受到的責任，這是另一種溝通方式——透過談論我的經驗來引起他人的共鳴。

再回到傑森的案例，那樣的情況令人很想開始分析哪裡出了錯。我所受的訓練使我能多少對此保持敏感。我使用的某些術語已透露出我的臨床思考為何。我使用了「受害者」一詞。如果轉換到較個人的層面，從我的經驗出發來談話，將設定出不同的基調——更溫暖、更多同理的特質將會顯現出來。但這種做法也有其危險性——**可能會帶來**一種避開挑戰的共謀關係。

但若我假設發生在傑森身上的事並「沒有錯」呢？如果一開始就從這樣的開放立場聆聽他的煩惱，試圖了解他是如何走到目前的境地呢？

現在，回到我們的生態心理學觀點，這種做法又會呈現出怎樣的面貌？要從同情慈悲的角度看待人類的破壞、自戀、貪婪和詆毀行為，似乎困難多了！感覺就像是有位個案坦承了自己的虐行，卻不肯負起任何責任。我們內在某種強烈的感受被擾動了——我把它稱為**義憤填膺**（righteous indignation）——使我想要與他／她正面對質。這麼做或許很恰當，但也將失去面對情勢原本樣貌的機會：因為我再度把情勢批判為「錯」。

系統心理治療師的工作中，有很大一部分是要正面地解讀（positively con-note）不適／症狀，以便看出它在系統中如何運作，而非專注在功能失調上。譬如，在家庭系統中，治療師會積極暗示孩子的飲食障礙是使家人能共聚一堂、一起談話的方法。看重系統內部恆定功能（homeostasis）的價值，並不代表完全免除我們的責任，或否認正是我們與自身本能的解離還有與地球的疏離，讓我們面臨了危機。我們的集體否認，是一種對於因覺察到這場危機而產生之焦慮的防衛機轉，一如創傷受害者會從他們的經驗中解離與分裂一般。

我們要處理的，是一種不易受理性分析或善意行動所影響的**無意識過程**（unconscious process）。席爾斯（Searles）指出，我們似乎被包限在一種普遍的冷漠之中，他認為這是無意識的自我防衛在對抗焦慮的症狀。

> 最危險的是世界正處在這種狀態中，它激起我們最早期的焦慮，同時透過將製造出這些焦慮的最原始衝突外化與具體化，提出妄想的「承諾」藉以緩和、抹除焦慮，實際上這是致命的承諾。
>
> （Searles, 1972, p. 373）

在無意識情結得到處理，使個案或我們的集體文化不再受限其中後，採取行動或許有所幫助。以系統觀點來理解症狀或表面看到的障礙如何在整體系統中發揮功能，能使我們站到同理的立場上，不再置身於系統之外來評斷它。

要如何在這場危機中放下身段、試圖聆聽呢？我在和個案工作時，注意到他們會想要將我拉入他們的故事中；試著同化我，以減少我有如旁觀他者的特性（otherness）。假使我能夠跳脫這個已知的故事，放下我的期待，全神貫注於感受我們相互的臨在，我的注意力就會集中於他們的無意識情結上。而這在集體層次上能如何作用呢？詹姆斯・希爾曼（James Hillman）給了我們一個方向：

> 這世界因其自身的崩解而正在進入全新的意識狀態：透過它的症狀而將注意力吸引到自己身上，它開始察覺到自己是個心靈

的真實存在（psychic re-ality）。

（Hillman, 1998, p. 97）

世界正透過它的症狀將注意力吸引到自己身上。雖然我們有朝向全球化的經濟壓力，但也還有另一個互補的過程，脫離個人主義式的自我中心想法（individualistic egocentricity），而朝著能對這個受傷的世界展現出深度關切的、相互連結且網絡化的社群邁進。世界需要我們投身參與其中，它的症狀給了我們能察覺到它是個心靈真實存在的一種方法。

在我們急需創作一個新的故事時，這種生態系統思考方式或許能給予幫助：一個能試圖看穿危機所要揭露的是什麼的故事；一個能體認出人類的血肉與世界的血肉之間存在著深層親密關係的故事。透過我們的參與和投入於世界之中，我們與世界共同演化。大衛・亞伯蘭寫道：

於是，我們的神經系統完全感受著地球這個球體獨特的重力、太陽的光芒穿過地球大氣時濾光的方式，以及與地球的月亮拉扯的力量。用一種可以完全親觸感受的觀點，我們生自這個星球，我們這注意著周遭環境的身體與其他有形萬物——動物、植物、山脈、溪流——一起演化出豐富而親密的合盟關係，共同組成這個活生生地呼吸著的世界不斷變化更迭的血肉。

（Abram, 2010a, p. 97）

那些強調個案自我反思，乃至於強調治療師與個案之間動力的心理治療，可以從這親密的共同演化關係中抽離了。希爾曼的名言之一是「從鏡子到窗戶」（From mirror to window）（Hillman, 1989）——假使心理治療師和個案能少花點時間看著鏡子，多花點時間望出窗外，他們或許能更投入於世界之中。他想要打破這面自我反思的鏡子，使我們從自我沉浸中解脫，把我們解放回世界之中。個體化（individuate）的不是我們的靈魂，而是世界的靈魂。

即使這件事也能成為一份擬人化的任務。不僅是因為我們要往外看；不只是為了我們要覺察到世界。**世界也想要往內探望**。在我窗外唱著歌的小鳥想要被聽到。這其中存在著潛在的相互親密感，藉此，內在／外在的分野不復存在。鳥鳴聲似乎同步加入了個案與我共處的片刻。在我們感受著世界的同時，世界也在感受著我們。它並非被動地接收著我們的注意，而是個和我們有著深層互動的夥伴。我們是自己所創造的故事，也是這透過我們而說出的故事之中的參與者。

我們可以輕易在動物身上看出這樣的相互作用。神經科學有越來越多關於鏡像神經元產生替身活動的證據。人類以外（more-than-human）的動物明顯對我們的注意力有所反應。我的狗能從細微的線索中讀出我的意圖。有時牠似乎比我還早知道我的意圖為何。我將注意力專注於植物時，它們身上可觀察的跡象會變得較不明顯。植物對於環境非常敏感，植物細胞中具有與神經細胞共通的特徵。它們不單純是我們感官場域中的物件，而是這共有場域中的共同參與者。保羅・雪帕（Paul Shepard, 1997）認為我們與植物和動物的共同演化，非常深刻地影響到我們的文化和思想，實則牠們既在我們之外也在我們之內。

我們自以為異於地球上的其他生物，大衛・亞伯蘭在進一步挑戰這種特殊感時指出：

> 甚至有可能我們說的語言，就是活生生的地球本身透過人類的形體唱出的聲音。因為我們所說的各種語言的生命力、協調連貫性和多樣性，所相呼應的就是地球生物圈的生命力、協調連貫性和多樣性——而非獨立於其環境母體之外的人類物種的複雜性。
>
> （Abram, 2010b, p. 102）

我在某堂團體訓練課中注意到，在我們那個團隊的場域中有一股少了什麼的感覺。原本我的粗略架構是打算要接著進行某些實務工作，但這股感受吸引了我的注意力。要注意到某些沒出現的東西總是困難的；這是某種未被說出或未被顧及的事物所發出的共振。我提出了此事，其中一位之前沒有發言的成員開始說話。她覺得自己不在團隊之中，像處在邊緣。其他成員鼓勵她加入，但無法理解這樣的善意邀約正是問題的一部分，因為這使人覺得團隊像是有個潛規則，規定每個人的參與意圖都得要很明確。我們停留在這樣的困境中，從思索問題轉移到感受現狀，其他成員開始承認她的猶豫使他們感到不舒服，而這創造出一個空間，用來察覺到她為這個「開放、寬容的團體」承載著猶疑這項陰影。或許這個團體正受限在心理學概念中，那種需要有個密封容器使轉化得以發生的狀態中——而未能真正處在容器中的人則遭到邊緣化。

有些人似乎容易成為陰影的承載者，或者習慣遊走在團體的邊緣，但若不希望讓他們成為代罪羔羊，則系統成員需要有能力接受系統正在透過這些人表達些什麼，而非他們自認為這些人所表達的。邊緣成員和想要包容一切的人之間的張力，可以被視為是同一個團體內不同面向之間的張力——透過其成員來表達自己。

這種觀點的轉變對心理治療來說或許相當關鍵。不再把場域解讀成來自個體的所謂**互動場域**（interactive field），我們可以把它視為透過個體浮顯而出的**協同場域**（synergetic field）。之所以有協同作用是因為成員之間的關係似乎是預先調和過的（pre-attuned），並透過成員們浮顯出來，而非由他們創造出來的。個體並不處在中心位置，而是鑲嵌在和其他成員之間的相互關係中。

在我們如何看待轉化的本質（nature of transformation）上所產生的這種轉變，視內在成就感（inner fulfillment）為一種次生性（secondary）的關係。這是某種更大格局轉化的成果，而非肇因。榮格曾說，是我們處在心靈（psyche）之內，而非心靈處在我們之內。這使我想起榮格的夢，夢中榮格看見一位瑜珈士，驚訝地發現瑜珈士和自己有著同樣的一張臉。榮格醒來後想著：「啊哈，所以他就是冥想著我的人。他做了個夢，而我就是那個夢。」（Jung, 1989, p. 323）異常相似的還有童話人物推多低（Tweedledee）問愛麗絲（Alice），如果紅心國王（Red King）停止夢見她，她會在哪兒，因為她畢竟「只是他夢境中的一個物件！」（Carroll, 2007, p. 375）

一位朋友在我撰寫本章內容時，捎來一個與本章有關聯的夢。

> 她從廚房往庭院外看去，意外地察覺到院子裡好像有一隻紅毛猩猩寶寶。她充滿困惑地被吸引出去察看，卻驚恐地發現這是個人類寶寶，只是長滿了異常多量的毛髮。她的整個態度從溫馨的好奇轉變成焦慮的關切。這個奇怪的寶寶是怎麼來到她院子裡的？她該如何是好？

> 這時，她注意到院子後側還有一群人——這些大人和小孩都長了很多毛，看起來像群野人。這時她丈夫出現並問道：「這裡發生了什麼事？」然後看見院子一側有大量的糞便，他問其中一個大人：「這是你的孩子們拉的嗎？」那男人滾著穿越院子，滾進了糞堆裡開始又聞又嚐。「沒錯，絕對是我們的。」他說。

聽到這個夢時，我想起自從沖水馬桶發明後，一則對於貧瘠政治談話內容的評論。我們不用再面對糞便了：全都沖掉了。相反地，這位夢者內在的一部份承擔了所有權……還不只如此！這夢為我們這個消毒文化提供了一個可能的提示，在這個文化中，我們越來越不信任免疫系統可以增進自己的防禦能力。

處理這個夢的方式很多。我們可以針對每個人在自己的「庭院」中有些什麼多做處理。我們可以探索身處於這個喜歡甜美味道的文化中，在透過氣味來辨認親人的能力上，我們喪失了些什麼。而對我來說最鮮明的，則是體現在那個嬰兒身上的矛盾——一個結合了動物體毛的潛能意象：一種未來的原始狀態。

演化理論中有一派認為，演化是透過物種中仍未像成熟個體般特化，而仍能彈性適應新的演化棲位（niches）的年幼個體來進展。這種**幼態持續**（neoteny）狀態在狗的身上很明顯，牠們保留了許多嬰兒的特徵，使牠們具有正確解讀人心的演化優勢。

然而這個人類嬰兒卻長滿了毛髮。在此，夢的幽默感再度顯現。這是在嘲笑我們是唯一生來無毛的靈長類嗎？或者長在子宮內六個月大的胎兒身上，並會在出生前脫落的所謂「胎毛」（lanugo），將會保留下來成為未來的幼態持續狀態……彷彿我們可以在這演化的冒險旅程中，重新找回某些靈長類的／重要的（primate）本質？

讓我們從上述的推測回到我的虛構個案傑森身上，我思考著，他覺得身在他人的影響下的感受對他產生了什麼作用。就許多方面來說，這使他停留在年少的狀態。他覺得他處在擁有比他更大權力的成人們的世界中。我可以建議他長大，宣稱他的成人地位——有點像在敦促西方社會別再那麼不成熟一般。但取而代之的是，我們開始探索他的「不公平」經驗。這揭露了他在家庭中並沒有自在的感覺，在生活中還有更廣泛的疏遠感。不過，他與馬有很強烈的連結。

這種與人類文化疏遠，卻與動物很親近的感受並不罕見。傑洛米・伯恩斯坦於《邊境生活》（Bernstein, 2005）中探索了這個模式。他描述「邊境」（Borderland）是一種超越理性的現實經驗——一種心靈空間，在其中過度理性的西方自我（ego）正處在與自然分裂的根源重新連結的過程中。當他的個案描述到對動物的苦難特別敏感時，他學會接受其這件事本身的意義，而不把這類描述當作其內在世界的意象。他開始發現，這種敏感性是來自與地球的深層連結，而可能是演化上的轉變。他認為新的心靈型態正試圖浮顯出來，雖然這仍受到西方式自我的普遍抗拒，卻已經對這群敏感的個體產生了衝擊。

畢竟，**我們可能正處在演化史上前所未有的交會關頭上**。

我們已脫離了大自然對我們施加調節的掌控。不像其他物種那樣，我們擁有克服環境限制的力量，例如對可得食物的限制。危險是，這可能導致我們的滅絕——但必然的結果是，我們學會自我調節的功課，而不再由大自然透過環境的限制來修正我們的行為。

自我調節對個體來說並不那麼容易：這並非我們這個物種天生擁有的能力。從西方世界肥胖的流行，到光是英國就有兩千萬噸食物被丟棄這些現象來看，我們明顯缺乏自我調節能力。簡單看一下近來的金融危機，在短期利益的驅動下，在貪婪的促使下，就顯現出銀行自我調節能力的失敗。而這些事件的慘狀，或許正是在面對我們的集體否認時痛苦過程的一部分。

開始進行自我調節是功能上的突變，這可能發生在我們此刻的演化臨界點上。然而目前關於這點的證據還很少，所以這還不能做為預測的基礎。在交會點和臨界點上，正常法則無法運作。我們來到的是個閾界（模糊過渡的空間，liminal space），在此，舊有的調節方式不再管用，但我們尚未發展出新的方式。這些「邊境」，一如在真正領土上的意義一樣，處在一種被夾在中間的現實中，既不被已發生過的事件管轄，也不受正試圖展露的事物支配。它們本質上就是還不明確的地方，在裡頭，微小的改變也會被大幅放大。

這些邊境被人類學家坦納（Turner, 1987）描述為**閾限**（liminality），被溫尼考特（Winnicott, 1953）描述為過渡空間（transitional space）。它們的本質雖然混亂，卻是創造潛力的來源。溫尼考特認為這類過渡空間是文化轉化發生的所在。從發生在希臘神廟中的神聖夢境開始，心理治療長久以來一直探索著在邊界或過渡空間中匯聚的事件。這些臨界區奧祕而混沌的本質，具有一種夢的特質，需要我們進入一種想像模式，以近乎周邊的視野來觀看，或彷彿是來自另一個現實界的突如其來的悄悄話。

傑森或許是那些和世界格格不入但內心很敏感的個體之一，這些人所承受的較不屬於個人創傷，而是集體的創傷。試圖只透過他的個人史來了解他的問題，只是另一種型態的化約論觀點。儘管他在童年遭遇的困境可能使他變得敏感，但他主要的焦慮並非個人的，而是我們人類集體試圖進行一次演化上的基進大躍進——這個躍進似乎威脅到我們珍貴的（如果不說它是不穩定的）自我感。他在自己的感受中仍停留在年少階段，這可被解讀成一種適應性的心理突變（psychological mutation）。他需要從成人文化母體中有效地脫離開來，而不以同樣的方式完成特化；不落入控制著我們文化的破壞性典範中；且諷刺地，他要有效地分化開來，不成為分離式自我的一方。和許多薩滿實務工作者一樣，他在這場挑戰中需要盟友，也就是那些做為媒介幫助他找回本能，與世界重建相互親密關係的動物；這些動物能照映出他內心中受傷的動物，並成為可以提供療癒和發展慈悲關懷的心靈夥伴。

身為關係學派的心理治療師，我越來越注意我們在地球的同伴們。我在執業時感受到牠們對我的注意。當我在探索個案的背景關係時，我也會詢問他／她與其他物種的關係。傑森與馬的神奇深層共鳴，是使他這種敏感孩子的靈魂仍能在這看似遭到褻瀆的世界中存活的原因。當他對我訴說他與馬的關係時，他也將馬的魔法帶到了這個房間裡。與傑森工作時，這些奇妙的動物成為我們的同伴。牠們似乎混合著穩健如大地的本能和神奇的魔幻想像，也混合著野性的力量和女性的直覺力，而這正是他想要在自己身上找到的。牠們為他覺得自己必須屈服其中的馴化生活，提供了另一種可能。

在這個更深的層次，他覺得自己是集體力量的受害者——他對於這股力量毫無置喙之地——少了「馬的力量」，他或許會在絕望中屈服。透過參與說故事的過程，他開始重新訴說自己的故事。我們從關於過去的故事，往前進展到由我們兩共同創造想像的，能反映出他目前困境的故事。在一個故事中，他把最心愛的馬身上的鞍具移除，試圖無鞍騎馬。直接與馬接觸的興奮感戰勝他對失控的恐懼，他繼續瘋狂奔騰。正當他完全沈浸於這股新力量中時，馬驟然止步，而他被摔到地上。

我不太需要為他拆解這個故事。它對於在邊境領域工作的效力和危險也提供了有趣的平行對照。它們確實提供了重述故事時強而有力的意像工具，如此一來，讓我們能以未來為導向，而非陷在過去的議題中。當我們因為臨界點的超個人能量而使自我變得膨脹得意時，就是危險出現的時刻。要掌控狂野的力量，我們須練習的不僅是如何乘著混沌的波浪而行，也要能學習謙卑。我們需要關係場域的護持，在其中我們能體認到我們的相互依存性，不論這是治療關係、工作團體、社群，或是我們與超越人類世界的共鳴關係。

我們目前的部分困境之所以存在，是因為我們那解離的自我（ego）覺得我們的生存在這些可能造成轉化的交會關頭上正受到威脅。在一場工作坊中，有位參與者這樣說：

> 在課程的一項練習中，我有個可怕卻又深刻的體驗：我發現自己凝視著鏡子，看著我的臉快速地腐爛，直到領子以上什麼也不剩為止。我注意到，即使什麼也不剩了，我還是可以看見我襯衫和領帶的顏色。奇怪的是這使我感到寬心，因為這使我理解到我還殘存著某些生命力。
>
> 事後討論這個經驗時，我才了解我目睹了自己內在一場壯觀的轉變。腐爛消失的是我的專業外觀，或說是我在專業上的面貌。
>
> （Wolde, 2008, n.p.）

這類在護持環境（holding environment）中喪失自我的經驗，

是經歷集體轉變（collective transition）必要的前置條件。近期發生在日本的地震和海嘯，為我們呈現出生還者在一個心智無法識別的世界中，該如何定位他們自己的挑戰。身處在因為過渡空間的不確定性而產生的焦慮中，我們要如何才能把持自己，並且感到有足夠的護持，以便有創意地運用基本的能量？

當我在此聚焦於探討集體危機時，精神分析早已探索過嬰兒在面臨嚴重分離焦慮時，會發展出**第二層皮膚**（Second Skin）（Bick, 1968）來對抗災難性的失整合（unintegration）經驗。在我看來，我們集體透過這狂躁般緊緊驅策的文化而發展出第二層皮膚，在這個文化中沒有空間能允許人們慢下來、體驗那股被持續不斷的活動和心智刺激逼到牆角的焦慮感。壓力、資訊超載和苛刻的工作負擔等各種組合，使得第二層皮膚保持在活化狀態。夢境是少數幾個讓這種不安得以被知悉的方式之一，而我們消除這些問題的方式卻又是突然醒過來，然後趕快衝去上班。然而，第二層皮膚並非天衣無縫；在我們的集體皮膚中有個可怕的裂縫開口，我們可以從中感受到恐懼與渴望。我們的世界或許會分崩離析，或者我們可能會掉落到陌生而不同的事物中。

混沌理論（Chaos Theory）告訴我們有個有趣的**奇異吸子**（strange attractor）的存在，它在混沌系統中限制了許多可能的波動。這個比喻顯示了一個表面看起來無秩序（混沌）的系統，如何存在著無法立即察覺的重複模式，實則具有某種隱藏的秩序。這對於了解具有不可預測性的**相變**（phase transition）很有幫助，例如水何時會沸騰或凍結。

謹慎地將這個吸子的比喻轉移到生態系統中，在集體無意識中的深層連結於是變得可能。一個系統的困境或失能，不僅是某種東西出錯了需要修正而已，而是個強烈的指標，說明系統內更廣泛的文化中出現了分裂或未解的議題，這些議題構成了系統獨特歷史的組成成分。此一獨特的歷史具有它自己的演變軌跡或內在生機（entelechy）[1]，極少以線性或可預測的方式揭露自身的存在，而是創造出一片吸子場域來影響逐漸顯露的方向。我們可將人類自我協調（egosyntonic）的文化表皮上的裂縫，視同一條蛇開始蛻皮時最初的裂口，這個更新過程是就要允許那些分裂的邊緣出現。

這彷彿是生態無意識正在夢著我們進入集體成年禮（rite of passage）中。我們處在一個臨界點上，在此我們不僅要放下目前對於我們在地球上角色的擬人化假設，也要放手去進行某種已然感覺到但尚不知為何物的轉化。我們無法有意識地去理解這個轉化，也無法加以控制；因為一個突然浮現的可能性正試圖透過我們演化出來。儘管不可能預測到將浮現的是怎樣的可能性，但能肯定的是，它將從邊緣地區出現。

近來在中東地區，尤其是在埃及所發生的事件[2]，顯示完全出乎意料的深層轉化可以如何發生：會出乎意料乃因為它們是來自邊緣地區——在這個案例中是來自邊緣的青年，他們既形塑著這場騷動，也被這集體的騷動所形塑。這場變動的力量並非源自理性的選擇，而是源自情緒。我們對於野性非人類的恐懼的另一面，就是我們對牠們的熱情與渴望。

被驅逐到我們這溫順安全社會的邊緣，並且投射到人類以外的野性世界的危險力量，和讓我們無意識地做出破壞環境行動的，是

---

[1] 譯註：entelechy係亞里斯多德（Aristotle）認為生命體內在固有的一股引導自身朝向某個目的的力量，以別於無生命的機械，或譯「生機」、「活力」或「生命原理」。

[2] 譯註：此指2010至2011年發生於北非及中東地區的茉莉花革命。

同一股能量。我們為了能成為「文明的」而與之解離的就是這股力量，我們也必須搶救這股力量才能通過自己的成年禮——一場穿越陰影大地的儀式，那片大地懷藏著存在於我們意識晦暗處的潛能。這份陰影中的潛能，就像是**心靈的幹細胞**（stem cell），能夠促成我們集體故事的再生。

結局反思

和所有故事一樣，這個故事也聚焦於一個更大故事中的某些面向，而摒棄了其他面向。說到陰影大地的創造，我的取捨也有份。這些具有影響力卻未被提及的內容，包括我們的**集體自戀**、我們對自己**破壞性的行為進行修復的必要性**；具體實踐之必要；**玩樂活力**之必要以及**社會正義**之必要。在不否認排除了這些內容的責任時，這個故事也希望能透過吸引我注意的新巧合，例如朋友的夢，來形塑其內容。這個故事似乎特別強調那股已被現代文明拋棄、封存起來，現在又急切地需要在我們被帶往生態滅絕的災難之前，重新找回的原始自然力量。

希望我有將這一點呈現出來：一個不論是在治療或生態上強調有意識的選擇的故事，對於無意識情結的轉化所能作用的都非常有限。我以各種治療取向做為與無意識歷程工作的案例，探索了我們能如何透過聆聽被排擠到集體邊緣者，聆聽那正在低語／浮現之中的思想，來轉化故事的內容。透過這樣的聆聽，可以使我們對於看似錯誤與危險的事物，產生不同的欣賞；也能使我們那和地球生成能力（generative power）同義的野性心靈，找回再生的潛能。

儘管**心靈幹細胞**顯然是個比喻，我認為這不只是個能為未來世代帶來希望的比喻。一如幹細胞負責指揮身體器官的再生，具有生成能力的關係也能轉化他人感受世界並付諸行動的方式。有人認為，我們目前的危機也是演化上的臨界點，是地球正在自我更新的時機——**這**催化了自我調節和我們與非人類世界的互惠關係。

你我內在的那位傑森可能依然覺得自己是個邊緣角色，但他已經開始投入於自己的故事中，而非只是故事中的一個演員。他的抱怨和失敗，其本質已成為與超越人類的世界產生連結感的原料，繼而也是感覺受到護持的原料。這種為心靈的「劣等」邊緣提供空間、重新看待個人故事的做法，與「學習新故事」的集體挑戰，恰可平行對照。

安東尼歐・馬恰多（Antonio Machado, 1983）在他鏗鏘有力的詩篇〈昨晚〉（Last Night）中描述，在夢裡，他的心臟中有個蜂窩，金黃色的蜜蜂用他過去的失敗製造出甜美的蜜。非人類世界的慈悲之蜜不是釀造於你我的英雄成就，而是釀造於我們所承認的失敗，這確實是個甜美的想法。

【附錄一】索引

【四劃】

戶外　the outdoors
戶外治療　outdoor therapy
戶外學習　outdoor learning
比昂　W. R. Bion
牛羚　wildebeest

【五劃】

世界／自然無意識　world／nature unconscious
　亦見：生態無意識
世界自然基金會　World Wildlife Fund (WWF)
主體性　subjectivity
以地方為基礎的學習　place-based learning
以愛作為社運行動的動機　love as a motive for activism
冬夏二至點　Solstice
卡爾・羅傑斯　Carl Rogers
召喚　interpellation
史丹尼斯拉夫・葛羅夫　Stanislav Grof
史蒂芬・米契爾　Stephen Mitchell
史蒂芬・哈丁　Stephan Harding
外在目標　extrinsic goals
　亦見：內在目標、自我提昇的價值觀、自我超越的價值觀
外在的幻象　illusion of "outsideness"
尼可・托頓　Nick Totton
尼爾・安賽爾　Neil Ansell
布萊德蕭　G. A. Bradshaw
布魯斯・派瑞　Bruce Parry
正念／專注　mindfulness
民主　democracy
永續性　sustainability

【六劃】

【七劃】

【八劃】

【九劃】

【十劃】

個體性　individuality
修復　reparation
原住民族　indigenous peoples
原始的自然　original nature
原型　archetypes
唐娜・哈洛威　Donna Haraway
娜歐米・克萊恩　Naomi Klein
娥蘇拉・勒瑰恩　Ursula LeGuin
氣候　weather
氣候變遷　climate change
氣候變遷與精神分析　climate change and psychoanalysis
消費主義　consumption consumerism
消費成癮　addicition to consumption
海蝴蝶　sea buttlerfly
真實肥胖　literal obesity
祖先　ancestors
神經科學　neuroscience
神話　myth
納瓦霍族　Navaho
脆弱的自我　fragile self
荒野　wilderness
荒野獨處旅行（獨處）　solo wilderness trips (solos)
馬丁・海德格　Martin Heidegger
馬丁・喬丹　Martin Jordan
馬克・邦塔　Mark Bonta

【十一劃】

假性自我　false self
偏執－分裂心理位置　paranoid-schizold position

【十二劃】

復原力　resilience
惡魔　daemons
提升團體意識　raising groups consciousness
提姆西・摩頓　Timothy Morton
提姆・凱瑟　Tim Kasser
湯姆・克朗普頓　Tom Crompton
無意識　the unconscious
無意識之生態學　ecology of the unconscious
菲力克斯・瓜塔希　Felix Guattari
菲爾・莫倫　Phil Mollon
視自然為自我的一部分　naure as part of self
視自然為貨物　nature as commodity
象徵　symbolism
象徵性肥胖　symbolic obesity
象徵界　Symbolic Order
費爾貝恩　W. R. D. Fairbairn
超個人　the transpersonal
超個人生態學　transpersonal ecology
超越人類　more-than-human
超越功能　the transcendent function
進步神話　myth of Progress
雅各・拉岡　Jacques Lacan
雅克・德希達　Jacques Derrida
集體無意識　collective unconscious
集體轉化　collective transformation
飲食障礙　eating problem

羅伯特・米勒　Robert Miller
羅伯・霍普金斯　Rob Hopkins
邊界人格／意識　Borderland Personality／consciousness
關係性　relationality
鯨豚　whales
麗茲・邦迪　Liz Bondi

【二十劃以上】

蘇姍・巴德納爾　Susan Bodnar
犧牲　sacrifice
護持環境　holding environment
露易絲・雪拉　Louise Chawla
蘿絲瑪麗・藍黛爾　Rosemary Randall
靈性　spirituality
靈性急症　spiritual emergency
顱薦椎治療　craniosacral therapy

【附錄二】參考書目

Aasen, A. (2007, August 15). Et sted blir til: Naturen som læringsmiljø. Project report for further education course in pedagogical development in kindergarten, Telemark University College.

Abram, D. (1996). *The Spell of the Sensuous: Perception and Language in a More-Than-Human World*. New York: Vintage Books.

Abram, D. (2010a). *Becoming Animal*. New York: Pantheon.

Abram, D. (2010b). Merleau-Ponty and the voice of the earth. *Environmental Ethics, 10*: 101–120.

Albrecht, G. (2005). Solastalgia, a new concept in human health and identity. *Philosophy Activism Nature,* 3: 41–44.

Albrecht, G., Sartore, G.-M., Connor, L., Higginbotham, N., Freeman, S., Kelly, B., Stain, H., Tonna, A. & Pollard, G. (2007). Solastalgia: The distress caused by environmental change. *Australasian Psychiatry, 15*(1): S95–S98.

Alcott, B. (2005). Jevons' paradox. *Ecological Economics, 54*: 9–21.

Alexander, C. (2005). *John Crow Speaks*. New York: Monkfish Book Publishing Company.

Althusser, L. (1971). Ideology and ideological state apparatuses. In: *Lenin and Philosophy and Other Essays*. London: New Left Books.

Anderson, J. (2009). Transient convergence and relational sensibility: Beyond the modern constitution of nature. *Emotion, Space and Society,* 2: 120–127.

Anisimov, O. (2007). Potential feedback of thawing permafrost to the global climate system through methane emission. *Environmental Research Letters, 2*. Retrieved October 1, 2011, stacks.iop.org/ERL/2/045016

Ansell, N. (2010, March 27). My life as a hermit. *Guardian Magazine*, pp. 26–30.

Attenborough, D. (1979). Gorilla encounters: *Life on earth* Episode 12. London: BBC. Retrieved October 1, 2011, from http://www.bbc.co.uk/programmes/p004j5sw

Avens, R. (1976). C.G. Jung's analysis of religious experience. *Journal of Dharma, 76*(1): 227–245.

Bache, C. (1981). On the emergence of perinatal symptoms in meditation. *Journal for the Scientific Study of Religion, 20*(4): 339–350.

Bache, C. (2000). *Dark Night, Early Dawn*. Albany, NY: SUNY Press.

Baiocchi, G., Minx, J. & Hubacek, K. (2010). The Impact of social factors and consumer behavior on carbon dioxide emissions in the United Kingdom. *Journal of Industrial Ecology, 14*(1): 50–72.

Barbalet, J. (2005). Weeping and transformations of self. *Journal for the Theory of Social Behaviour, 35*(2): 125–141.

Barlow, C. (1994). *Evolution Extended: Biological Debates on the Meaning of Life*. Cambridge, MA: MIT Press.

Batchelor, M. (1996). *Walking on Lotus Flowers; Buddhist Women Living, Loving and Meditating*. London: Thorsons.

Bateson, G. (1980). *Mind and Nature: A Necessary Unity*. London: Fontana.

Bateson, G. (2000). *Steps Towards an Ecology of Mind*. Chicago, IL: University of Chicago.

Bauman, Z. (2000). *Liquid Modernity*. Cambridge: Polity.

Becker, E. (1997). *The Denial of Death*. Berkeley, CA: Free Press.

Beisser, A. (1970). The paradoxical theory of change. In: J. Fagan & I. Shepherd (Eds.), *Gestalt Therapy Now: Theory, Techniques, and Applications* (pp. 77–80). Palo Alto, CA: Science and Behavior Books.

Bell-Scott, P. (1991). *Double Stitch: Black Women Write about Mothers and Daughters*. Boston, MA: Beacon Press.

Berger, L. (2009). *Averting Global Extinction: Our Irrational Society as Therapy Patient*. New York: Jason Aronson.

Berners-Lee, M. (2010). *How Bad are Bananas*. London: Profile.

Bernstein, J. (2005). *Living in the Borderland: The Evolution of Consciousness and the Challenge of Healing Trauma*. London: Routledge.

Berry, T. (1990). *The Dream of the earth*. San Francisco, CA: Sierra Club Books.

Berry, W. (1998/1973). The wild geese. In: *The Selected Poems of Wendell Berry*. Berkeley, CA: Counterpoint.

Bick, E. (1968). The experience of skin in early object relations. *International Journal of Psychoanalysis, 49*: 484–486.

Bigda-Peyton, F. (2004). When drives are dangerous: Drive theory and resource over-consumption. *Modern Psychoanalysis, 29*: 251–270.

Bion, W. R. (1961). *Experiences in Groups and Other Papers*. London: Tavistock.

Bion, W. R. (1984). *Second Thoughts: Selected Papers on Psychoanalysis*. London: Karnac.

Birkeland, I. (2005). *Making Self, Making Place*. Aldershot: Ashgate.

Birkeland, I. (2008). Cultural sustainability: Industrialism, placeless-ness and the reanimation of place. *Ethics, Place & Environment, 11*(3): 283–297.

Bixler, R. D., Floyd, M. F. & Hammitt, W. E. (2002). Environmental socialization: Quantitative tests of the childhood play hypothesis. *Environment and Behavior, 34*(6): 795–818.

Blatner, A. (2004). The developmental nature of consciousness transformation. *Revision, 26*(4): 2–8.

Blundhorn, I. (2001). Reflexivity and self-referentiality: On the normative foundations of ecological communication. In: C. Grant & D. McLaughlin (Eds.), *Language—Meaning—Social Construction: Interdisciplinary Studies* (pp. 181–201). Amsterdam: Rodopi.

Bodnar, S. (2008). Wasted and bombed: Clinical enactments of a changing relationship to the earth. *Psychoanalytic Dialogues, 18*: 484–512.

Bondi, L., Davidson, J. & Smith, M. (2005). Introduction: Geography's "emotional turn". In: J. Davidson, L. Bondi & M. Smith (Eds.), *Emotional Geographies* (pp. 1–16). Aldershot: Ashgate.

Bondi, L. & Fewell, J. (2003). "Unlocking the cage door": The spatiality of counselling. *Social and Cultural Geography, 4*(4): 527–547.

Bonta, M. (2005). Becoming-forest, becoming local: Transformations of a protected area in Honduras. *Geoforum, 36*: 95–112.

Bonta, M. & Protevi, J. (2004). *Deleuze and Geophilosophy: A Guide and Glossary*. Edinburgh: Edinburgh University Press.

Boston, T. (1996). Ecopsychology: An earth-psyche bond. *Trumpeter, 13*(2). Retrieved July 10, 2007, from http://trumpeter.athabascau.ca/index.php/trumpet/article/view/269/403

Bradshaw, G. A. (2009). *Elephants on the Edge: What Animals Teach us About Humanity*. New Haven, CT: Yale University Press.

Bradshaw, G. A. (2010). We, Matata: Bicultural living amongst apes. *Spring, 83*: 161–183.

Bradshaw, G. A. (2011). Can science progress to a revitalized past? In: D. Narvaez, J. Panksepp, A. Schore & T. Gleason (Eds.), *Human Nature, Early Experience and the Environment of Evolutionary Adaptedness*. New York: Oxford University Press.

Bradshaw, G. A., Capaldo, T., Lindner, L. & Grow, G. (2009). Developmental context effects on bicultural post-trauma self repair in chimpanzees. *Developmental Psychology, 45*: 1376–1388.

Bradshaw, G. A. & Sapolsky, R. M. (2006). Mirror, mirror. *American Scientist, 94*(6): 487–489.

Bragg, E. A. (1996). Towards ecological self: Deep ecology meets constructionist self-theory. *Journal of Environmental Psychology, 16*: 93–108.

Bragg, E. (1997). Ecopsychology and academia: Bridging the paradigms. *Ecopsychology Online*. Retrieved May 12, 2005, from http://ecopsychology.athabascau.ca/0197/

Brody, H. (2002a). *Maps and Dreams*. London: Faber & Faber.

Brody, H. (2002b). *The Other Side of Eden: Hunter-Gatherers, Farmers and the Shaping of the World*. London: Faber & Faber.

Bronfenbrenner, U. (1979). *The Ecology of Human Development*. Cambridge, MA: Harvard University Press.

Brown, N. W. (2011). *Psychoeducational Groups: Process and Practice*. London: Routledge.

Bruner, J. S. (1985). *Actual Minds, Possible Worlds*. Cambridge, MA: Harvard University Press.

Buber, M. (1952). *Good and Evil: Two Interpretations*. New York: Scribners.

Buechner, F. (1993). *Wishful Thinking: A Seeker's ABC*. San Francisco, CA: Harper.

Busch, F. (2007). "I noticed": The emergence of self-observation in relationship to pathological attractor sites. *International Journal of Psycho-Analysis, 88*: 423–441.

Bussey, M. (2006). Critical spirituality: Towards a revitalised humanity. *Journal of Future Studies, 10*(4): 39–44.

Butler, J. (1993). *Bodies that Matter: On the Discursive Limits of "Sex"*. London: Routledge.

Campbell, J. (2008/1949). *The Hero with a Thousand Faces* (3rd ed.). Novato, CA: New World Library.

Canda, E. R. (1988). Therapeutic transformation in ritual, therapy, and human development. *Journal of Religion and Health, 27*(3): 205–220.

Capra, F. (1989). *Uncommon Wisdom: Conversations with Remarkable People*. London: Fontana.

Carroll, L. (2007). *Through the Looking Glass*. London: Penguin.

Casey, E. (1993). *Getting Back into Place: Toward a Renewed Understanding of the Place-world*. Bloomington, IN: Indiana University Press.

Casey, E. (1996). *The Fate of Place: A Philosophical History*. Berkeley, CA: University of California Press.

Castree, N. (2005). *Nature*. London: Routledge.

Catling, S. (2005). Children's personal geographies and the English primary school Geography curriculum. *Children's Geographies, 3*(3): 325–344.

Celi, A. & Boiero, M. C. (2002). The heritage of stories: A tradition of wisdom. *American Studies International, 40*(2): 57–73.

Chartres, R. (2011). Royal Wedding Address. Retrieved April 29, 2011, from http://www.london.anglican.org/SermonShow_14544

Chawla, L. (1992). Childhood place attachments. In: I. Altman & S. M. Low (Eds.), *Human Behavior and the Environment: Advances in Theory and Research, Vol. 12: Place Attachment* (pp. 63–86). New York: Plenum.

Chawla, L. (1999). Life paths into effective environmental action. *Journal of Environmental Education, 31*(1): 15–27.

Clayton, S. (2003). Environmental identity: A conceptual and an operational definition. In: S. Clayton & S. Opotow (Eds.), *Identity and the Natural Environment* (pp. 45–65). Cambridge, MA: MIT Press.

Cobb, E. (1959). The ecology of childhood. *Daedalus, 88*(3): 537–548.

Cobb, E. (1977). *The Ecology of Imagination in Childhood*. New York: Columbia University Press.

Cohen, L. (2001). *God is Alive: Magic is Afoot*. Toronto: Stoddart.

Colebrook, C. (2005). The space of man: On the specificity of affect in Deleuze and Guattari. In: I. Buchanan & G. Lambert (Eds.), *Deleuze and Space* (pp. 189–206). Edinburgh: University Press.

Collins, M. (1998). Occupational therapy and spirituality: Reflecting on quality of experience in therapeutic interventions. *British Journal of Occupational Therapy, 61*(6): 280–284.

Collins, M. (2001). Who is occupied? Consciousness, self-awareness and the process of human adaptation. *Journal of Occupational Science, 8*(1): 25–32.

Collins, M. (2004). Dreaming and occupation. *British Journal of Occupational Therapy, 67*(2): 96–98.

Collins, M. (2006). Unfolding spirituality: Working with and beyond definitions. *International Journal of Therapy and Rehabilitation, 13*(6): 254–258.

Collins, M. (2007a). Spiritual emergency and occupational identity: A transpersonal perspective. *British Journal of Occupational Therapy, 70*(12): 504–512.

Collins, M. (2007b). Spirituality and the shadow: Reflection and the therapeutic use of self. *British Journal of Occupational Therapy, 70*(2): 88–90.

Collins, M. (2007c). Engaging self-actualisation through occupational intelligence. *Journal of Occupational Science, 14*(2): 92–99.

Collins, M. (2007d). Healing and the soul: Finding the future in the past. *Spirituality and Health International, 8*(1): 31–38.

Collins, M. (2008a). Spiritual emergency: Transpersonal, personal, and political dimensions. *Psychotherapy and Politics International, 6*(1): 3–16.

Collins, M. (2008b). Politics and the numinous: Evolution, spiritual emergency, and the re-emergence of transpersonal consciousness. *Psychotherapy and Politics International, 6*(3): 198–211.

Collins, M. (2008c). Transpersonal identity and human occupation. *British Journal of Occupational Therapy, 71*(12): 549–552.

Collins, M. (2010a). Engaging transcendent actualisation through occupational intelligence. *Journal of Occupational Science, 17*(3): 177–186.

Collins, M. (2010b). Spiritual intelligence: Evolving transpersonal potential towards ecological actualization for a sustainable future. *World Futures, 66*: 320–334.

Collins, M. (2010c). Global crisis and transformation: From spiritual emergency to spiritual intelligence. *Network Review, 103*: 17–20.

Collins, M., Hughes, W. & Samuels, A. (2010). The politics of transformation in the global crisis: Are spiritual emergencies reflecting an enantiodromia in modern consciousness? *Psychotherapy and Politics International, 8*(2): 162–176.

Collins, M. & Wells, H. (2006). The politics of consciousness: Illness or individuation? *Psychotherapy and Politics International, 4*(2): 131–141.

Costanza, R., Norton, B. G. & Haskell, B. D. (Eds.). (1992). *Ecosystem Health: New Goals for Environmental Management*. Washington, DC: Island Press.

Cresswell, T. (2004). *Place: A Short Introduction*. Oxford: Blackwell.

Crompton, T. (2008). *Weathercocks and Signposts: The Environment Movement at a Crossroads*. Godalming, UK: WWF-UK. Retrieved October 1, 2011, from www.wwf.org.uk/change

Crompton, T. (2010). *Common Cause: The Case for Working with our Cultural Values*. Godalming, UK: WWF-UK. Retrieved October 1, 2011, from www.wwf.org.uk/change

Crompton, T. & Kasser, T. (2009). *Meeting Environmental Challenges: The Role of Human Identity*. Godalming: WWF-UK. Retrieved October 1, 2011, from http://assets.wwf.org.uk/downloads/

Csikszentmihalyi, M. (1993). *The Evolving Self: A Psychology for the Third Millennium*. New York: Harper Collins.

Cushman, P. (1990). Why the Self is empty: Toward a historically situated psychology. *American Psychologist, 45*(5): 599–611.

Daly, H. E. (1977). *Steady-State Economics*. Washington, DC: Island Press.

Daniels, M. (2005). *Shadow, Self and Spirit*. Exeter: Imprint Academic.

Darwin, C. (2009/1916). *The Expression of the Emotions in Man and Animals*. London: Penguin.

Davies, J. (1998). The transpersonal dimensions of ecopsychology: Nature, non duality and spirit. *The Humanistic Psychologist, 26*(1–3): 60–100.

Davies, J. (2003). An overview of transpersonal psychology. *The Humanistic Psychologist, 31*(2–3): 6–21.

Davis-Berman, J. & Berman, D. S. (1994). *Wilderness Therapy: Foundations, Theory and Research*. Dubuque, IA: Kendall/Hunt.

De Rougemont, D. (1944). *La Part du Diable*. New York: Brentano.

Degenhardt, L. (2002). Why do people act in sustainable ways? Results of an empirical survey of lifestyle pioneers. In: P. Schmuck & P. W. Schultz (Eds.), *Psychology of Sustainable Development* (pp. 123–147). Dordrecht, Netherlands: Kluwer Academic.

DeLanda, M. (2005). *A Thousand Years of Nonlinear History*. New York: Swerve Editions.

DeLanda, M. (2006). *A New Philosophy of Society: Assemblage Theory and Social Complexity*. New York: Continuum.

Deleuze, G. & Guattari, F. (2003a/1980). *A Thousand Plateaus: Capitalism and Schizophrenia*. London: Continuum.

Deleuze, G. & Guattari, F. (2003b). *What is Philosophy?* New York: Verso.

Dennett, D. C. (1991). *Consciousness Explained*. London: Allen Lane The Penguin Press.

Derbyshire, D. (2009). Ten days left to buy traditional lightbulbs. *Daily Mail*. Retrieved March 31, 2011, from http://www.dailymail.co.uk/sciencetech/article-1208228/Ten-days-left-buy-frosted-lightbulbs-EU-ban-means-low-energy-ones-sale.html

Diamond, J. (2006). *Collapse: How Societies Choose to Fail or Survive*. London: Penguin.

do Rozario, L. (1997). Shifting paradigms: The transpersonal dimensions of ecology and occupation *Journal of Occupational Science, 4*(3): 112–118.

Dodds, J. (2011). *Psychoanalysis and Ecology at the Edge of Chaos: Complexity Theory, Deleuze | Guattari and Psychoanalysis for a Climate in Crisis*. London: Routledge.

Dopetype (2008). *Golden Compass* "Meet your own daemon" test. Retrieved June 1, 2011, from http://dopetype.wordpress.com/2008/11/22/the-golden-compass-deamon-test/

Du Nann Winter, D. & Koger, S. M. (2004). *The Psychology of Environmental Problems* (2nd ed.). Mahwah, NJ: Lawrence Erlbaum.

Dunne, B. J. & Jahn, R. G. (2003). Information and uncertainty in remote perception research. *Journal of Scientific Exploration, 17*(2): 207–241.

Durkheim, E. (1925/1961). *Moral Education: A Study in the Theory and Application of the Sociology of Education*. New York: The Free Press.

Eidelson, R. (1997). Complex adaptive systems in the behavioral and social sciences. *Journal Review of General Psychology, 1*(1): 42–71.

Elam, J. (2005). Mystical experience as a way of knowing. In: C. Clarke (Ed.), *Ways of Knowing: Science and Mysticism Today* (pp. 51–66). Exeter: Imprint Academic.

Eliade, M. (1961). *Images and Symbols*. New York: Sheed and Ward.

Ellis, S. (2010). *Wolf Within*. London: Harper.

Encarta World English Dictionary (1999). New York: St. Martin's Press.

Ewert, A., Place, G. & Sibthorp, J. A. (2005). Early-life outdoor experiences and an individuals' environmental attitudes. *Leisure Sciences, 27*(3): 225–239.

Exley, H. (Ed.). (1997). *In Beauty May I Walk ...: Words of Wisdom by Native Americans*. Watford: Exley Publications.

Fairbairn, W. R. D. (1992). *Psychoanalytic Studies of the Personality*. London: Routledge.

Fennell, M. (2009). *Overcoming Low Self-Esteem*. London: Robinson.

Feral, C. (1998). The connectedness model and optimal development: Is ecopsychology the answer to emotional well-being? *Humanistic Psychologist, 26*(1–3): 243–274.

Fink, B. (1995). *The Lacanian Subject: Between Language and Jouissance*. Princeton, NJ: Princeton University Press.

Fisher, A. (2002). *Radical Ecopsychology: Psychology in the Service of Life*. Albany, NY: SUNY Press.

Fjørtoft, I. (2001). The natural environment as a playground for children: The impact of outdoor play activities in pre-primary school children. *Early Childhood Education Journal, 29*(2): 111–117.

Fjørtoft, I. (2004). Landscape as playscape: The effect of natural environments on children's play and motor development. *Children, Youth and Environments, 14*(2): 21–44.

Fox, W. (1990). *Toward a Transpersonal Ecology: Developing New Foundations for Environmentalism*. Boston, MA: Shambhala.

Fox, W. (1990a). *Toward a Transpersonal Ecology: Developing New Foundations for Environmentalism*. Boston: Shambhala.

Fox, W. (1990b). Transpersonal ecology: "Psychologising" ecophilosophy. *Journal of Transpersonal Psychology, 22*(1): 59–96.

Frantz, C. M., Mayer, F. S., Norton, C. & Rock, M. (2005). There is no "I" in nature: The influence of self awareness on connectedness to nature. *Journal of Environmental Psychology, 25*(4): 427–436.

Freilander, A. & Landau, J. (1999). *Out of the Whirlwind: A Reader of Holocaust*. New York: Urj Press.

Freud, S. (1915). Thoughts for the times on war and death. *SE, XIV*, 273–300. London: Hogarth Press.

Freud, S. (1916). On transference. *SE, XIV*, 303–307. London: Hogarth Press.

Freud, S. (1927). The future of an illusion. *SE, XXI*, 1–56. London: Hogarth Press.

Freud, S. (1930). Civilization and its discontents. *SE, XXI*, 57–146. London: Hogarth Press.

Freud, S. (1936). *The Ego and the Mechanisms of Defense*. New York: Hogarth Press.

Freud, S. (1961). *The Future of an Illusion*. New York: W.W. Norton.

Geertz, C. (1973). *The Interpretation of Cultures*. New York: Basic Books.

Geertz, C. (1983). *Local Knowledge: Further Essay in Interpretative Anthropology*. New York: Basic Books.

Geller, L. (1982). The failure of self-actualization theory: A critique of Carl Rogers and Abraham Maslow. *Journal of Humanistic Psychology, 22*: 56–73.

Gendlin, E. (1978). *Focusing*. New York: Everest House.

Giddens, A. (1991). *Modernity and Self-Identity: Self and Society in the Late Modern Age*. Cambridge: Polity.

Glendenning, C. (1995). Technology, trauma and the wild. In: T. Roszak, M. E. Gomes & A. D. Kanner (Eds.), *Ecopsychology: Restoring the earth, Healing the Mind* (pp. 41–54). San Francisco: Sierra Club Books.

Glenn, J. C., Gordon, T. J. & Florescu, E. (2008). *State of the Future: Executive Summary*. World Federation of United Nations Associations. Retrieved August 1, 2008, from www.millennium-project.org/millennium/issues.html

Good, J. (2007). Shop 'til we drop? Television, materialism and attitudes about the natural environment. *Mass Communication and Society, 10*: 365–383.

Gore, A. (1992). *earth in the Balance: Ecology and the Human Spirit*. New York: Houghton Mifflin.

Grandin, T. & Johnson, C. (2005). *Animals in Translation*. London: Bloomsbury.

Green, V. (2004). *Emotional Development in Psychoanalysis, Attachment Theory and Neuroscience*. London: Brunner-Routledge.

Greenway, R. (2009). Teaching notes. Quoted in Ecotherapy News, Spring. Retrieved June 24, 2011, from http://thoughtoffering.blogs.com/ecotherapy/2009/06/the-ecotherapy-newsletter-spring-2009healing-our-relationship-with-nature-ecopsychology-in-action-psychotherapy-as.html

Greenway, R. (2010, March 27). Defining ecopsychology? *Gatherings: A Journal of Ecopsychology*. Retrieved October 1, 2011, from http://www.ecopsychology.org/gatherings/2009/03/defining-ecopsychology

Grieve, G. (2006). *Call of the Wild*. London: Hodder & Stoughton.

Grof, S. & Grof, C. M. (Eds.). (1989). *Spiritual Emergency: When Personal Transformation Becomes a Crisis*. Los Angeles, CA: Jeremy P. Tarcher.

Grof, S. & Grof, C. (1991). *The Stormy Search for the Self: Understanding and Living With Spiritual Emergency*. London: Mandala.

Grof, S. & Grof, C. (1993). Spiritual emergency: The understanding and treatment of transpersonal crises. In: R. Walsh & F. Vaughan (Eds.), *Paths beyond Ego: The Transpersonal Vision* (pp. 43–64). New York: Jeremy P. Tarcher/Putnam.

Grouzet, F. M. E., Kasser, T., Ahuvia, A., Fernandez-Dols, J. M., Kim, Y., Lau, S., Ryan, R. M., Saunders, S., Schmuck, P. & Sheldon, K. M. (2005). The structure of goal contents across fifteen cultures. *Journal of Personality and Social Psychology, 89*: 800–816.

Gruenewald, D. (2003a). The best of both worlds: A critical pedagogy of place. *Educational Researcher, 32*(4): 3–12.

Gruenewald, D. (2003b). Foundations of place: A multidisciplinary framework for place-conscious education. *American Educational Research Journal, 40*(3), 619–654.

Gruenewald, D. (2005). Accountability and collaboration: Institutional barriers and strategic pathways for place-based education. *Ethics, Place and Environment, 8*(3): 261–283.

Gruenewald, D. A. & Smith, G. (2007). *Place-Based Education in the Global Age: Local Diversity*. Philadelphia: Lawrence Erlbaum.

Guastello, S. (2004). Progress in applied nonlinear dynamics. *Nonlinear Dynamics, Psychology and Life Sciences, 8*(1): 1–15.

Guattari, F. (1995). *Chaosmosis: An Ethico-Aesthetic Paradigm*. Bloomington, IN: Indiana University Press.

Guattari, F. (2000). *The Three Ecologies*. London: Continuum.

Guiley, R. E. (2001). *Encyclopedia of Mystical and Paranormal Experience*. Edison, NJ: Castle Books.

Hamilton, C. (2004). *Growth Fetish*. London: Pluto.

Haraway, D. (2008) *When Species Meet*. Minneapolis, MN: University of Minnesota Press.

Harding, S. (2009). *Animate earth*. Totnes: Green Books.

Hardy, A. (1975). *The Biology of God: A Scientist's Study of Man the Religious Animal*. London: Jonathan Cape.

Hardy, A. (1984). *Darwin and the Spirit of Man*. London: Collins.

Harrison, D. & Svensson, K. (2007). *Vikingaliv*. Värnamo: Fälth & Hässler.

Hart, R. (1979). *Children's Experience of Place*. New York: Irvington.

Hartmann, T. (1998). *The Last Hours of Ancient Sunlight: Waking up to Personal and Global Transformation*. New York: Harmony Books.

Haskell, B. D., Norton, B. G. & Costanza, R. (1992). Introduction: What is ecosystem health and why should we worry about it? In: R. Costanza, B. G. Norton & B. D. Haskell (Eds.), *Ecosystem Health: New Goals for Environmental Management* (pp. 3–20). Washington, DC: Island Press.

Haugh, S. & Paul, S. (2008). *The Therapeutic Relationship: Perspectives and Themes*. Ross-on-Wye: PCCS Books.

Heidegger, M. (1977). *The Question Concerning Technology and Other Essays*. New York: Harper.

Heidegger, M. (1996). *Being and Time*. Albany, NY: SUNY Press.

Henriques, A. (2011). Personal communication.

Herzog, W. (2005). *Grizzly Man*. Film. Los Angeles, CA: Lionsgate Entertainment.

Herzogenrath, B. (Ed.). (2009). *Deleuze | Guattari and Ecology*. London: Palgrave Macmillan.

HH the Dalai Lama and Berzin, A. (1997). *The Gelug/Kagyu tradition of Mahamudra*. Ithaca, NY: Snow Lion.

Hillman, J. (1989). From mirror to window: Curing psychoanalysis of its narcissism. *Spring, 49*: 62–75.

Hillman, J. (1998). *The Thought of the Heart and the Soul of the World*. Dallas, TX: Spring.

Hillman, J. & Ventura, M. (1992). *We've Had a Hundred Years of Psychotherapy and the World's Getting Worse*. San Francisco, CA: HarperSanFrancisco.

Hirsh, J. B. & Dolderman, D. (2007). Personality predictors of consumerism and environmentalism: A preliminary study. *Personality and Individual Differences, 43*: 1583–1593.

Ho, D. Y. F. (1995). Internalized culture, culturocentrism, and transcendence. *Counseling Psychologist, 23*(1): 4–24.

Homburg, A., Solberg, A. & Wagner, W. (2007). Coping with global environmental problems: Development and first validation of scales. *Environment and Behaviour, 39*: 754–778.

Hopkins, R. (2008). *The Transition Handbook: From Oil Dependency to Local Resilience*. Totnes: Green Books.

Husserl, E., McCormick, P. & Elliston, F. (1981). *Husserl, Shorter Works*. Notre Dame, IN: University of Notre Dame Press.

Huxley, J. (1957). *New Bottles for New Wine*. London: Harper and Row.

Hyland, M. E., Wheeler, P., Kamble, S. & Masters, K. S. (2010). A sense of "special connection", self-transcendent values and a common factor for religious and non-religious spirituality. *Archive for the Psychology of Religion/Archiv für Religionspychologie, 32*: 293–326.

Inayat Khan, V. (1999). *Thinking Like the Universe*. London: Thorsons.

Irwin, H. J. & Watt, C. A. (2007). *An Introduction to Parapsychology*. Jefferson, NC: McFarland.

Iwakabe, S. (1994). Psychotherapy and chaos theory: The metaphoric relationship between psychodynamic therapy and chaos theory. *Psychoanalytic Psychology, 11*(1): 1–19.

Jackson, T. (2009). *Prosperity without Growth*. London: earthscan.

Jacobi, J. (1980). *The Psychology of CG Jung* (7th ed.). London: Routledge & Kegan Paul.

Jacques, E. (1955). Social systems as a defence against persecutory and depressive anxiety. In: M. Klein, P. Heimann & R. E. Money-Kyrle (Eds.), *New Directions in Psychoanalysis: Significance of Infant Conflict in the Pattern of Adult Behaviour* (pp. 478–498). London: Karnac.

James, O. (2007). *Affluenza*. London: Vermilion.
James, W. (1911). *Memories and Studies*. New York: Longmans, Green, and Co.
Jarvis, M. (2005). *The Psychology of Effective Learning and Teaching*. Cheltenham: Nelson Thornes.
Jeffers, S. (1999). *The Little Book of Confidence*. London: Random House.
Jensen, D. (2000). *A Language Older than Words*. London: Souvenir Press.
Jordan, M. (2009a). Back to nature. *Therapy Today, 20*(3): 26–28.
Jordan, M. (2009b). Nature and self: An ambivalent attachment? *Ecopsychology, 1*(1): 26–41.
Jordan, M. & Marshall, H. (2010). Taking counselling and psychotherapy outside: Destruction or enrichment of the therapeutic frame? *European Journal of Psychotherapy and Counselling, 12*(4): 345–359.
Jung, C. G. (1940). *The Integration of the Personality*. London: Kegan Paul, Trench, Trubner.
Jung, C. G. (1946/1970). *The Fight with the Shadow*. Collected Works Vol. 10. Princeton, NJ: Princeton University Press.
Jung, C.G. (1959). *The Archetypes and the Collective Unconscious*. Collected Works Vol. 9. London: Routledge & Kegan Paul.
Jung, C.G. (1963). *Memories, Dreams, Reflections*. London: Collins and Routledge & Kegan Paul.
Jung, C. G. (1964). *Man and his Symbols*. London: Aldus Books.
Jung, C. G. (1969). Transformation symbolism in the Mass. 4. The psychology of the Mass. II: The psychological meaning of sacrifice. In: *Psychology and Religion: East and West*. *Collected Works*, Vol. 11. London: Routledge & Kegan Paul.
Jung, C. G. (Ed.). (1978). *Man and his Symbols*. London: Picador.
Jung, C. G. (1983). *Memories, Dreams, Reflections*. London: Flamingo.
Jung, C. G. (1989). *Psychological Reflections*. London: Ark.
Jung, C. G. (1993/1954). *The Practice of Psychotherapy*. London: Routledge.
Jung, C. G. (1993). *Memories, Dreams, Reflections*. London: Fontana.
Jung, C. G. (1994). The fight with the Shadow. In: R. Fields (Ed.), *The Awakened Warrior: Living with Courage, Compassion and Discipline*. New York: Jeremy P. Tarcher/Putnam Books.
Jung, C. G. (1998). *Jung on Mythology* (R. Segal, Ed.). London: Routledge.
Kahn, P. (1999). *The Human Relationship with Nature*. Cambridge, MA: MIT Press.
Kahn, P. H. (2006). Nature and moral development. In: M. Killen & J. G. Smetana (Eds.), *Handbook of Moral Development* (pp. 461–480). Mahwah, NJ: Lawrence Erlbaum.
Kals, E., Schumacher, D. & Montada, L. (1999). Emotional affinity toward nature as a motivational basis to protect nature. *Environment and Behavior, 31*: 178–202.

Kang, C. (2003). A psychospiritual integration frame of reference for occupational therapy part 1: Conceptual foundations. *Australian Occupational Therapy Journal, 50*: 92–103.

Kanner, A. D. & Gomes, M. E. (1995). The all-consuming self. In: T. Roszak, M. E. Gomez & A. D. Kanner (Eds.), *Ecopsychology: Restoring the earth, Healing the Mind*. San Francisco, CA: Sierra Club Books.

Kaplan, R. & Talbot, J. F. (1983). Psychological benefits of a wilderness experience. In: I. Altman & J. F. Wohlwil (Eds.), *Behavior and the Natural Environment* (pp. 163–203). New York: Plenum.

Kellert, S. R. (1996). *The Value of Life*. Washington, DC: Island Press.

Kerr, M. (2009). Personal journal.

Kerr, M. (2010). Personal journal.

Kerr, M. H. & Key, D. H. (2011). The Ouroboros: Towards an ontology of interconnectedness. *European Journal of Ecopsychology*, 2: 49–61.

Key, D. (2003). *The Ecology of Adventure*. Unpublished Masters thesis, Centre for Human Ecology, Edinburgh. Retrieved October 1, 2011, from http://www.ecoself.net/blog/wp-content/uploads/2010/07/TheEcologyofAdventure.pdf

Key, D. (2008). Personal journal.

Key, D. (2009). Personal journal.

Kidner, D.W. (2001). *Nature and Psyche: Radical Environmentalism and the Politics of Subjectivity*. Albany, NY: SUNY Press.

Klein, M. (1987). *The Selected Melanie Klein* (J. Mitchell, Ed.). New York: The Free Press.

Knapper, C. & Cropley, A. (1985). *Lifelong Learning and Higher Education*. London: Croom Holm.

Knebusch, J. (2008). Art and climate (change) perception: Outline of a phenomenology of climate. In: S. Kagan & V. Kirchberg (Eds.), *Sustainability: A New Frontier for the Arts and Cultures* (pp. 242–261). Waldkirchen: Verlag für Akademische Schriften.

Kolb, D. (1984). *Experiential Learning*. Hemel Hempstead: Prentice Hall.

Krupnik, I. & Jolly, D. (Eds.). (2002). *The earth is Faster Now: Indigenous Observations of Arctic Environmental Change*. Fairbanks, AK: Arctic Research Consortium of the United States.

Kubler-Ross, E. (1970). *On Death and Dying*. London: Tavistock.

Lakoff, G. (2006). *Thinking Points: Communicating our American Values and Vision*. New York: Farrar, Straus and Giroux.

Lakoff, G. & Johnson, M. (1980). *Metaphors We Live By*. Chicago, IL: University of Chicago Press.

Lasch, C. (1979). *The Culture of Narcissism*. New York: Norton.

Lasher, M. (2008). *Dog: Pure Awareness*. Kingsport, TN: Twilight Times Books.

Laszlo, E., Grof, S. & Russell P. (2003). *The Consciousness Revolution*. London: Elf Rock Productions.

Latour, B. (1993). *We Have Never Been Modern*. Hemel Hempstead: Harvester Wheatsheaf.

Layard, R. (2005). *Happiness: Lessons from a New Science*. London: Penguin.

Layton, L. (2008). What divides the subject? Psychoanalytic reflections on subjectivity, subjection and resistance. *Subjectivity*, 22: 60–72.

Lean, G. & Owen, J. (2008, July 13). "We've seen the future ... and we may *not* be doomed". *Independent on Sunday*, pp. 8–9.

LeGuin, U. K. (1988). *Always Coming Home*. London: Grafton Books.

LeGuin, U. K. (Trans. & Ed.). (1998). *Lao Tzu: Tao Te Ching: A Book About the Way and the Power of the Way*. Boston: Shambhala.

Leopold, A. (1948). *A Sand County Almanac*. Oxford: Oxford University Press.

Levi, P. (1995). *Moments of Reprieve: A Memoir of Auschwitz*. London: Penguin.

Lewin, K. (1947). Frontiers in group dynamics. *Human Relations*, *1*(1): 5–41.

Lewin, K. (1976). *Field Theory in Social Science: Selected Theoretical Papers*. Chicago, IL: University of Chicago Press.

Light, A. (2000). What is an ecological identity. *Environmental Politics*, *9*(4): 59–81. London: Macmillan.

Louv, R. (2006). *Last Child in the Woods*. Chapel Hill, NC: Algonquin Books.

Lovelock, J. (1995). *The Ages of Gaia: A Biography of our Living earth* (2nd ed.). Oxford: Oxford University Press.

Lovelock, J. (2010). *The Vanishing Face of Gaia: A Final Warning*. London: Penguin.

Løvlie, L. (2007). The Pedagogy of Place. *Nordisk Pedagogik*, *27*(1): 32–36.

Lucas, C. (2006). When spiritual emergence becomes an emergency. *Caduceus*, *68*: 28–30.

MacDonald, L. (2010). Blog. http://archive.naturalchange.org.uk/blogs/louise-macdonald/

Machado, A. (1983). *Times Alone: Selected Poems* (R. Bly Trans.). Middletown, CN: Wesleyan University Press.

Macy, J. (1983). *Despair and Personal Empowerment in the Nuclear Age*. Philadelphia: New Society.

Macy, J. (1991a). *Mutual Causality in Buddhism and General Systems Theory: The Dharma of Natural Systems*. Albany, NY: SUNY Press.

Macy, J. (1991b). *World As Lover, World As Self*. Berkeley, CA: Parallax Press.

Macy, J. (1995). Working through environmental despair. In: T. Roszak, M. Gomes & A. Kanner (Eds.), *Ecopsychology: Restoring the earth, Healing the Mind* (pp. 240–259). San Francisco, CA: Sierra Club Books.

Macy, J. (2009). The story of the Elm Dance. Retrieved October 1, 2011, from http://www.joannamacy.net/theelmdance.html

Macy, J. & Brown, M. Y. (1998). *Coming Back to Life: Practices to Reconnect Our Lives, Our World*. Gabriola Island, BC: New Society.

Mahall, B. E. & Bormann, F. H. (2010, March 2). The earth has its own set of rules. *L.A. Times*. Retrieved October 1, 2011, from http://articles.latimes.com/2010/mar/02/opinion/la-oe-mahall2–2010 mar02

Mahler, M., Pine, F. & Bergman, A. (2000/1975). *The Psychological Birth of the Human Infant: Symbiosis and Individuation*. New York: Basic Books.

Maio, G. R., Pakizeh, A., Cheung, W. Y. & Rees, K. J. (2009). Changing, priming, and acting on values: Effects via motivational relations in a circular model. *Journal of Personality and Social Psychology, 97*(4): 699–715.

Maiteny, P. (2003). Psychological and cultural dynamics of sustainable human systems. In: *UNESCO Encyclopedia of Life-Support Systems*. Retrieved October 1, 2011, from www.eolss.net

Maiteny, P. (2004). Perceptions of nature by indigenous communities. In: J. Burley, J. Evans & J. A. Youngquist (Eds.), *Encyclopedia of Forest Sciences*. Oxford, UK: Elsevier.

Maiteny, P. (2009a). Completing the holistic perspective: Emotions and psyche in education for sustainability and the development of an eco-systemic conscience. Article 6.61.4.2, *The UNESCO Encyclopedia of Life Support Systems*. Retrieved October 1, 2011, from www.eolss.net

Maiteny, P. (2009b). Yearning for our niche: The role of meaningfulness in ecosystemic health. *Journal of Holistic Healthcare, 6*(3): 462–471.

Maiteny, P. (2009c). Finding meaning without consuming: The ability to experience meaning, purpose and satisfaction through non-material wealth. In: A. Stibbe (Ed.), *The Handbook of Sustainability Literacy: Skills for a Changing World* (pp. 178–184). Dartington: Green Books.

Manuel-Navarrete, D., Kay, J. J. & Dolderman, D. (2004). Ecological integrity discourses: Linking ecology with cultural transformation. *Research in Human Ecology, 11*(3): 215–229.

Marcuse, H. (1964/1991). *One-Dimensional Man* (2nd ed.). London: Routledge.

Marks-Tarlow, T. (2004). The self as a dynamical system. *Nonlinear Dynamics, Psychology, and Life Sciences, 3*(4): 311–345.

Maslow, A. (1999). *Toward a Psychology of Being* (3rd ed.). New York: Wiley.

May, R. (1976). *The Courage to Create*. London: Collins.

Mayer, F. S. & Frantz, C. M. (2004). The connectedness with nature scale: A measure of individuals' feeling in community with nature. *Journal of Environmental Psychology, 24*: 503–515.

McCormack, D. P. (2009). Becoming. *International Encyclopedia of Human Geography, 6*: 277–281.

McLean, P. (2011). *The Impact of a Values-based Change Method on the Environmental Performance of an Organisation*. Unpublished MSc thesis for Graduate School of the Environment, Centre for Alternative Technology and University of East London.

McLellan, G. (2009). Blog. Retrieved February 3, 2010, from http://www.naturalchange.org.uk/blogs/gavin-mclellan

Mcnaghten, P. & Urry, J. (1998). *Contested Natures*. London: Sage.

Meltzer, D. (1967). *Psychoanalytical Process*. Perthshire: Clunie Press.

Meltzer, D. (1992). *The Claustrum: An Investigation of Claustrophobic Phenomena*. Perthshire: Clunie Press.

Merchant, C. (1983). *The Death of Nature: Women, Ecology and the Scientific Revolution*. San Francisco, CA: Harper.

Merleau-Ponty, M. (1962). *Phenomenology of Perception*. London: Routledge & Kegan Paul.

Miller, D. (2010). *Stuff*. Cambridge: Polity.

Miller, J. (2004). *The Transcendent Function: Jung's Model of Psychological Growth through Dialogue with the Unconscious*. Albany, NY: SUNY Press.

Miller, M. (1999). Chaos, complexity, psychoanalysis. *Psychoanalytic Psychology, 16*: 355–379.

Miller, R. (2005). *The Revolution in Horsemanship*. Guilford, CT: The Lyons Press.

MIND. (2007). *Ecotherapy: The Green Agenda for Mental Health*. London: MIND.

Mindell, A. (1988). *City Shadows: Psychological Interventions in Psychiatry*. London: Arkana.

Mindell, A. (1992). *The Leader as Martial Artist*. Portland, OR: Lao Tse Press.

Mindell, A. (2000). *Quantum Mind: The Edge Between Physics and Psychology*. Portland, OR: Lao Tse Press.

Mindell, A. (2002). *The Deep Democracy of Open Forums: Practical Steps to Conflict Prevention and Resolution for the Family, Workplace, and World*. Charlottesville VA: Hampton Roads.

Mindell, A. (2008). Bringing deep democracy to life: An awareness paradigm for deepening political dialogue, personal relationships, and community interactions. *Psychotherapy and Politics International, 6*(3): 212–225.

Mishan, J. (1996). Psychoanalysis and environmentalism: First thoughts. *Psychoanalytic Psychotherapy, 10*(1): 59–70.

Mitchell, E. (2011). Edgar Mitchell and the big picture effect. Interview by Jules Evans. Retrieved October 1, 2011, from http://www.politicsofwellbeing.com/2011/01/edgar-mitchell-on-space-travel-and-big.html

Mitchell, S. A. (1988). *Relational Concepts in Psychoanalysis: An Integration*. Cambridge, MA: Harvard University Press.

Mitchell, S. A. & Aron, L. (1999). *Relational Psychoanalysis: The Emergence of a Tradition*. Hillsdale, NJ: Analytic Press.

Mollon, P. (1993). *The Fragile Self: The Structure of Narcissistic Disturbance*. London: Whurr.

Monbiot, G. (2009, March 21). George Monbiot v Aga: "It's still a woefully inefficient use of fuel". *The Guardian*. Retrieved March 31, 2011, from http://www.guardian.co.uk/environment/georgemonbiot/audio/2009/mar/21/monbiot-aga-carbon-emissions-debate

Moon, J. (2000). *Reflection in Learning and Professional Development*. London: Kegan Page.

Morgan, M. (1995). *Mutant Message Down Under*. Wellingborough: Thorsons.

Morgenthaler, F. & Parin, P. (1964). Typical forms of transference among West Africans. *International Journal of Psycho-Analysis, 45*: 446–449.

Morton, T. (2007). *Ecology Without Nature: Rethinking Environmental Aesthetics*. Cambridge, MA: Harvard University Press.

Morton, T. (2010a, October 15). Presentation as part of the Panel Discussion "Promiscuous Ontologies". RMLA Convention, Albuquerque, New Mexico.

Morton, T. (2010b). *The Ecological Thought*. Cambridge MA: Harvard University Press.

Muir, J. (1911). *My First Summer in the Sierra Boston*. New York: Houghton Mifflin.

Nabhan, G. P. & Trimble, S. (1994). *The Geography of Childhood: Why Children Need Wild Places*. Boston, MA: Beacon Press.

Næss, A. (1973). The shallow and the deep, long-range ecology movement. *Inquiry, 16*: 95–100.

Naess, A. (1985). Identification as a source of deep ecological attitudes. In: M. Tobias (Ed.), *Deep Ecology* (pp. 256–270). San Diego, CA: Avant Books.

Naess, A. (1986). The deep ecological movement: Some philosophical aspects. *Philosophical Inquiry, 8*: 10–31.

Naess, A. (1988). Self realization: An ecological approach to being in the world. In: J. Seed, J. Macy, P. Fleming & A. Naess (Eds.), *Thinking Like a Mountain* (pp. 19–30). Gabriola Island, BC: New Society.

Næss, A. (1989). Ecosophy and gestalt ontology. *The Trumpeter, 6*(4): 134–137.

Narvaez, D. & Gleason, T. (2011). Developmental optimization. In: D. Narvaez, J. Panksepp, A. Schore & T. Gleason (Eds.), *Human Nature, Early Experience and the Environment of Evolutionary Adaptedness*. New York: Oxford University Press.

Neisser, U. (1995). Criteria for an ecological self. In: P. Rochat (Ed.), *The Self in Infancy: Theory and Research* (pp. 17–34). Amsterdam: North-Holland/Elsevier Science.

Nicholls, L. (2007). A psychodynamic discourse in Occupational Therapy. In: J. Creek (Ed.), *Contemporary Issues in Occupational Therapy: Reasoning and Reflection* (pp. 55–86). Chichester: Wiley.

Nicholson, S. (2003). *The Love of Nature and the End of the World: The Unspoken Dimensions of Environmental Concern*. Cambridge, MA: MIT Press.

Noë, A. (2008). The life is the way the animal is in the world: A talk with Alva Noë. *Edge: The Third Culture*. Retrieved October 1, 2011, from http://www.edge.org/3rd_culture/noe08/noe08_index.html

Noë, A. (2009). *Out of our Heads: Why You are not Your Brain and Other Lessons from the Biology of Consciousness*. New York: Hill and Wang.

Norcross, J. C. & Goldfried, M. R. (1992). *A Handbook of Psychotherapy Integration*. New York: Basic Books.

Norgaard, K. M. (2009). *Cognitive and Behavioural Challenges in Responding to Climate Change*. World Bank Policy Research Working Paper 4940. Retrieved October 1, 2011, from http://ideas.repec.org/p/wbk/wbrwps/4940.html

Nørretranders, T. (1999). *The User Illusion: Cutting Consciousness Down to Size*. London: Penguin.

Olwig, K. (1989). The childhood deconstruction of nature. *Children's Environments Quarterly, 6*(1): 19–25.

Olwig, K. (1991). Childhood, artistic creation, and the educated sense of place. *Children's Environments Quarterly, 8*(2): 4–18.

Orr, D. (1992). *Ecological Literacy, Education and the Transition to a Postmodern World*. Albany, NY: SUNY Press.

Ouspensky, P. D. (1950). *The Psychology of Man's Possible Evolution*. New York: Hedgehog Press.

Palmer, J. A., Suggate, J., Bajd, B., Hart, P., Ho, R. K. P., Ofwono-Orecho, J. K. W., Peries, M., Robottom, I., Tsaliki, E. & Van Staden, C. (1998). An overview of significant influences and formative experiences on the development of adults' environmental awareness in nine countries. *Environmental Education Research, 4*(4): 445–464.

Palombo, S. (1999). *The Emergent Ego: Complexity and Coevolution in the Psychoanalytic Process*. Madison, CT: International Universities Press.

Paulson, T. (2005). Inseminating elephant takes 2 Germans, an ultrasound and a very long wait. *Seattle Post-Intelligencer Reporter*. Retrieved June 21, 2011, from http://www.seattlepi.com/default/article/Inseminating-elephant-takes-2-Germans-an-1167610.php

Peters, R. (1987). The Eagle and serpent: The minding of matter. *Journal of Analytical Psychology, 32*: 359–381.

PhinnyWood.com. (2011). Zoo tries again to artificially inseminate elephant Chai. Retrieved June 2011, from http://www.phinneywood.com/2011/06/09/zoo-tries-again-to-artificially-inseminate-elephant-chai/

Piers, C., Muller, J. P. & Brent, J. (Eds.). (2007). *Self-Organizing Complexity in Psychological Systems*. Lanham, MD: Jason Aronson.

Pramling Samuelson, I. & Kaga, Y. (2008). *The Contribution of Early Childhood to a Sustainable Society*. Paris: Unesco.

Preece, R. (2006). *The Wisdom of Imperfection: The Challenge of Individuation in Buddhist Life*. Ithaca, NY: Snow Lion.

Preece, R. (2009). *The Courage to Feel: Buddhist Practices for Opening to Others*. Ithaca, NY: Snow Lion.

Prendergast, J. J. (2003). Being together. In: J. J. Prendergast, P. Fenner & S. Krystal (Eds.), *The Sacred Mirror*. St Paul, MN: Paragon House.

Prentice, H. (2003). Cosmic walk: Awakening the ecological self. *Psychotherapy and Politics International, 1*(1): 32–46.

Pullman, P. (2003). *The Golden Compass*. New York: Laurel Leaf.

Raine, K. (1975). *The Land Unknown*. London: Hamish Hamilton.

Randall, R. (2005). A new climate for psychotherapy? *Psychotherapy and Politics International, 3*(3): 165–179.

Randall, R. (2009a). Loss and climate change: the cost of parallel narratives. *Ecopsychology, 1*(3): 118–129. Retrieved March 31, 2011, from http://www.liebertonline.com/doi/pdfplus/10.1089/eco.2009.0034

Randall, R. (2009b). *Carbon Conversations: Six Meetings about Climate Change and Carbon Reduction*. Cambridge: Cambridge Carbon Footprint.

Rappaport, R. A. (1984/1948). *Pigs for the Ancestors: Ritual in the Ecology of a New Guinea People*. New Haven, CT: Yale University Press.

Rappaport, R. A. (1999). *Ritual and Religion in the Making of Humanity*. Cambridge: Cambridge University Press.

Ravindra, R. (1990). *The Yoga of the Christ*. Shaftesbury, UK: Element.

Reason, P. (2002). Justice, sustainability, and participation. *Concepts and Transformation, 7*(1): 7–29.

Reist, D. M. (2004). *Materialism vs. an Ecological Identity: Towards an Integrative Framework for a Psychology of Sustainable Living*. Unpublished doctoral dissertation.

Rescher, N. (2009). *Ideas in Process: A Study on the Development of Philosophical Concepts*. Lancaster: Gazelle.

Reser, J. P. (1995). Whither environmental psychology? The transpersonal ecopsychology crossroads. *Journal of Environmental Psychology, 15*: 235–257.

Rickinson, M. (2001). Learners and learning in environmental education: A critical review of the evidence. *Environmental Education Research, 7*(3): 207–320.

Rickinson, M., Dillon, J., Teamey, K., Morris, M., Choi, M. Y., Sanders, D. & Benefield, P. (2004). *A Review of Research on Outdoor Learning*. London: National Foundation for Educational Research and King's College London.

Robinson, R. M. (2007). *Ordinary Women, Extraordinary Wisdom: The Feminine Face of Awakening*. Alresford: O Books.

Rogers, C. (1951). *Client-Centred Therapy*. London: Constable.

Rogers, C. R. (1980). *A Way of Being*. New York: Houghton Mifflin.

Rogers, L. (2010). *Bearwalker of the Northwoods*. London: BBC. Retrieved October 1, 2011, from http://www.bbc.co.uk/programmes/p004vwxn

Roll, W. G. (1997). My search for the soul. In: C. Tart (Ed.), *Body Mind and Spirit: Exploring the Parapsychology of Spirituality*. Charlottesville, VA: Hampton Roads.

Romanyshyn, R. (2007). *The Wounded Researcher*. New Orleans, LA: Spring Journal Books.

Roosevelt, T. (1916). *A Book-Lover's Holidays in the Open*. New York: Charles Scribner's & Sons.

Roszak, T. (1992). *The Voice of the earth: An Exploration of Ecopsychology*. London: Simon and Schuster.

Roszak, T., Gomes, M. E. & Kanner, A. D. (Eds.). (1995). *Ecopsychology: Restoring the earth, Healing the Mind*. San Francisco, CA: Sierra Club Books.

Russell, C. (2006). Charlie responds to the story of Timothy Treadwell. In: *Letters from Charlie*. Retrieved October 1, 2011, from http://cloudline.org/

Russell, P. (2009). *Waking up in Time: Our Future Evolution and the Meaning of Now*. London: Cygnus.

Rust, M.-J. (2004). Creating psychotherapy for a sustainable future. *Psychotherapy and Politics International*, 2(2): 157–170.

Rust, M.-J. (2005). Ecolimia nervosa. *Therapy Today, 16*(10): 11–15.

Rust, M.-J. (2008a). Climate on the couch: Talk at the Guild of Psychotherapists, London, November 17, 2007. *Psychotherapy and Politics International, 6*(3): 157–170.

Rust, M.-J. (2008b). Nature hunger. *Counselling Psychology Review,* 23(2): 70–78.

Rust, M. J. (2008c). Consuming the earth: Unconscious processes in relation to our environmental crisis. Keynote lecture at CAPPP Conference, Bristol. Retrieved October 1, 2011, from http://www.mjrust.net/downloads/Consuming%20the%20earth.pdf

Sabini, M. (Ed.). (2002). *The earth Has a Soul: The Nature Writings of C. G. Jung*. Berkeley, CA: North Atlantic Books.

Sacks, A. (2008). The therapeutic use of pets in private practice. *British Journal of Psychotherapy, 24*(4): 501–521.

Safran, A. (1998). *La Saggezza della Kabbalah*. Florence: Giuntina.

Samuels, A. (1993a). *The Political Psyche*. London: Routledge.

Samuels, A. (1993b). "I am place": Depth psychology and environmentalism. *British Journal of Psychotherapy, 10*(2): 211–219.

Samuels, A. (1998). "And if not now, when?": Spirituality, psychotherapy, politics. *Psychodynamic Practice, 4*(3): 349–363.

Samuels, A. (2001). *Politics on the Couch: Citizenship and the Internal Life*. London: Karnac.

Samuels, A. (2011). Where have all the individuals gone? The shadow of solidarity. Workshop at the conference *"We're All in This Together?'—Power, Inequality and Diversity"*, London, May 7–8.

Santostefano, S. (2008). The sense of self inside and environments outside: How the two grow together and become one in healthy psychological development. *Psychoanalytic Dialogues, 19*: 513–535.

Sawaya, R. (2010). Positive feedback mechanisms and climate change: The runaway effects that could accelerate global warming. *Suite 101*. Retrieved October 1, 2011, from http://www.suite101.com/content/positive-feedback-mechanisms-and-climate-change-a189162

Schore, A. (1999). *Affect Regulation and the Origin of the Self: The Neurobiology of Emotional Development*. Hillsdale, NJ: Lawrence Erlbaum.

Schroll, M. (2007). Wrestling with Arne Naess: A chronicle of ecopsychology's origins. *Trumpeter, 23*(1): 28–57.

Schultz, P. W. (2000). Empathizing with nature: The effects of perspective taking on concern for environmental issues. *Journal of Social Studies, 56*: 391–406.

Schultz, P. W. (2001). The structure of environmental concern: Concern for self, other people, and the biosphere. *Journal of Environmental Psychology, 21*: 327–339.

Schultz, P. W. (2002). Inclusion with nature: The psychology of human-nature relations. In: P. Schmuck & P. W. Schultz (Eds.), *Psychology of Sustainable Development* (pp. 61–78). Boston, MA: Kluwer Academic.

Schultz, P. W. & Zelezny, L. (1999). Values as predictors of environmental attitudes: Evidence for consistency across cultures. *Journal of Environmental Psychology, 19*: 255–265.

Schwartz, S. H. (1992). Universals in the content and structure of values: Theoretical advances and empirical tests in 20 countries. In: M. Zanna (Ed.), *Advances in Experimental Social Psychology, Vol. 25* (pp. 1–65). Orlando, FL: Academic Press.

Schwartz, S. H. (2006). Basic human values: Theory, measurement, and applications. *Revue française de sociologie, 47*(4): 249–288.

Scourfield, J., Dicks, B., Drakeford, M. & Davies, A. (2006). *Children, Place, and Identity*. London: Routledge.

Scull, J. (2009). Ecopsychology: Where does it fit in psychology 2009? *Trumpeter, 24*(3): 68–85.

Searles, H. (1960). *The Nonhuman Environment in Normal Development and in Schizophrenia*. Madison, CT: International Universities Press.

Searles, H. (1972). Unconscious processes in relation to the environmental crisis. *Psychoanalytic Review, 59*: 361–374.

Seed, J., Macy, J., Fleming, P. & Naess, A. (1988). *Thinking Like a Mountain: Towards a Council of All Beings*. Philadelphia: New Society.

Seed, J., Macy, J., Fleming, P. & Naess, A. (1993). *Thinking Like a Mountain: Toward a Council of All Beings*. Gabriola Island, BC: New Society.

Senders, V. L. (1994). Interhelp, whence and whither? Design for a play in three acts. *Interhelp News, 1*(Fall): 4–9. Retrieved October 1, 2011, from http://www.interhelpnetwork.org/pdf/history.pdf

Sessions, G. (Ed.). (1995). *Deep Ecology for the 21 st Century*. Boston, MA: Shambhala.

Sewall, L. (1999). *Sight and Sensibility: The Ecopsychology of Perception*. New York: Tarcher/Putnam.

Shanahan, J. (1993). Television and the cultivation of environmental concern. In: A. Hansen (Ed.), *The Mass Media and Environmental Issues* (pp. 181–197). Leicester: University of Leicester Press.

Shanahan, J., Morgan, M. & Stenbjerre, M. (1997). Green or brown? Television and the cultiavtion of environmental concern. *Journal of Broadcasting & Electronic Media, 41*: 305–324.

Shaules, J. (2007). *Deep Culture: The Hidden Challenges of Global Living*. Clevedon: Multi Lingual Matters.

Shea, J. (2004). *Spiritual Wisdom of the Gospels Year A*. Collegeville, MN: Liturgical Press.

Sheldon, K. M., Nichols, C. P. & Kasser, T. (2011). Americans recommend smaller ecological footprints when reminded of intrinsic American values of self-expression, family, and generosity. *Ecopsychology*, in press.

Sheldrake, R. (2006). Morphic fields in world futures. *Journal of General Evolution, 62*(1–2): 31–41.

Shepard, P. (1997). *The Others: How Animals Made us Human*. Washington, DC: Island Press.

Shrum, L. J., Burroughs, J. E. & Rindfleisch, A. (2005). Television's cultivation of material values. *Journal of Consumer Research, 32*: 473–479.

Siebert, C. (2009, July 8). Watching whales watching us. *New York Times Magazine*. Retrieved October 1, 2011, from http://www.nytimes.com/2009/07/12/magazine/12whales-t.html?_r=2&emc=eta1

Singer, W. (2005). The brain—an orchestra without a conductor. *Max Planck Research, 3*: 15–18.

Siri, V. (1998). Dreaming with the first shaman (Noaidi). *Revision, 21*(1): 34–39.

Slaughter, R. A. (1999). Towards a responsible dissent and the rise of transformational futures. *Futures, 31*: 147–154.

Smith, M., Davidson, J., Cameron, L. & Bondi, L. (2009). *Emotion, Place and Culture*. Aldershot: Ashgate.

Snyder, G. (1990). *The Practice of the Wild*. San Francisco, CA: North Point Press.

Somerville, M. (2007). Place literacy. *Australian Journal of Literacy and Language, 30*(2): 149–164.

Somerville, M. (2010). A place pedagogy for "global contemporaneity". *Journal of Educational Philosophy and Theory, 42*(3), 326–344.

Speth, J. G. (2008). *The Bridge at the Edge of the World: Capitalism, the Environment, and Crossing from Crisis to Sustainability*. New Haven, CT: Yale University Press.

Speth, J. G. (2009). Doing business in a postgrowth society. *Harvard Business Review* (September): 18–19.

Spitzform, M. (2000). The ecological self: Metaphor and developmental experience. *Journal of Applied Psychoanalytic Studies, 2*(3): 265–285.

Stacey, R. (2006). Complexity at the edge of the basic-assumption group. In L. Gould, R. Stapley & M. Stein (Eds.), *The Systems Psychodynamics of Organizations: Integrating Group Relations, Psychoanalytic, and Open Systems Perspectives* (pp. 91–114). London: Karnac.

Stenner, P. (2008). A.N. Whitehead and subjectivity. *Subjectivity,* 22: 90–109.

Stewart, I. & Joines, V. (1987). *TA Today*. Nottingham: Lifespace Publishing.

Sumner, G. & Haines, S. (2010). *Cranial Intelligence: A Practical Guide to Biodynamic Craniosacral Therapy*. London: Singing Dragon.

Suzuki, D. T. (1969). *An Introduction to Zen Buddhism*. London: Rider.

Tanner, T. (1980). Significant life experiences. *Journal of Environmental Education, 11*(4): 20–24.

Tarnas, R. (1996). The Western world view: Past, present and future. In: R. E. Di Carlo (Ed.), *Towards a New World View: Conversations at the Leading Edge*. Edinburgh: Floris Books.

Tarnas, R. (2000). Is the modern psyche undergoing a rite of passage? In: T. Singer (Ed.), *The Vision Thing: Myth, Politics and Psyche in the World*. London: Routledge.

Tarnas, R. (2006). *Cosmos and Psyche: Intimations of a New World View*. New York: Viking.
Taylor, S. (2005). *The Fall*. New York: Winchester.
Teilhard de Chardin, P. (1960). *Le Milieu Divin: An Essay on the Interior Life*. London: Collins.
Teilhard de Chardin, P. (1969). *Human Energy*. London: Collins.
Thøgersen, J. & Crompton, T. (2009). Simple and painless? The limitations of spillover in environmental campaigning. *Journal of Consumer Policy, 32*: 141–163.
Tolle, E. (2005). *A New earth: Awakening to Your Life's Purpose*. London: Penguin.
Totton, N. (2000). *Psychotherapy and Politics*. London: Sage.
Totton, N. (2007). Therapy has no goal. *Therapy Today, 18*(9): 24–26.
Totton, N. (2011). *Wild Therapy: Undomesticating Inner and Outer Worlds*. Ross-on-Wye: PCCS Books.
Trungpa, C. (1973). *Cutting Through Spiritual Materialism*. Boulder, CO: Shambala.
Turner, V. (1987). Betwixt & between: Liminal periods in rites of passage. In: L. C. Mahdi (Ed.), *Betwixt & Between: Patterns of Masculine and Feminine Initiation* (pp. 3–19). Chicago, IL: Open Court.
Victor, P. (2008). *Managing Without Growth*. Cheltenham UK: Edward Elgar.
Volk, T. (1998). *Gaia's Body: Towards a Physiology of earth*. New York: Springer-Verlag.
Vygotsky, L. (1978). *Mind in Society: Development of Higher Psychological Processes*. Cambridge, MA: Harvard University Press.
Vygotsky, L. (1986). *Thought and Language*. Cambridge, MA: MIT Press.
Wackernagel, M., Schulz, N. B., Deumling, D., Linares, A. C., Jenkins, M., Kapos, V., Monfreda, C., Loh, J., Myers, N., Norgaard, R. & Randers, J. (2002). Tracking the ecological overshoot of the human economy. *Proceedings of the National Academy of Sciences, 99*: 9266–9271.
Walsh, R. & Shapiro, D. H. (1983). In search of a healthy person. In: R. Walsh & D. H. Shapiro (Eds.), *Beyond Health and Normality: Explorations of Exceptional Psychological Well-Being* (pp. 3–12). New York: Van Nostrand Reinhold.
Walsh, R. & Vaughan, F. (1983). Towards an integrative psychology of well-being. In: R. Walsh & D. H. Shapiro (Eds.), *Beyond Health and Normality: Explorations of Exceptional Psychological Well-Being* (pp. 388–431). New York: Van Nostrand Reinhold.
Warren, K. J. (2000). *Ecofeminist Philosophy: A Western Perspective on What it is and Why it Matters*. Lanham, MD: Rowman & Littlefield.

Washburn, M. (1995). *The Ego and the Dynamic Ground*. Albany, NY: SUNY Press.

Watson, K. (1994). Spiritual emergency: Concepts and implications for psychotherapy. *Journal of Humanistic Psychology, 34*(2): 22–45.

Watts, A. (1957). *The Way of Zen*. New York: Pantheon.

Watts, A. & Huang, A. C. (1975). *Tao: The Watercourse Way*. New York: Pantheon.

Wegscheider-Cruse, S. (1991). *Learning to Love Yourself: Finding Your Self-worth*. London: Health Communications.

Weintrobe, S. (2010, October). On healing split internal landscapes. "Engaging with Climate Change: Psychoanalytic Perspectives" Conference.

Wells, N. & Lekies, K. (2006). Nature and the life course: Pathways from childhood nature experiences to adult environmentalism. *Children, Youth, and Environments, 16*: 1–24.

Whatmore, S. (1999). Nature culture. In: P. Cloke, M. Crang & M. Goodwin (Eds.), *Introducing Human Geographies* (pp. 4–11). London: Arnold.

Whitaker, D. S. (1985). *Using Groups to Help People*. London: Routledge and Kegan Paul.

Whitehead, A. N. (1978). *Process and Reality, Corrected Edition* (D. R. Griffin & D. W. Sherburne Eds.) New York: Free Press.

Whitehead, A. N. (2004/1920). *The Concept of Nature*. New York: Prometheus.

Wilden, A. (1987). *The Rules Are No Game: The Strategy of Communication*. London: Routledge and Kegan Paul.

Wildlife Trust. (2004). EcoHealth: New journal bridging human, wildlife, ecosystem health and disease emergence. Press release. Retrieved October 1, 2011, from http://www.ewire.com/display.cfm/Wire_ID/2144

Williams, B. J. (2007). Pueblo parapsychology: Psi and the longbody from the Southwest Indian perspective. *Australian Journal of Parapsychology, 7*(2): 134–163.

Wilson, E. O. (1978). *On Human Nature*. Cambridge, MA: Harvard University Press.

Wilson, E. (1984). *Biophilia*. Cambridge, MA: Harvard University Press.

Wilson, E. O. (2003). *The Future of Life*. London: Abacus.

Winnicott, D. (1953). Transitional objects and transitional phenomena. *International Journal of Psychoanalysis, 34*: 89–97.

Winnicott, D. (1971). *Playing and Reality*. London: Routledge.

Winnicott, D. (1987). *Through Pediatrics to Psychoanalysis: Collected Papers*. London: Karnac.

Wolde, M. (2008). Personal communication from workshop.

Woodland Park Zoo. (2011, March 14). Zoo's commitment to elephant conservation continues with artificial insemination. Retrieved June 17, 2011, from http://www.zoo.org/page.aspx?pid=1597

Wright, P. A. (1998). Gender issues in Ken Wilber's transpersonal theory. In: D. Rothberg & S. Kelly (Eds.), *Ken Wilber in Dialogue: Conversations with Leading Transpersonal Thinkers* (pp. 207–236). Wheaton, IL: Quest Books.

WWF. (2009). *Natural Change: Psychology and Sustainability*. Retrieved October 1, 2011, from http://www.naturalchange.org.uk/natural-change-report/

Wyld, H. C. (1961). *Universal English Dictionary*. London: Waverley.

Yalom, I. D. (1970). *The Theory and Practice of Group Psychotherapy*. New York: Basic Books.

Yalom, I. (1989). *Love's Executioner*. London: Penguin.

Yontef, G. (1988). *Awareness Dialogue and Process*. Gouldsboro, ME: Gestalt Journal Press.

Yunt, J. D. (2001). Jung's contribution to an ecological psychology. *Journal of Humanistic Psychology, 41*(2): 96–121.

Zavestoski, S. (2003). Constructing and maintaining ecological identities: The strategies of deep ecology. In: S. Clayton & S. Opotow (Eds.), *Identity and the Natural Environment*. Cambridge, MA: MIT Press.

Zelezny, L. (1999). Educational interventions that improve environmental behaviors: A meta-analysis. *Journal of Environmental Education, 31*(1): 5–14.

Žižek, S. (1989). *The Sublime Object of Ideology*. London: Verso.

Žižek, S. (1991). *Looking Awry: An Introduction to Jacques Lacan Through Popular Culture*. Cambridge, MA: MIT Press.

Žižek, S. (2007). Censorship today: Violence, or ecology as a new opium for the masses. Retrieved October 1, 2011, from http://www.lacan.com/zizecology1.html

【附錄三】延伸閱讀

心靈工坊相關書籍

- 《走進園藝治療的世界》（2007），黃盛璘，心靈工坊。
- 《植物的療癒力量：園藝治療實作指南》（2009），米契爾・修森（Mitchell L. Hewson），心靈工坊。
- 《陪牠到最後：動物的臨終關懷》（2005），麗塔・雷諾斯（Rita M. Reynolds），心靈工坊。
- 《動物生死書》（2007），杜白，心靈工坊。
- 《那些動物教我的事：寵物的療癒力量》（2008），馬提・貝克、德娜麗・摩頓（Dr. Marty Becker、Danelle Morto），心靈工坊。
- 《青松ê種田筆記：穀東俱樂部》（2007），賴青松，心靈工坊。
- 《愈少愈自由：鹽寮樂修二十年》（2008），區紀復，心靈工坊。
- 《城市・故事・社大識》（2011），陳健一，心靈工坊。
- 《榮格解夢書：夢的理論與解析》（2006），詹姆斯霍爾博士（James A. Hall, M.D. ），心靈工坊。
- 《榮格心理治療》（2011），瑪麗-路薏絲・馮・法蘭茲，心靈工坊。
- 《英雄之旅：個體化原則概論》（2012），莫瑞・史丹（Murray Stein），心靈工坊。
- 《共時性：自然與心靈合一的宇宙》（2012），約瑟夫・坎伯瑞博士（Dr. Cambray），心靈工坊。
- 《轉化之旅：自性的追尋》（2012），莫瑞・史丹（Murray Stein），心靈工坊。
- 《靈性之旅：追尋失落的靈魂》（2015），莫瑞・史丹（Murray Stein），心靈工坊。
- 《犧牲：精神分析的指標》（2008），侯碩極（Guy ROSOLATO），心靈工坊。
- 《拉岡與李維史陀：1951-1957回歸佛洛伊德》（2009），馬可・薩非洛普洛斯，心靈工坊。

- 《大地上的受苦者》（2009），弗朗茲．法農（Frantz Fanon），心靈工坊。
- 《與狼同奔的女人》（2012），Clarissa Pinkola Estes，心靈工坊。
- 《我，在世界的身體之中》（2013），伊芙・恩斯勒（Eve Ensler），心靈工坊。
- 《遊戲與現實》（2009），唐諾・溫尼考特（Donald W. Winnicott），心靈工坊。
- 《空間就是權力》（2001），畢恆達，心靈工坊。
- 《空間就是想像力》（2014），畢恆達，心靈工坊。
- 《支持性心理治療入門》（2005），阿諾．溫斯頓、理查．羅森莎、亨利．品斯克，心靈工坊。
- 《簡短心理治療：臨床應用的指引與藝術》（2008），曼塔許・戴文、布瑞特・史丁巴格、羅傑・格林伯格，心靈工坊。
- 《萬法簡史》(2005)，肯恩．威爾伯（Ken Wilber），心靈工坊。

其他相關書籍

- 《大崩壞：人類社會的明天？》（2006），賈德・戴蒙（Jared Diamond），時報出版。
- 《生態心理學：復育地球，療癒心靈》（2010），原文主編／西奧多・羅斯札克、瑪麗・葦姆絲、艾倫・肯納（Theodore Roszak, Mary E. Gomesmm, Allen D. Kanner），社團法人中華民國荒野保護協會。
- 《用這5個故事改變世界》（2012），喬安娜．梅西、諾伯特．喀布勒（Joanna Macy, Norbert Gahbler），心鼓手出版社。
- 《像山一樣思考》（2015），約翰．席德、喬安娜．梅西、佩德．福連明、阿恩．奈斯（John Seed, Joanna Macy, Pat Fleming, Arne Naess），紅桌文化。
- 《人類時代：我們所塑造的世界》（2015），黛安．艾克曼（Diane Ackerman），時報出版。
- 《自然印象與教育哲思》（2000），陳玉峯，前衛出版。

- 《愛與信仰：台灣同志佛教徒之平權運動與深層生態學》（2005），楊惠南，商周出版。
- 《人及其象徵：榮格思想精華》（2013），卡爾．榮格（Carl G. Jung），立緒。
- 《溫柔革命：愛，在荒野流動》（2009），李偉文，大好書屋。
- 《綠色先行者：生態運動關鍵12人》（2013），黃怡，水牛文化。
- 《菜籃子革命：從共同購買到合作找幸福》（2015），主婦聯盟生活消費合作社，廣場出版。
- 《失去山林的孩子：拯救「大自然缺失症」兒童（全新修訂版）》（2014），理查．洛夫（Richard Louv），野人文化。
- 《樂遊自然天地：與孩子共享自然的60種遊戲》（2003），洪瓊君，張老師文化。
- 《與孩子分享自然：20週年紀念版》（2005），約瑟夫．柯內爾（Joseph Cornell），張老師文化。
- 《水水台灣—愛溼地的10個遊戲》（2005），荒野保護協會／主編，中正書局。
- 《跟著節氣去旅行：親子共享自然的24個旅程》（2010），范欽慧，遠流出版。
- 《沒有牆壁的教室：悠遊在大自然裡的小日子》（2013），范欽慧，時報出版。
- 《自然課可以這麼浪漫：李偉文的200個環境關鍵字》（2014），李偉文、AB寶，野人文化。
- 《河馬教授的25堂環保課》（2014），張文亮，文經社。
- 《荒野的孩子》（2015），社團法人中華民國荒野保護協會。
- 《帶著孩子玩自然》（2014），黃仕傑，天下文化。
- 《春神跳舞的森林》（2003），嚴淑女／著，張又然／繪，格林文化。
- 《再見小樹林》（2008），嚴淑女／著，張又然／繪，格林文化。
- 《幫青蛙找新家》（2008），李偉文／著，陳維霖／繪，幼獅文化。

- 《複眼人》（2011），吳明益，夏日出版社。
- 《傾聽自然（新版）》（2006），約瑟夫．柯內爾（Joseph Cornell），張老師文化。
- 《探索大地之心（新版）》（2014），約瑟夫．柯內爾、麥可．德蘭嘉（Joseph Cornell, Michael Deranja），張老師文化。
- 《向山，遇見最美的山徑：千里步道達人帶你週週爬郊山，尋訪雙北綠郊、古道、夢幻天然步道》（2014），台灣千里步道協會／策劃，週週爬郊山社群／協力，果力文化。
- 《搶救寂靜：一個野地錄音師的探索之旅（加附自然聲景原音CD）》（2015），范欽慧，遠流出版。
- 《植物有心》（2009），橋本健，瑞成書局。
- 《神奇的植物靈療癒法：運用植物意識療癒你的身心靈》（2014），潘．蒙哥馬利（Pam Montgomery），生命潛能。
- 《遇見園藝治療的盛放：啟動五感能力，接受植物療癒力量》（2015），郭毓仁，養沛文化。
- 《動物密碼：從動物行為看動物溝通》（2006），提姆．法蘭德（Tim Friend）。
- 《來自動物界的訊息：動物圖騰的靈性力量》（2012），TED ANDREWS，稻田出版。
- 《說進動物心坎裡：跟著當代動物溝通導師，走進動物心世界》（2013），瑪格瑞．寇慈（Margrit Coates），生命潛能。
- 《與動物朋友心傳心：因為愛，我想聽懂、讀懂、看懂動物心事》（2014），羅西娜．瑪利亞．阿爾克蒂（Rosina Maria Arquati），橡樹林。
- 《那些動物告訴我的事：用科學角度透視動物的思想世界》（2014），Thomas，麥浩斯。
- 《鳥的感官：當一隻鳥是什麼感覺？》（2014），柏克海德（Tim Birkhead），貓頭鷹出版社。
- 《動物眼中的世界》（2015），紀堯姆・杜帕（Guillaume Duprat），上誼文化。

- 《個人化與生活風格社群》（2004），孫治本，唐山出版社。

  《消費社會學》（2010），彼得．柯睿耿（Peter Corrigan），群學出版。
- 《微小的暴行：生活消費的環境影響》（2015），劉曉君，北京理工大學出版社。
- 《單向度的人：發達工業社會的意識型態研究》（2015），赫伯特．馬庫色（Herbert Marcuse），麥田出版。
- 《從搖籃到搖籃：綠色經濟的設計提案》（2008），威廉．麥唐諾、麥克．布朗嘉（William McDonough, Michael Braungart），野人文化。
- 《綠領經濟：下一波景氣大復甦的新動力》（2010），范．瓊斯（Van Jones），野人文化。
- 《誰說經濟一定要成長？：獻給地球的經濟學》（2011），提姆．傑克森（Tim Jackson），早安財經。
- 《綠色經濟學》（2011），Molly Scott Cato，智勝出版。
- 《對人類的未來下注：經濟學家與生態學者的警世賭局 我們將會邁向繁榮，還是毀滅？》（2015），保羅．沙賓（Paul Sabin），臉譜出版。
- 《車諾比的悲鳴》（2011），斯維拉娜．亞歷塞維奇（Svetlana Alexievic），馥林文化。
- 《溼地．石化．島嶼想像》（2011），吳晟、吳明益／主編，有鹿文化。
- 《獵殺海洋：一部自我毀滅的人類文明史》（2014），卡魯姆．羅伯茨（Callum Roberts），我們出版。
- 《第六次大滅絕：不自然的歷史》（2014），伊麗莎白．寇伯特（Elizabeth Kolbert），天下文化。
- 《暖化的真相：如果北極熊滅絕了，下一個會是人類嗎？》（2013），寇特．史塔格，遠足文化。
- 《氣候變遷的關鍵報告：人類會繼續存活，只是你得學會適應過程》（2013），美國氣候中心，大是文化。

- 《歷史上的大暖化：讓蒙古帝國差點併吞歐洲，讓法國葡萄酒獨步全球》（2008），布萊恩·費根（Brian Fagan），野人文化。
- 《氣候文明史：改變世界的攻防八萬年》（2012），田家康（Yasushi Tang），臉譜出版。
- 《氣候變遷地圖》（2012），柯斯汀·陶、托馬斯·唐寧（Kirstin Dow、Thomas E. Downing），聯經出版。
- 《水資源地圖》（2012），瑪姬·布拉克、珍奈特·金（Maggie Black、Jannet King），聯經出版。
- 《寂靜的春天》（2008），瑞秋・卡森（Reachel Carson），晨星出版。
- 《湖濱散記》（2013，全新中譯本），亨利·大衛·梭羅（Henry David Thorea），高寶出版。
- 《森林祕境：生物學家的自然觀察年誌》（2014），大衛·喬治·哈思克（David George Haskell），商周出版。
- 《海風下》（2015），瑞秋・卡森（Reachel Carson），八旗文化。
- 《沙郡年紀：像山一樣思考，荒野詩人寫給我們的自然之歌》（2015），奧爾多・李奧帕德（Aldo Leopold），果力文化。
- 《醒來的森林：一位鳥類學家的自然散步筆記》（2015），約翰・巴勒斯（John Burroughs），果力文化。
- 《臺灣現代自然書寫的探索1980~2002：以書寫解放自然 BOOK 1》、《臺灣自然書寫的作家論 1980~2002：以書寫解放自然 BOOK 2》、《自然之心—從自然書寫到生態批評：以書寫解放自然 BOOK 3》（2011），吳明益，夏日出版社。

荒野保護協會的生態心理工作

2010年翻譯出版《生態心理學》。舉辦「2010生態心理季」，結合環境保護界與心理衛生界三十餘個組織倡議環保與心靈工作的協同合作。

2011年繼續舉辦生態心理季，並邀請約翰·席德（John Seed）在二格自然中心辦理台灣首次「眾生大會工作坊」（The Council of All Beings Workshop），幫助參加者培養生態自我，深化心靈感受。此後荒野不定期舉辦「眾生大會工作坊」，推廣深層生態學與生態心理學的體驗與思維。

2011年11月「第十屆亞太NGO環境會議」，再度邀請約翰·席德來台擔任大會主演講者。並於會中召集辦理「深層生態學、生態心理學、與生態靈性」論壇。

2012年，開始招募「生態心理志工」，培養生態環保圈的心戰團隊、心理衛生圈的野戰團隊，推動生態心理工作，宣廣生態心理學的觀點。

2013年，邀請《生命徵象》一書主編英國生態心理學者Mary-Jayne Rust 訪台舉辦生態心理工作坊，並參與心理治療與心理衛生聯合年會，共同推動生態環保與心理衛生圈的合作與交流。

目前荒野持續推動生態心理學的引進與志工訓練工作。歡迎對此領域有興趣的朋友加入。

相關訊息請參考：

「生態心理季」網站
網址｜http://eco.ecopsychology.tw/

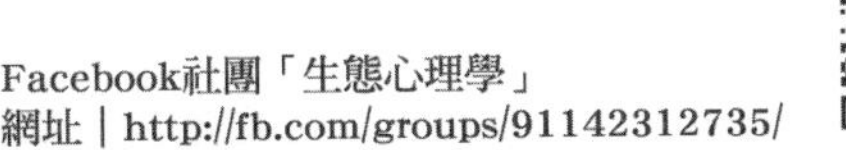

Facebook社團「生態心理學」
網址｜http://fb.com/groups/91142312735/

失靈的大地：生態心理學的反思與實踐

Vital Signs: Psychological Responses to Ecological Crisis

主編——瑪莉—珍・羅斯特（Mary-Jayne Rust）、尼可・托頓（Nick Totton）

譯者——黃小萍　審閱——陳俊霖

合作出版——SOW荒野保護協會 社團法人中華民國荒野保護協會

出版者—心靈工坊文化事業股份有限公司
發行人—王浩威
總編輯—王桂花　執行編輯—黃福惠
通訊地址—10684台北市大安區信義路四段53巷8號2樓
郵政劃撥—19546215　戶名—心靈工坊文化事業股份有限公司
電話—02）2702-9186　傳真—02）2702-9286
Email—service@psygarden.com.tw
網址—www.psygarden.com.tw
製版・印刷—中茂分色製版印刷事業股份有限公司
總經銷—大和書報圖書股份有限公司
電話—02）8990-2588　傳真—02）2990-1658
通訊地址—242新北市新莊區五工五路二號
初版一刷—2015年12月　ISBN—978-986-357-047-9　定價—580元

國家圖書館出版品預行編目資料

失靈的大地：生態心理學的反思與實踐 / Mary-Jayne Rust, Nick Totton 作 ; 黃小萍譯 .
-- 初版 . – 臺北市 ：心靈工坊文化 , 2015.12 　面；公分 .--
譯自 : Vital signs : psychological responses to ecological crisis
ISBN—978-986-357-047-9（平裝）
1. 環境心理學 2. 環境生態學 3. 社會心理學 4. 環境保護
172.83　　104023793

心靈工坊 PsyGarden 書香家族 讀友卡

感謝您購買心靈工坊的叢書，爲了加強對您的服務，請您詳填本卡，
直接投入郵筒（免貼郵票）或傳眞，我們會珍視您的意見，
並提供您最新的活動訊息，共同以書會友，追求身心靈的創意與成長。

書系編號—Holistic　　書名—失靈的大地：生態心理學的反思與實踐

姓名　　是否已加入書香家族？ □是 □現在加入

電話 (O)　　(H)　　手機

E-mail　　生日　　年　　月　　日

地址 □□□

服務機構　　職稱

您的性別—□1.女 □2.男 □3.其他

婚姻狀況—□1.未婚 □2.已婚 □3.離婚 □4.不婚 □5.同志 □6.喪偶 □7.分居

請問您如何得知這本書？
□1.書店 □2.報章雜誌 □3.廣播電視 □4.親友推介 □5.心靈工坊書訊
□6.廣告DM □7.心靈工坊網站 □8.其他網路媒體 □9.其他

您購買本書的方式？
□1.書店 □2.劃撥郵購 □3.團體訂購 □4.網路訂購 □5.其他

您對本書的意見？
□ 封面設計　1.須再改進 2.尚可 3.滿意 4.非常滿意
□ 版面編排　1.須再改進 2.尚可 3.滿意 4.非常滿意
□ 內容　1.須再改進 2.尚可 3.滿意 4.非常滿意
□ 文筆／翻譯　1.須再改進 2.尚可 3.滿意 4.非常滿意
□ 價格　1.須再改進 2.尚可 3.滿意 4.非常滿意

您對我們有何建議？

本人同意　　　　（請簽名）提供(真實姓名/E-mail/地址/電話等資料)，以作為心靈工坊(聯絡/寄貨/加入會員/行銷/會員折扣等)之用，詳細內容請參閱 http://shop.psygarden.com.tw/member_register.asp。

廣　告　回　信
台北郵政登記證
台北廣字第1143號
免　貼　郵　票

10684台北市信義路四段53巷8號2樓

讀者服務組　收

免　貼　郵　票

（對折線）

加入心靈工坊書香家族會員
共享知識的盛宴，成長的喜悅

請寄回這張回函卡（免貼郵票），
您就成爲心靈工坊的書香家族會員，您將可以——

⊙隨時收到新書出版和活動訊息

⊙獲得各項回饋和優惠方案